重型卡车维修
从入门到精通

瑞佩尔　主编

化学工业出版社

·北京·

内 容 简 介

本书分为动力系统、底盘系统和车身电气系统三篇。动力系统篇主要介绍了重型卡车用发动机类型及常见品牌柴油机的技术参数和其基本结构与工作原理等内容；底盘系统篇讲述了重型卡车用自动变速器控制系统、电控空气悬架系统、电控车身稳定系统与电液转向系统的组成原理及维修检测与故障诊断技术；车身电气篇介绍了重型卡车电源系统、照明系统、空调系统与车身控制系统等的组成、原理及控制器端子功能与故障排除方法等。

本书图表丰富，语言简练，直观易懂。

本书适合广大重型卡车维修售后技术人员学习参考，也可供各汽车职业院校与培训机构作为教学资料使用。

图书在版编目（CIP）数据

重型卡车维修从入门到精通/瑞佩尔主编 . —北京：化学工业出版社，2023.4

ISBN 978-7-122-42710-6

Ⅰ.①重… Ⅱ.①瑞… Ⅲ.①重型载重汽车-车辆修理

Ⅳ.①U469.207

中国国家版本馆 CIP 数据核字（2023）第 019648 号

责任编辑：周 红	文字编辑：袁 宁
责任校对：李 爽	装帧设计：韩 飞

出版发行：化学工业出版社（北京市东城区青年湖南街 13 号　邮政编码 100011）
印　　装：高教社（天津）印务有限公司
787mm×1092mm　1/16　印张 19　字数 474 千字　　2023 年 5 月北京第 1 版第 1 次印刷

购书咨询：010-64518888　　　　　　售后服务：010-64518899
网　　址：http://www.cip.com.cn
凡购买本书，如有缺损质量问题，本社销售中心负责调换。

定　　价：128.00 元

⠿ 前　言

得益于近年来大规模的基础设施建设和物流业的快速发展，我国重型卡车市场正处于一个前所未有的鼎盛时期。随着机电一体化技术的推广，汽车高端电子技术的广泛应用，以前一些只在小型汽车上才可以见到的设备和技术也逐步出现在重型卡车上面，如电控发动机、自动变速器、自动空调、DVD影音、ABS制动控制、电动助力转向、CAN总线集中控制等。这就说明，我们面对的已不再是一大堆钢铁和少数几个简单车用电器组成的产品，一个出了故障只需拆开看看，换个部件装上就能解决问题的产品，这些需要我们有更加专业、更为详尽的资料来了解它，掌握它。

国Ⅵ、国Ⅴ重型卡车相对国Ⅳ、国Ⅲ来说是个质的飞跃，电子技术的应用对服务人员的技能、维修手段和工具、配件供应等都提出了非常高的要求。技能的掌握必须经过一个复杂的学习过程，所以对服务技术的普及也带来种种意想不到的困难。因此，对柴油电喷如高压共轨、电控单体泵、后处理等技术的掌握及资料信息服务都必须紧紧跟上。

本书内容以国Ⅵ、国Ⅴ车型技术为主，所涉及的车型品牌国内国外皆有。在系统构造及功能原理讲解时，主要以奔驰、斯堪尼亚及沃尔沃车型为主，在介绍部件分解拆装、系统检测与故障排除与诊断时，主要以一汽解放、重汽豪沃及陕汽德龙等重型卡车车型为主。

维修技术一般分理论与实践两部分。系统的组成、总成的构造、部件的功能、整个机构或系统的运行流程与工作原理，这些都属于理论。通过理论的学习与研究，可以明白维修对象"长什么样""做什么用""如何作用"，这对确定检修思路，从而"对症下药"，十分重要。因为我们知道产品的故障即功能缺失，只要修复负责或影响该功能的部件就好了。至于部件分解、总成拆装、电路检测、机件检修、故障诊断这些工作，则是很重要的实践经验了。

本书分为上中下即动力系统、底盘系统、车身电气系统三大篇若干章节，以电气和电控系统为主讲解重型卡车各系统结构组成、功能原理。上篇从浅入深，既讲解了重型卡车用发动机类型及一些常见品牌如解放、重汽、潍柴等国Ⅵ、国Ⅴ柴油机的技术参数，又介绍了柴油机的基本结构与工作原理及电气附件如起动机与发电机的结构原理与维修，本篇的最后重点讲解了电控柴油机技术的共轨与单体泵、天然气发动机电控及后处理技术。中篇主要讲述了重型卡车用自动变速器控制系统、电控空气悬架系统、电控车身稳定系统与电液转向系统的组成原理及维修检测与故障诊断技术。下篇主要介绍了重型卡车电源系统、照明系统、仪表总线系统、电动装置、驾驶辅助系统、空调系统与车身控制系统的组成、原理及控制器端子功能与故障排除方法等内容。

秉持"原理、维修、数据"三合一的编写原则，本书内容在讲解维修技术的原理、拆装、检测与诊断的同时，也提供了一些维修数据资料、故障代码信息、电路图以及端子定义等供维修查阅参考。本书采用大量的结构透视图、实物图、分解图，使内容更加直观易懂。

本书由瑞佩尔主编，参加编写的人员还有朱如盛、周金洪、刘滨、陈棋、孙丽佳、周方、彭斌、王坤、章军旗、满亚林、彭启凤、李丽娟、徐银泉。在编写过程中，参考了大量汽车厂商的技术文献和网络信息资料，在此，谨向这些资料信息的原创者们表示由衷的感谢！

由于本书内容涉及的范围很广，新技术又多，囿于编者水平，不足之处在所难免，还恳望广大读者朋友们不吝指正。

编者

目 录

动 力 系 统

第 1 章

发动机概述

1.1 发动机类型与技术参数

1.1.1 重型卡车用发动机类型

1.1.1.1 柴油发动机

柴油发动机（简称"柴油机"）以柴油为燃料。由于柴油的蒸发性和流动性都要比汽油差，因此柴油机不可能像汽油发动机那样在气缸外形成可燃混合气，柴油机的混合气只能在气缸内部形成，即在接近压缩行程终点时，通过喷油器将柴油喷入气缸内，柴油油滴在炙热的空气中受热、蒸发、扩散，并与空气混合形成可燃混合动力，最终自行燃烧。如图 1-1 所示为潍柴 WP13 柴油发动机外观图。

图 1-1　潍柴 WP13 柴油发动机

由于采用压燃的点火方式，柴油发动机在热效率方面要高于汽油发动机，而且由于柴油本身的密度较大，等速行驶工况的燃油消耗量要小得多。作为柴油发动机的传统优势，低速大扭矩是汽油发动机无法比拟的，而通过新技术的运用，柴油车功率不足、提速慢的缺点也得以改善。

1.1.1.2　燃气发动机

与一般的汽油或柴油等发动机相比，燃气发动机具有以下特点：

① 燃气发动机在一般工作状态下压缩比较柴油发动机低；

② 燃气发动机的容积效率一般比汽油发动机低，而工作压缩比高于汽油发动机；

③ 燃气发动机燃烧温度比柴油机高，一般柴油机排气口温度为 300℃ 左右，天然气汽车的排气歧管温度高达 482～649℃。如图 1-2 所示为重汽豪沃 MT13 天然气发动机外观图。

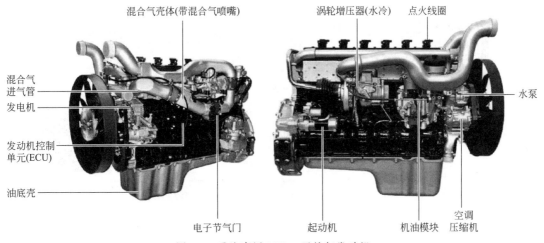

图 1-2　重汽豪沃 MT13 天然气发动机

燃气汽车的最大优点是显著减少排放物造成的污染。一般发动机排出物主要是 CO_2、N_2、NO_x、CO、HC 和氧化硫、硫化物颗粒，天然气发动机中排出的 CO 下降 80%，NO_x 下降约 40%。

据相关统计，天然气汽车的燃料费用约为汽车的 75%，可大大节省燃料费用。由于天然气密度是空气的 58%～62%，在泄漏时可在极短的时间内散失，引起爆炸的风险较小，比较安全。

燃气汽车供气系统主要由气体燃料的储备、供给和控制三大系统组成。由于 CNG（压缩天然气）与 LNG（液化天然气）本身无润滑，进、排气阀及阀座易磨损，因而其材料有所改变并对润滑油有一定的特殊要求。

① 储备系统：由充气阀、储气瓶、截止阀、高压接头及高压管线组成，负责高压天然气的充装和储备。

② 供给系统：由减压阀、混合器组成。高压天然气经过一系列的减压、调节后，依靠发动机运转时混合器喉管部位产生的真空，吸入减压阀中的低压天然气，并与过滤后的新鲜空气混合均匀，为各种工况提供不同浓度的可燃混合气。

③ 控制系统：由点火时间转换器、燃料转换开关、汽油电磁阀、气量显示器和压力传感器组成，对燃油和燃气进行选择、控制和计量。以 CNG 发动机为例，燃气发动机控制系统组成如图 1-3 所示。

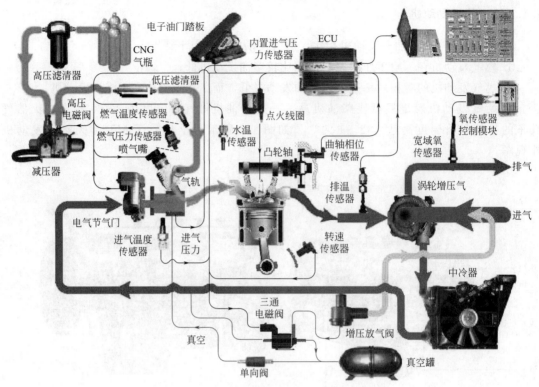

图 1-3　燃气发动机控制系统组成框图（CNG）

1.1.1.3　油气混合燃料发动机

2009 年，沃尔沃卡车在全球首先推出了由天然气和柴油共同驱动的柴油发动机。这款发动机能够完全满足当年颁布的欧 V 排放标准。解决方案以沃尔沃卡车欧 V 柴油发动机为基础，当发动机转换到燃气驱动状态时，液化天然气（LNG/LBG）或压缩天然气（CNG/CBG）罐将被载入。另外，带有气体喷射装置的单独燃料系统将被添加到进气歧管中。

少量柴油经过喷射和压缩点燃后，随之点燃天然气和空气混合气体。这样一来就不需要火花塞进行点燃，同时又可以充分利用柴油的高效性。因此，这款发动机的动力和性能完全可以与传统的柴油机媲美。

在天然气燃尽后，卡车可以继续使用柴油行驶。这就是沃尔沃汽车技术的独特之处。安装在卡车上的处理器将持续计算当前驾驶模式下的燃料比率。在持续稳定的驾驶过程中，可以实现天然气使用的最优化。如图 1-4 所示为沃尔沃 G13C 天然气/柴油发动机外观图。

陕西汽车集团有限公司（简称"陕汽"）重型卡车（简称"重卡"）德龙新 M3000 6×2 油气混合动力双燃料牵引车是国内首家使用柴油和天然气混合动力的重卡，是陕汽新研发的又一款新能源节能重卡。此车型是在原柴油发动机车辆上加装一套天然气供给及电控喷射装置，利用进入发动机气缸的微量柴油引燃气缸内天然气和空气的混合气体，可在柴油-天然气混燃状态下运行。混燃模式下，柴油只作为引燃和部件润滑剂使用，天然气主要提供所需动力。

双燃料系统是在原机基础上加装一套燃气供给系统，燃气经过安装在进气总管上的预混器进入进气总管，形成均质可燃混合气后进入发动机气缸。天然气与空气预混压缩至上止点

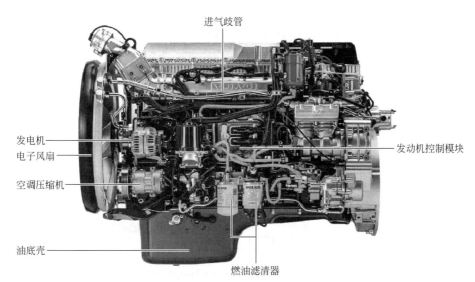

图 1-4　沃尔沃 G13C 天然气/柴油发动机

附近，喷入少量柴油，柴油压燃后引燃天然气。

根据行车需求，有两种控制模式：原机（仅柴油）模式、双燃料模式。两种模式间可自动切换，以应对燃气耗尽或者燃气系统故障的状况，也可以根据驾驶习惯，由司机随时切换。双燃料控制系统原理框图如图 1-5 所示。

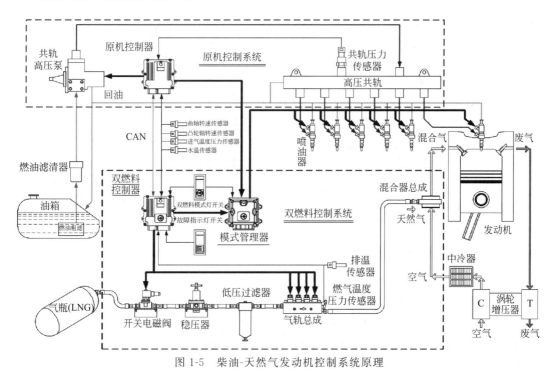

图 1-5　柴油-天然气发动机控制系统原理

1.1.1.4　油电混合动力系统

混动重卡的动力系统，以"单电机＋AMT"的并联混合动力为主，根据整车运营场景要求，可选插电或不插电方案；车辆具备纯电动、常规动力和混合动力三种驱动模式。

采用电机起步，缩短车辆起步时间；通过电机助力，提高车辆的加速能力和运营效率；车辆减速制动时，电机回收制动能量（储存至动力电池，可再次用于驱动），可节省燃油消耗，提升车辆的运营效益。下面以绿控的混动重卡动力系统为例进行介绍。混动系统动力总成与控制系统组成如图1-6所示。

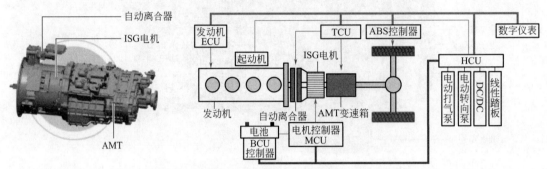

图1-6　混动系统动力总成与控制系统组成框图

在低速起步阶段，离合器分离，发动机怠速或者熄火，电机单独驱动车辆。

在中高速阶段，离合器结合，由发动机驱动；若动力需求强烈，则由电机提供助力扭矩，多余的发动机扭矩还可用于电机发电。

在减速阶段，离合器分离，发动机怠速或熄火，由电机进行制动回收，见图1-7。

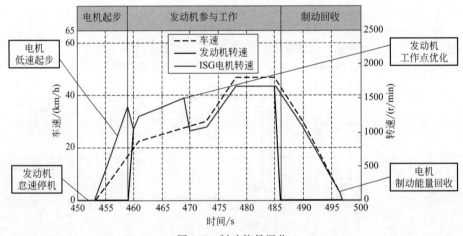

图1-7　制动能量回收

此系统较为适用以下车型：

① 频繁起步停车、怠速时间长、节油空间较大的车型（如城建和矿用自卸车）；

② 大载重、长里程、油耗基数大，且对动力性有需求的车型（如干线牵引车）。

混合动力系统主要通过制动时反拖电机进行充电来实现制动能量回收，降低能耗；还可通过怠速停机、扭矩分配等技术来优化发动机的经济性。

混动自卸车和矿卡，最大爬坡度超过45%；混动牵引车，最大爬坡度超过30%。而且，在同等坡度上的车速，均比传统车型更高。

另外，油电混合的重卡车辆起步更快，具备辅助加速功能和急加速超车模式，搭载

400ps（1ps=0.736kW）发动机即可短时爆发出700ps的动力，平均车速高，运输更高效。

混动重卡在下坡制动时会回收能量，这时电机的工作状态与液力缓速器非常相似，不但能提高整车的下坡制动力，减少制动系统的磨损，还可以通过电机对蓄电池进行充电。

另外，配备 ASL 主动限速功能，还能避免车辆下坡时车速失控。

1.1.1.5 纯电动系统

纯电动重卡，现阶段更适用于港口、城建、环卫、矿山及固定路线的短途城际运输等细分市场领域。

特斯拉于 2017 年 11 月 17 日发布了旗下首款纯电动重卡 Semi，如图 1-8 所示，新车最大续驶里程可达到 500 英里（约 804km），并且在快充模式下充电 30min 可行驶 400 英里（644km）。

图 1-8 特斯拉 Semi 电动卡车

这款由特斯拉打造的重卡，其后轴搭载 4 个独立电机，并且采用了独立前悬挂的设计。车体重心更低，有利于防止侧翻。该车没有搭载传统的变速箱，而是采用了单级变速的传动方式，车辆最大总重为 36.29t，满载下从 0km/h 到 96km/h 的时间为 20s，最高车速为 105km/h。

1.1.1.6 氢能源系统

以中国重汽集团有限公司（简称"重汽"）推出的汕德卡 C7 FC 氢燃料电池卡车为例，该车搭载一台最大功率为 360kW 的驱动电机，配备的是潍柴 162kW 大功率氢燃料电池（见图 1-9），该电池系统是基于最新一代电堆技术，即便是在 −34℃ 极寒气温下，也可以稳定启动、正常行驶。此车装有 6 个 210L 的氢气瓶，总共 1260L，续驶里程可达 420km，充装时间也仅需 15min。车辆配置有宁德时代的磷酸铁锂动力电池，容量为 123kW·h。

燃料电池并不直接为车辆提供驱动力，它相当于一个发电装置，由氢气和氧气在燃料电池中产生电力，从而推动汽车行走。在行驶过程中，燃料电池所发出的电会储存在动力电池内，再由动力电池给电机供电，从而驱动车辆。氢能源系统整车架构与原理如图 1-10 所示。

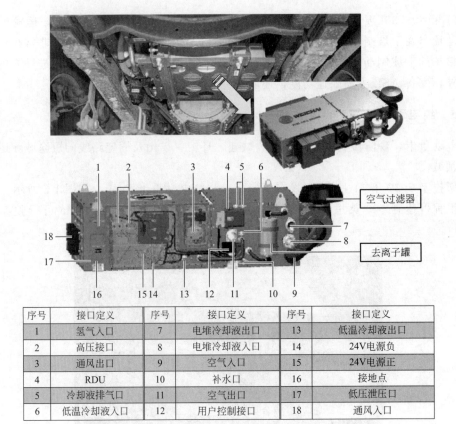

序号	接口定义	序号	接口定义	序号	接口定义
1	氢气入口	7	电堆冷却液出口	13	低温冷却液出口
2	高压接口	8	电堆冷却液入口	14	24V电源负
3	通风出口	9	空气入口	15	24V电源正
4	RDU	10	补水口	16	接地点
5	冷却液排气口	11	空气出口	17	低压泄压口
6	低温冷却液入口	12	用户控制接口	18	通风入口

图 1-9　燃料电池安装位置、外观与接口布置

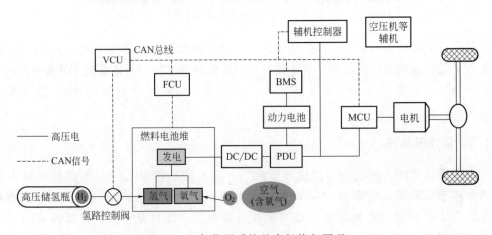

图 1-10　氢能源系统整车架构与原理

1.1.2　解放重型卡车发动机技术参数

1.1.2.1　锡柴柴油发动机型号编号规则

锡柴柴油发动机型号编号规则见图 1-11。

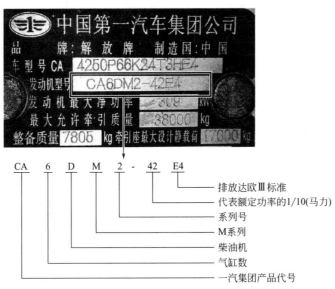

图 1-11　锡柴柴油发动机型号编号规则

1.1.2.2　锡柴 CA6DM3 柴油发动机技术参数

锡柴 CA6DM3 柴油发动机技术参数见表 1-1。

表 1-1　锡柴 CA6DM3 柴油发动机技术参数

系统	项目	参数
常规	型号	CA6DM3-50E5
	形式	直列、四冲程、液冷、四气门、增压中冷
	燃烧室形式	直接喷射、ω 型
	气缸数	6
	气缸直径/mm	126.5
	活塞行程/mm	166
	压缩比	17：1
	活塞总排量/L	12.52
	额定功率/kW	370
	净功率/kW	367
	额定转速/(r/min)	1800
	最大扭矩/(N·m)	2300
	最大扭矩转速/(r/min)	1000～1400
	燃油供给系统	电控高压共轨
	排气污染物	符合 GB 17691—2005 第 V 阶段
	发火顺序	1—5—3—6—2—4
	气门间隙(冷态)/mm	进气：0.3～0.35；排气：3.1～3.15
	怠速转速/(r/min)	600±50
	启动方式	电启动

系统	项目	参数
常规	曲轴旋转方向(面向飞轮端)	逆时针
	外形尺寸(长×宽×高)/mm	1365×773×1202(不带风扇)
	净质量/kg	1068
润滑系统	怠速时机油压力(允许的最低压力)/kPa	>150
	额定转速时机油压力(允许的最低压力)/kPa	400
	主油道调压阀开启压力/kPa	480
	机油温度(标定转速时)/℃	90～110
	油底壳容量(机油标尺低～高)/L	29～35
	润滑系统总容积/L	42
冷却系统	调温器开启始点温度/℃	83
	调温器全开时温度/℃	95
	冷却液容量(仅柴油机)/L	20
燃油供给系统	输油泵出口最大压力/kPa	900
	燃油滤清器阻力(流过滤清器的最大压力降)/kPa	120
	高压油泵回油口最大背压/kPa	120
进排气系统	允许的最大进气阻力(指带空气滤清器芯)/kPa	7.5
	涡轮增压器出口允许的最大阻力/kPa	10
	中冷器允许的最大压力降/kPa	10
	空滤器允许的最小流量(CA6DM3-50E5)/(m³/h)	1800
电气系统	推荐的最小蓄电池容量/Ah	150/180
	起动机	24V,7.5kW
	交流发电机	28V,75A
	机油压力传感器(主油道上)	报警压力(70±7)kPa;指示压力 0～1000kPa
	水温传感器(节温器体上)	报警温度 105～107℃;指示温度 40～120℃
	空调压缩机(电磁离合器)	24V,42N
	空气加热器	24V,3.6kW

1.1.2.3   大柴 BF6M1013 柴油发动机技术参数

大柴 BF6M1013 柴油发动机技术参数见表 1-2。

表 1-2   大柴 BF6M1013 柴油发动机技术参数

系统	项目	参数
常规	型号	BF6M1013-28E4
	形式	直列、四冲程、液冷、两气门、增压中冷
	气缸数	6
	缸径/mm	108
	行程/mm	130

续表

系统	项目		参数
常规	排量/L		7.146
	额定功率/kW		209
	额定转速/(r/min)		2300
	最大扭矩/(N·m)		1050
	最大扭矩转速/(r/min)		1400
	排放		国Ⅵ
	质量/kg		650
润滑系统	机油压力	怠速时(允许最低的压力)/kPa	≥160
		标定转速时(允许最低的压力)/kPa	≥400
	开启压力	主油道限压阀/kPa	400±25
		机油滤清器旁通阀/kPa	250±25
		机油冷却器旁通阀/kPa	210±35
	更换里程	机油滤清器/km	10000
		机油/km	10000
		油气分离器	无需更换
	油底壳容量	机油标尺上限/L	17.5
		机油标尺下限/L	14.5
	机油温度(标定转速)/℃		110
	机油携出量/(g/h)		4
燃油系统	输油泵吸油最大阻力/kPa		65
	输油泵出口最大压力/kPa		900
	燃油滤清器阻力(流过滤清器的最大压力降)/kPa		35
	燃油回油最大背压/kPa		500
	单体泵总成	制造商	亚新科南岳(衡阳)有限公司
		型号	NDB110/14R
		最高喷油压力/bar	1600
	高压油管	制造商	上海臼井发动机零部件有限公司
		外径×内径/mm	6×1.8
		油管长度/mm	196
	喷油器	制造商	北京亚新科天纬油泵油嘴股份有限公司
		孔数×夹角/(°)	7×147
		流量(40MPa/10s)/mL	520
		油嘴伸出高度/mm	1.5
冷却系统	调温器开启始点温度/℃		83±2
	调温器全开时温度/℃		95
	冷却液容量(柴油机内冷却容积)/L		9.8
	冷却液检查和更换里程/万千米		10
	冷却液检查和更换年限/年		2

续表

系统	项目	参数
电气系统	起动机	24V,6kW
	发电机	28V,55A

注：1bar＝0.1MPa，下同。

1.1.3　重汽豪沃发动机技术参数

1.1.3.1　发动机型号编号规则

豪沃 MT13 天然气发动机型号编号规则见图 1-12。

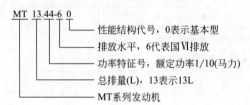

图 1-12　重汽豪沃 MT13 天然气发动机型号编号规则

1.1.3.2　重汽 MT13 天然气发动机技术参数

重汽 MT13 国Ⅵ天然气发动机是重汽开发和设计的完全拥有自主知识产权的电控、增压中冷、四气门发动机，采用美国 Econtrols CFV 系统外加 EGR 系统，拥有良好的节气性能和很高的可靠性，性能优异，发动机重量轻、气耗低，排放水平达到国Ⅵ标准，充分满足中型、重型载重车及各类型客车的配套需求。发动机技术参数见表 1-3。

表 1-3　MT13 系列发动机技术参数

项目	单位	机型			
		MT13.52-60	MT13.48-60	MT13.44-60	MT13.40-60
进气方式		增压中冷			
气缸数		6			
缸径	mm	126			
行程	mm	166			
气门数量		4			
活塞总排量	L	12.419			
压缩比		11.5：1			
额定功率	kW/ps	385/520	356/480	327/440	297/400
最大额定净功率	kW	382	353	324	294
额定转速	r/min	1800			
最大扭矩	N·m	2400	2200	2100	1800
最大扭矩转速	r/min	1000～1400			
最高空车转速	r/min	2150±50			

续表

项目	单位	机型			
		MT13.52-60	MT13.48-60	MT13.44-60	MT13.40-60
怠速转速	r/min	550±50			
发火次序		1—5—3—6—2—4			
供油提前角		ECU控制			
进气门间隙(冷态)	mm	0.5±0.03			
排气门间隙(冷态)	mm	0.8±0.03			

1.1.3.3　重汽MC11/13柴油发动机技术参数

MC11/13发动机技术完全源于MAN D20/26发动机（由德国曼公司在2004年推出的全新设计的发动机），采用了提升扭矩而不是提升功率的设计理念，模块化设计，拥有良好的节油性能和很高的可靠性，性能优异，发动机重量轻、油耗低，排放水平达到欧Ⅴ、国Ⅵ标准。发动机技术参数国Ⅵ机型见表1-4，国Ⅴ机型见表1-5。

表1-4　MC11/13系列国Ⅵ机型发动机主要技术参数

项目	单位	发动机型号				
		MC13.50-60	MC13.48-60	MC11.44-60	MC11.40-60	MC11.36-60
发动机形式		水冷、四冲程、增压中冷、高压共轨、EGR				
气缸数/排列方式		6缸/直列				
缸径×行程	mm	126×166		120×155		
发动机排量	L	12.419		10.518		
压缩比		16.5∶1		19∶1		
发火次序		1—5—3—6—2—4				
每缸气门数		4				
最大净功率	kW(ps)	368(500)	353(480)	324(440)	294(400)	265(360)
额定转速	r/min	1800		1900		
最大净扭矩	N·m	2400	2300	2100	1900	1800
最大扭矩转速	r/min	1000~1400		1000~1400		
怠速转速	r/min	550		550		
最高空车转速	r/min	2050		2150		
最低比油耗	g/(kW·h)	188				
低温启动	℃	—25(不带进气预热)/—40(带进气预热)				
B10寿命	km	1500000				
排放水平		国Ⅵb/欧Ⅵ				
后处理装置		DOC+cDPF+SCR+ASC				

表1-5　MC11系列国Ⅴ机型发动机主要技术参数

项目	机型			
	MC11.44-50	MC11.40-50	MC11.36-50	MC11.32-50
气缸数	6			

续表

项目	机型			
	MC11.44-50	MC11.40-50	MC11.36-50	MC11.32-50
缸径/mm	120			
行程/mm	155			
每缸气门数量	4			
总排量/L	10.518			
压缩比	19∶1			
最大额定净功率/kW	324	294	265	235
额定转速/(r/min)	1900			
最大扭矩/(N·m)	2100	1900	1800	1600
最大扭矩转速/(r/min)	1000～1400			
总功率试验最低燃油消耗率/[g/(kW·h)]	≤186			
额定工况燃油消耗率/[g/(kW·h)]	≤210			
最高空车转速/(r/min)	2150±20			
急速转速/(r/min)	550±50			
发火次序	1—5—3—6—2—4			
进气门间隙(冷态)/mm	0.5±0.03			
排气门间隙(冷态)/mm	0.8±0.03			
EVB调节间隙(冷态)/mm	0.6±0.03			
油底壳容量/L	40			
净质量(不含后处理部分)/kg	975			
曲轴旋转方向	顺时针(从自由端看)			
最高允许发动机制动转速/(r/min)	2400			
冷启动不带进气预热/℃	−20			
冷启动带进气预热/℃	−40			
最大倾斜角(横向)/(°)	15			
最大倾斜角(纵向)/(°)	15			

1.1.4　潍柴柴油发动机技术参数

1.1.4.1　发动机型号编号规则

潍柴柴油发动机型号编号规则见图1-13。

1.1.4.2　WP12/WP13柴油发动机技术参数

WP12柴油发动机技术参数见表1-6。

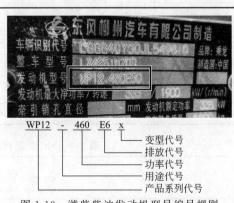

图1-13　潍柴柴油发动机型号编号规则

表 1-6 WP12 系列发动机技术参数

机型	WP12		
	460E63	430E63	400E63
发动机形式	直列、水冷、四冲程、直喷		
进气方式	增压中冷		
缸径×行程/mm	126×155		
总排量/L	11.596		
标定功率/kW	338	316	294
额定转速/(r/min)	1900		
最大扭矩/(N·m)	2110	2060	1920
最大扭矩转速/(r/min)	1000～1400		
最高空车转速/(r/min)	2150±10		
怠速/(r/min)	600±50		
净质量/kg	1050±50		

WP13 柴油发动机技术参数见表 1-7。

表 1-7 WP13 系列发动机技术参数

机型	WP13			
	550E63	530E63	500E63	480E63
发动机形式	直列、水冷、四冲程、直喷			
进气方式	增压中冷			
缸径×行程/mm	127×165			
总排量/L	12.54			
标定功率/kW	405	390	368	353
额定转速/(r/min)	1900			
最大扭矩/(N·m)	2550	2500	2400	2300
最大扭矩转速/(r/min)	1000～1400			
最高空车转速/(r/min)	2150±10			
怠速/(r/min)	600±50			
净质量/kg	1050±50			

1.1.4.3 WP9H/WP10H 柴油发动机技术参数

WP9H/WP10H 柴油发动机技术参数见表 1-8。

表 1-8 WP9H/WP10H 柴油发动机技术参数

项目	WP10H375E62	WP10H400E62	WP9H350E62
形式	四冲程,水冷,电控高压共轨		
进气方式	增压中冷		
缸径×行程/mm	116×150		116×139

续表

项目		WP10H375E62	WP10H400E62	WP9H350E62
气缸数		6		
排量/L		9.5		8.8
额定功率/kW		276	294	257
最大扭矩/(N·m)		1800	1900	1700
最大扭矩转速/(r/min)		1000~1400	1200~1300	1000~1400
平均有效压力/kPa		1835	1953	1772
压缩比		17.5		
发火顺序		1—5—3—6—2—4		
燃油系统		电控高压共轨		
每缸气门数		4		
排放水平		欧Ⅵ		
额定转速/(r/min)		1900		
进气门间隙(冷态)/mm		0.4±0.03		
排气门间隙(冷态)/mm		0.5±0.03		
配气相位/(°)	进气门开上止点前	(23±3)CA		
	进气门闭下止点后	(29±3)CA		
	排气门开下止点前	(54±3)CA		
	排气门闭上止点后	(25±3)CA		
启动方式		电启动		
润滑方式		压力润滑		
冷却方式		水冷强制循环		
机油压力/kPa	额定点	100~320		
	怠速点	370~580		
允许纵倾度/(°)	前面/后面	长期17/17	短期30/30	
允许横倾度/(°)	排气管侧/进气管侧	长期15/30	短期35/35	
柴油进油温度/℃		38±3		
排气温度/℃		≤550		
润滑油油底壳容量/L		30		
曲轴旋转方向(从风扇端看)		顺时针		
最高空车转速/(r/min)		2150		
怠速转速/(r/min)		600		
活塞漏气量/(L/min)		≤165		
排放检查限值/[g/(kW·h)]		NO_x+HC≤0.82,PM≤0.016g/cm^3,CO≤2		
最低冷启动温度/℃	不带辅助启动装置	-5(极限-10)		
	带辅助启动装置	-25(极限-30)		
发动机重量/kg		815		804
发动机外形尺寸(长×宽×高)/mm		1196×1093×1133		

续表

项目	WP10H375E62	WP10H400E62	WP9H350E62
排气温度/℃	≤550		
背压/kPa	≤30		
中冷后进气温度/℃	45±5		

1.2 柴油发动机基本构造与原理

1.2.1 柴油发动机基本构造

柴油机由两大机构与四大系统组成。两大机构是指曲柄连杆机构与配气机构，四大系统则由燃油供给系统、润滑系统、冷却系统和启动系统组成。

曲柄连杆机构主要由构成机体组（见图 1-14）、活塞连杆组（见图 1-15）、曲轴飞轮组（见图 1-16）等组成。

由发动机的工作循环可知，混合气在气缸内燃烧产生的高压是通过活塞、连杆、曲轴而变为有用的机械能输出的；反之，工作循环的准备过程也是由曲轴通过连杆和活塞做往复运动来实现的。可见，曲柄连杆机构是发动机维持工作循环，实现能量转换的核心部件。

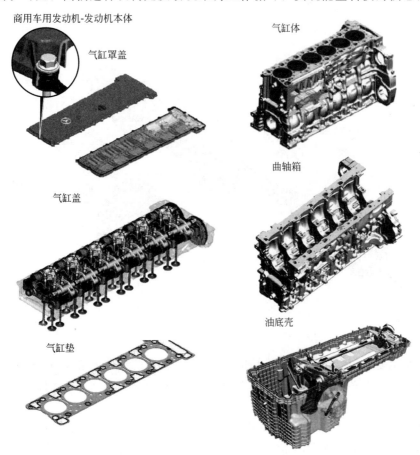

图 1-14 构成机体组部件（奔驰 OM471）

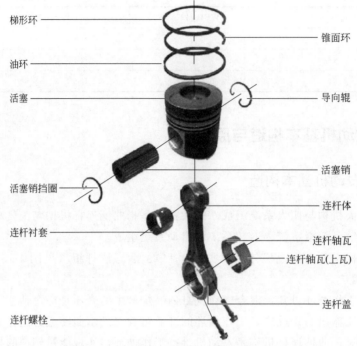

梯形环
锥面环
油环
活塞
导向辊
活塞销挡圈
活塞销
连杆体
连杆衬套
连杆轴瓦
连杆轴瓦(上瓦)
连杆盖
连杆螺栓

图 1-15　活塞连杆组部件（潍柴 WD615）

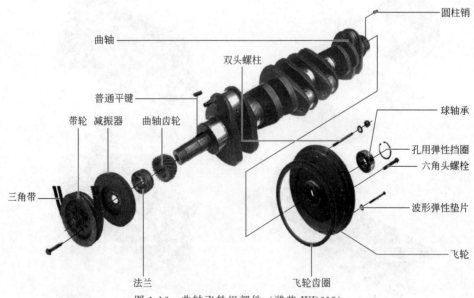

圆柱销
曲轴
双头螺柱
普通平键
球轴承
带轮　减振器　曲轴齿轮
孔用弹性挡圈
六角头螺栓
三角带
波形弹性垫片
飞轮
法兰　　飞轮齿圈

图 1-16　曲轴飞轮组部件（潍柴 WD615）

　　配气机构主要由气门和控制气门开闭的凸轮轴及其他传动件等组成。为使发动机的工作循环能够连续进行，必须定时地开闭气门，以便向气缸内充入新鲜空气和排出废气。该机构就是承担这个任务的（见图 1-17）。

　　柴油机的燃料供给系统主要由中冷器，喷油器（见图 1-18），进、排气歧管（见图 1-18），高压泵等组成。从发动机的工作循环可知，柴油机要向气缸内提供纯空气并在规定时刻向气缸内喷入燃油。另外，需要将燃烧完的废气按规定的管路导出。

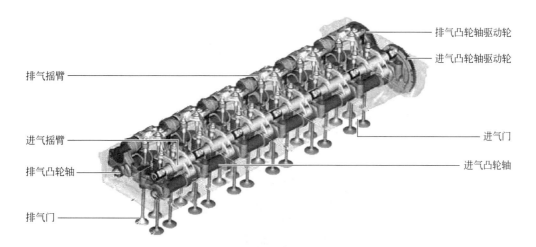

排气凸轮轴驱动轮

进气凸轮轴驱动轮

排气摇臂

进气门

进气摇臂

排气凸轮轴

进气凸轮轴

排气门

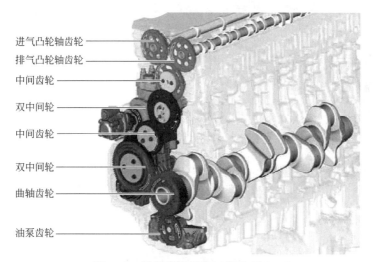

进气凸轮轴齿轮

排气凸轮轴齿轮

中间齿轮

双中间轮

中间齿轮

双中间轮

曲轴齿轮

油泵齿轮

图 1-17　配气机构部件（奔驰 OM471）

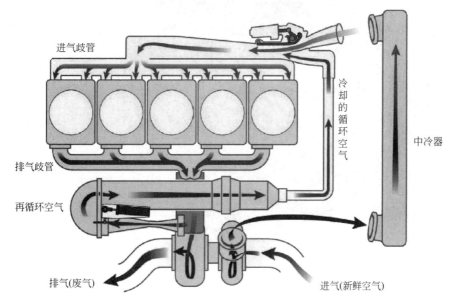

进气歧管

冷却的循环空气

中冷器

排气歧管

再循环空气

排气(废气)

进气(新鲜空气)

图 1-18

电气控制线束

喷油器

电子控制单元(ECU)

高压共轨

高压泵

图 1-18　柴油发动机进、排气与燃油喷射系统部件

　　发动机内部有很多高速运动的摩擦表面，为了减小摩擦阻力和减缓磨损，需要向这些摩擦表面提供润滑油。润滑系统主要由油底壳、机油泵、机油滤清器等组成，如图 1-19 所示。

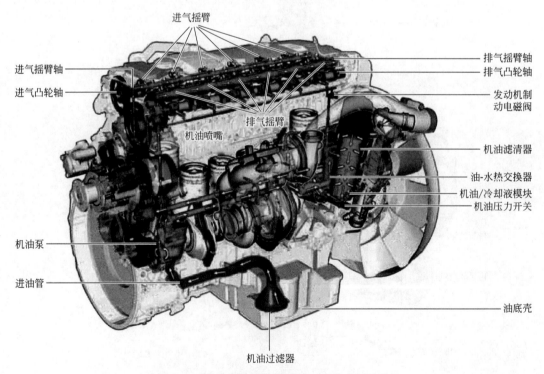

进气摇臂

进气摇臂轴

进气凸轮轴

排气摇臂轴
排气凸轮轴

发动机制
动电磁阀

机油喷嘴

排气摇臂

机油滤清器

油-水热交换器

机油/冷却液模块
机油压力开关

机油泵

进油管

油底壳

机油过滤器

图 1-19　柴油发动机润滑系统（奔驰 OM936）

发动机工作时，气缸内气体燃烧的热量在使气体膨胀做功的同时，不可避免地将会加热与它相接触的机件，为了保持正常的工作温度，需将机件的多余热量散发出去。冷却系统分水冷和风冷两种：水冷系统主要由压缩机、风扇、冷却液泵等组成，如图 1-20 所示；风冷系统主要由风扇、散热片等组成。卡车用多缸柴油发动机都采用水冷方式进行冷却。

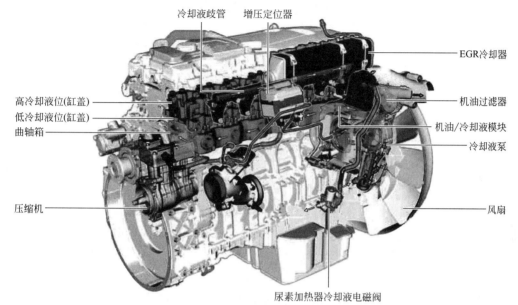

图 1-20　柴油发动机冷却系统（奔驰 OM936）

发动机开始运转的第一个工作循环的准备过程，必须有外部动力带动曲轴旋转，启动系统主要由起动机及其附属装置等组成，如图 1-21 所示。

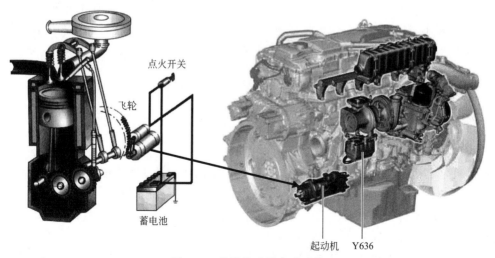

图 1-21　柴油发动机启动系统

1.2.2　柴油发动机工作原理

发动机的功能是将燃料在气缸内燃烧使其热能转换成机械能，从而输出动力。能量的转换是通过依次反复进行"进气—压缩—做功—排气"四个连续过程来实现的，每进行这样一个连续过程就叫作一个工作循环。柴油机四冲程工作过程如图 1-22 所示。

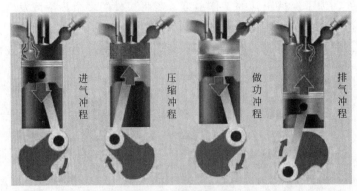

图 1-22　柴油机四冲程

进气冲程——活塞由曲轴带动从上止点向下止点运动,此时排气门关闭,进气门开启。活塞移动的过程中,气缸内的容积逐渐增大,形成一定的真空度,于是经过滤芯的空气通过进气门进入气缸。直至活塞到达下止点时,进气门关闭,停止进气。

压缩冲程——进气冲程结束时,活塞在曲轴的带动下,从下止点向上止点运动,气缸容积逐渐减小,由于进排气门均关闭,气体被压缩,气缸内温度上升,直至活塞到达上止点时,压缩结束。

做功冲程——在压缩冲程末期,高压油嘴喷出高压燃油与空气混合,在高温、高压下混合气体迅速燃烧,使气体的温度、压力迅速升高而膨胀,从而推动活塞由上止点向下止点运动,再通过连杆驱动曲轴转动做功,至活塞到下止点时,做功结束。

排气冲程——在做功冲程结束时,排气门被打开,曲轴通过连杆推动活塞由下止点向上止点运动,废气在自身剩余压力和活塞的推力作用下,被排出气缸,直至活塞到达上止点时,排气门关闭,排气结束。排气冲程终了时由于燃烧室容积存在,气缸内还存有少量废气,气体压力也因排气门和排气管的阻力而仍高于大气压。

1.3　燃气发动机基本构造与原理

1.3.1　燃气发动机基本构造

内燃机是燃料在发动机的内部燃烧,把燃烧产生的热能转变为机械能的动力机械。气体燃料发动机是使用压缩天然气、液化天然气等气体作为燃料的内燃机。

压缩天然气是将天然气加压(一般加压到 20MPa)并以气态储存在压力容器中,加压过程中要脱水、脱硫、除杂质,是一种高压气态燃料。

液化天然气是将天然气采用节流膨胀、混合冷源制冷等深冷工艺冷却到 $-162℃$,使甲烷变成液态,成了液化天然气。其体积约为同量气态天然气体积的 $1/600$,属于低温液态燃料。

压缩天然气和液化天然气对发动机硬件系统的要求没有区别。

单燃料气体发动机,其发动机的结构是在原汽油机或柴油机的基础上针对气体燃料的特点而改进设计,以保证气体燃料被有效利用。单燃料发动机一般分两类:一类是基于汽油机改进设计的，结构改动较少；另一类是基于柴油机改进设计而成的，与第一类相比，改进较大，需要去掉原来的喷油系统，增加一套点火系统，而且发动机的压缩比等参数需要进行调整，对缸盖、活塞、进排气系统需要进行改动，增压系统也需要重新匹配。以潍柴 WP7 为例，国Ⅵ天然气发动机部件分布如图 1-23 所示。

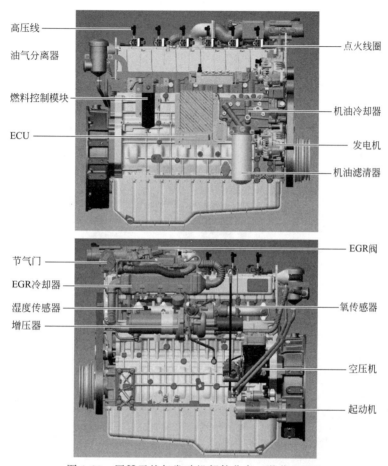

高压线
油气分离器
燃料控制模块
ECU
点火线圈
机油冷却器
发电机
机油滤清器

节气门
EGR冷却器
湿度传感器
增压器
EGR阀
氧传感器
空压机
起动机

图 1-23　国Ⅵ天然气发动机部件分布（潍柴 WP7）

1.3.2　燃气发动机工作原理

由于采用点燃方式工作，燃气发动机的原理与汽油发动机比较相似。

在足够的空气中燃烧完所有的燃料，燃烧后无氧气和未燃烧燃料残留称为理论（当量）空燃比。通常空燃比是以质量比给出，用过量空气系数 λ 表示，混合气中多余了燃料称为浓，多余了空气称为稀。其中柴油机理论空燃比为 14.5，天然气发动机理论空燃比为 16～17，汽油机理论空燃比为 14.7。

排气中有过量空气称为稀燃，天然气发动机正常工作的过量空气系数范围：$1.11 < \lambda < 1.54$。稀燃需要高能长时间地点火，因为高增压，需要小的火花间隙。发动机稀燃具有以下优点：经济性好，排放性能好，发动机热负荷减小。潍柴采用了美国伍德沃德 6.0 系统，满足国Ⅵ排放标准的要求，系统原理框图如图 1-24 所示。

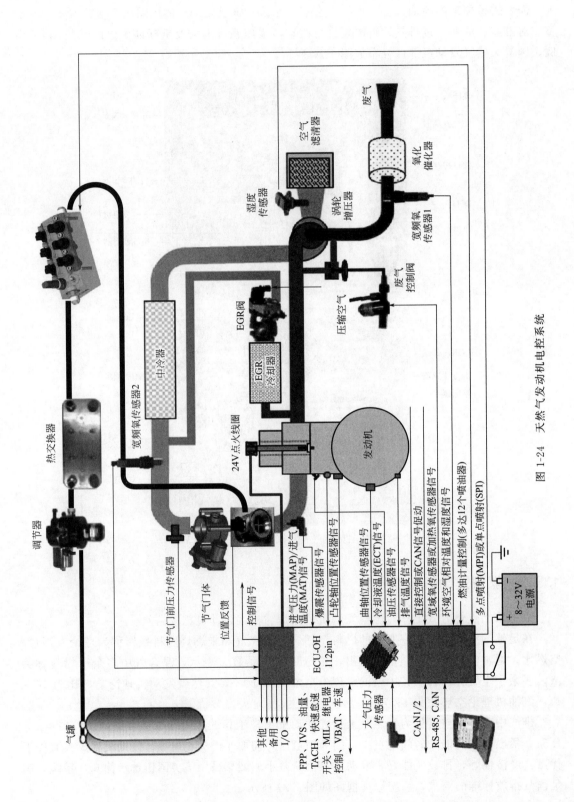

图 1-24 天然气发动机电控系统

第2章

发动机电气系统

2.1 起动机

2.1.1 起动机结构与原理

发动机启动系统主要由电枢、空挡启动开关、启动继电器、点火开关等组成，如图 2-1 所示。

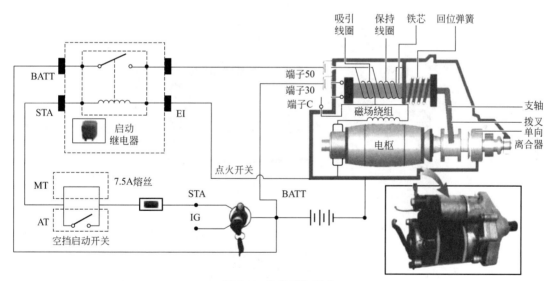

图 2-1 启动系统组成

启动系统的主要部件是起动机，其作用是将蓄电池中的电能转换成机械能，带动曲轴旋转，用以启动发动机。起动机由直流电动机、传动装置、控制装置组成，其内部结构如图 2-2 所示。

启动系统的工作主要分为三个阶段：啮合、保持、复位。

啮合阶段：当点火开关打到启动挡时，电磁线圈接通，铁芯前移，但接触盘未接通，起动机齿轮前移（起动机慢速转动），进入啮合，如图 2-3 所示。

保持阶段：铁芯前移，起动机驱动齿轮完全啮合，铁芯前端的接触盘接通起动机的主电源触点，起动机高速旋转，同时，铁芯保持不动，如图 2-4 所示。

复位阶段：点火开关断开并且复位，电路断路，线圈磁力消退，铁芯在回位弹簧作

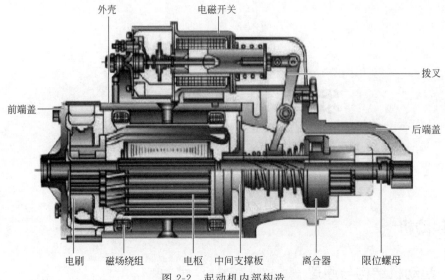

图 2-2　起动机内部构造

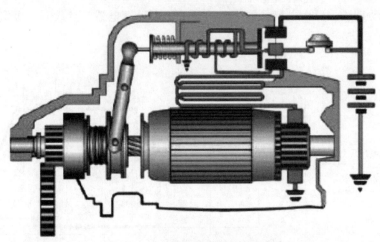

图 2-3　啮合阶段工作示意图

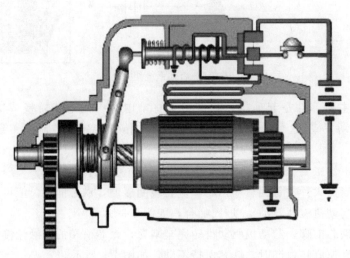

图 2-4　保持阶段工作示意图

用下后移，同时，由于发动机已启动，转速升高，将起动机驱动齿轮甩出，起动机复位，如图 2-5 所示。

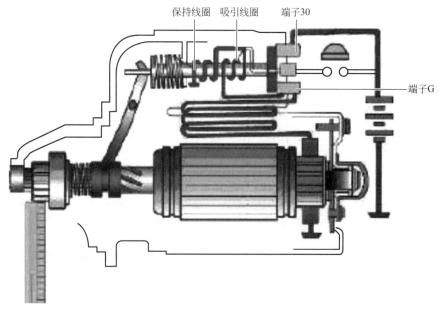

图 2-5　复位阶段工作示意图

2.1.2　起动机总成拆装

以锡柴 CA6DM3 发动机起动机总成为例，起动机总成拆装如图 2-6 所示。

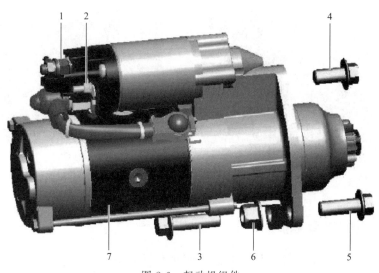

图 2-6　起动机组件

分解顺序：1——30 接线柱；2——50c 接线柱；3——螺栓；4——螺栓；5——螺栓；6——螺母；7——起动机。

装配顺序：按照分解的相反顺序。

起动机电路原理如图 2-7 所示。

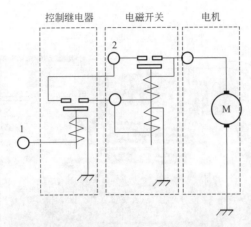

位置	接线端	规格	接线定义
1	30接线柱	M12	接蓄电池正极
2	50c接线柱	M5	接启动控制端

图 2-7　起动机电路原理

拆装方法：

① 起动机 30、50c 接线柱接线拆下，见图 2-8。

注意：松开接线柱外螺母时，需用扳手固定住接线柱内螺母。

② 拆卸起动机安装螺栓 3，拆下发动机搭铁线，见图 2-9。

注意：装配时应除去紧固螺栓处的油污等杂质，保证发动机搭铁线可靠搭铁。

图 2-8　拆卸 30、50c 接线柱

图 2-9　拆卸起动机安装螺栓

2.1.3　起动机的检查维护

① 检查起动机的安装、接线是否牢靠，如图 2-10 所示。

② 清除起动机表面油垢。

③ 检查驱动齿轮和飞轮齿圈。

④ 清洁驱动轴表面油垢，如图 2-11 所示。

⑤ 清洁蓄电池端子，如图 2-12 所示。

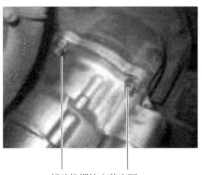
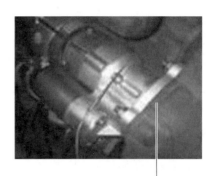

起动机螺栓安装牢固   起动机安装面贴紧

图 2-10 检查起动机的安装状态

驱动轴表面脏污   污垢积存造成卡死

图 2-11 清洁驱动轴

清洁前   清洁后

图 2-12 清洁蓄电池端子

起动机保养规范如表2-1。

表 2-1 起动机保养项目与内容

保养类型	操作周期	工作内容
日常保养	每日	检查起动机安装螺钉是否紧固；连接线缆接点是否牢固可靠；起动机有无外观异常，蓄电池和线缆有无异常
定期不解体保养	每运行2～3个月或每3万 km	清理起动机外表油垢；清洁起动机驱动轴；检查起动机有无异常损坏，如烧蚀、腐蚀、磨损；检查蓄电池极桩氧化情况；检查导线电缆紧固状态，发现异常及时采取相应措施

保养类型	操作周期	工作内容
定期解体保养	每运行 1 年或 10～12km	检查并更换磨损零件,保证起动机功能正常有效;检查蓄电池电源液状态、极桩氧化状态;检查电缆和导线绝缘层状态、各个接点氧化状态,查找其他隐患并及时排除

2.1.4 启动系统故障排除

启动系统故障排除如表 2-2 所示。

表 2-2 启动系统故障快速排查

故障	可能原因	补救/预防
发动机不能转动曲柄或缓慢转动曲柄(启动器开关)	接触不良	清洁或更换触点
发动机不能转动曲柄或缓慢转动曲柄(电池组)	用完的蓄电池	更换
	极间短路	更换电池
	电池组接线端子处接触不良	清洁或重新拉紧
发动机不能转动曲柄或缓慢转动曲柄(机油)	油黏度不符	换油
发动机不能转动曲柄或缓慢转动曲柄(磁力开关)	熔融接触板引起的接触不良	清洁或更换接触板
	接触板磨损	维修
	吸引线圈断开(单向离合器前后移动)	更换吸引线圈
	引入线圈断开或短路	更换
发动机不能转动曲柄或缓慢转动曲柄(启动继电器)	有缺陷或接触不良	维修或更换
发动机不能转动曲柄或缓慢转动曲柄(启动器)	刷子磨损	更换
	整流器烧坏	用车床校正
	整流器磨坏	凹割校正
	励磁绕组短路或接地	重绕或更换
	电枢绕组短路或接地	更换电枢
	刷握弹簧张力不足	更换刷握弹簧
	磁力开关和励磁绕组之间接触不良	维修
	轴承衬或电枢轴弯曲使电枢接触磁极铁芯	更换轴承衬或电枢
	单向离合器故障	更换
启动器运转良好时发动机不能转动曲柄(单向离合器)	单向离合器故障	更换
	小齿轮齿磨坏	更换
	花键齿滑动不良	清除杂质、污垢或更换
启动器无法停止运行(启动器开关)	触点闭合	更换
	键式开关粘住	更换
	单向离合器粘在电枢上	维修或更换溢流阀或电枢
启动器无法停止运行(启动继电器)	触点闭合	维修或更换

2.2　发电机

2.2.1　发电机结构与原理

发电机根据整流电路的不同，可分为六管、八管、九管发电机。这三种发电机的结构、工作原理基本相同，只是在整流电路上不同，下面以六管发电机为例，对发电机的结构进行介绍。

交流发电机组成部件如图 2-13 所示。

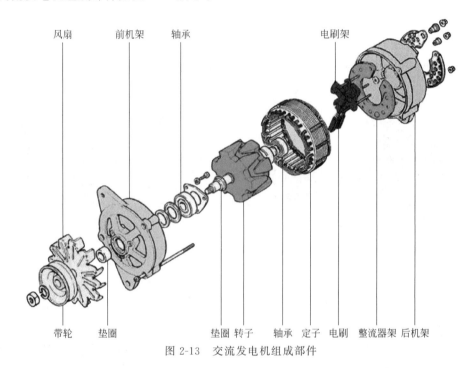

风扇　前机架　轴承　电刷架

带轮　垫圈　垫圈　转子　轴承　定子　电刷　整流器架　后机架

图 2-13　交流发电机组成部件

交流发电机内部构造见图 2-14。

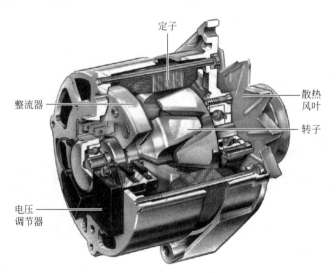

定子

整流器　散热风叶

转子

电压调节器

图 2-14　交流发电机内部构造

六管交流发电机电路原理图见图 2-15。

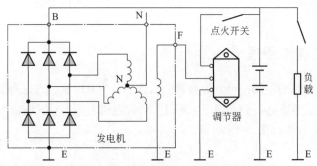

图 2-15　六管交流发电机电路原理图

转子的功能是产生旋转磁场。转子由爪极、磁轭、磁场绕组、转子轴等组成，如图 2-16 所示。

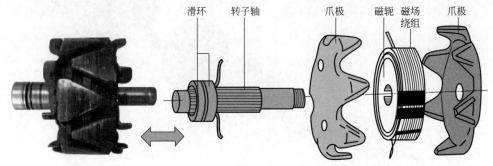

图 2-16　发电机转子组成

转子轴上压装着两块爪极，两块爪极各有 6 个鸟嘴形磁极，爪极空腔内装有磁场绕组（转子线圈）和磁轭。集电环由两个彼此绝缘的铜环组成，集电环压装在转子轴上并与轴绝缘，两个集电环分别与磁场绕组的两端连接。当两集电环通入直流电时（通过电刷），磁场绕组中就有电流通过，并产生轴向磁通，使爪极一块被磁化为 N 极，另一块被磁化为 S 极，从而形成六对相互交错的磁极。当转子转动时，就形成了旋转的磁场。

交流发电机的磁路为：磁轭→N 极→转子与定子之间的空隙→定子→定子与转子之间的空隙→S 极→磁轭。如图 2-17 所示。

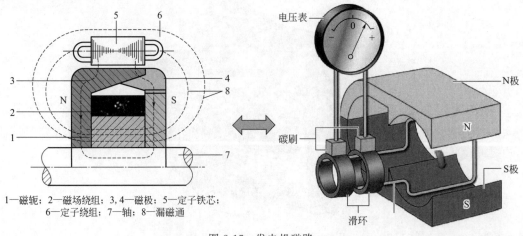

1—磁轭；2—磁场绕组；3，4—磁极；5—定子铁芯；
6—定子绕组；7—轴；8—漏磁通

图 2-17　发电机磁路

定子的功能是产生交流电。定子由定子铁芯和定子绕组组成，如图 2-18 所示。

图 2-18 发电机定子组成

定子铁芯由内圈带槽的硅钢板叠成，定子绕组的导线就嵌放在铁芯的槽中。定子绕组有三相，三相绕组采用星形接法或三角形（大功率）接法，都能产生三相交流电。三相绕组必须按一定要求绕制，才能使之获得频率相同、幅值相等、相位互差 120°的三相电动势。

① 每个线圈的两个有效边之间的距离应和一个磁极占据的空间距离相等。

② 每相绕组相邻线圈始边之间的距离应和一对磁极占据的距离相等或成倍数。

③ 三相绕组的始边应相互间隔 $2\pi + 120°$（一对磁极占有的空间为 360°）。例：某交流发电机三相绕组绕制见图 2-19。

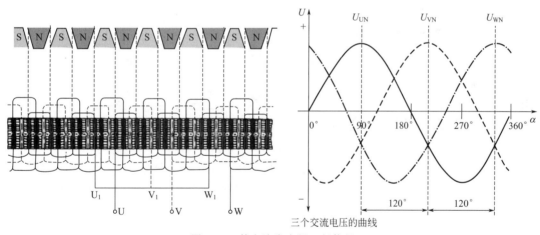

三个交流电压的曲线

图 2-19 某交流发电机三相绕组

结构参数如下：磁场对数 P 为 6 对；定子槽数 Z 为 36 槽；定子绕组相数 M 为 3 相；每个线圈匝数 N 为 13 匝；绕组连接方法为 Y 形连接。

在国产某型号交流发电机中，一对磁极占 6 个槽的空间位置（每槽 60°），一个磁极占 3 个槽的空间位置，所以每个线圈两条有效边的位置间隔是 3 个槽，每相绕组相邻线圈始边之间的距离为 6 个槽，三相绕组的始边的相互间隔可以是 2 个槽、8 个槽、14 个槽等。

交流发电机整流器的作用是将定子绕组的三相交流电变为直流电。

六管交流发电机的整流器是由 6 只硅整流二极管组成三相全波桥式整流电路，6 只整流管分别压装（或焊装）在两块板上。

汽车用硅整流二极管具有以下特点：

① 工作电流大，正向平均电流50A，浪涌电流600A。

② 反向电压高，反向重复峰值电压270V，反向不重复峰值电压300V。

③ 只有一根引线，见图2-20，并且有的二极管引线是正极，有的二极管引线是负极，引出线为正极的管子叫正极管，引出线为负极的管子叫负极管，所以说整流二极管有正二极管和负二极管之分。

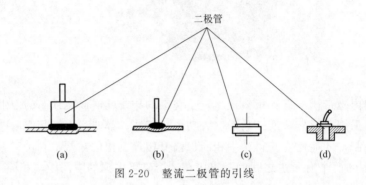

图2-20　整流二极管的引线

将正极管安装在一块铝制散热板上，称为正整流板；将负极管安装在另一块铝制散热板上，称为负整流板，也可用发电机后盖代替负整流板，如图2-21所示。

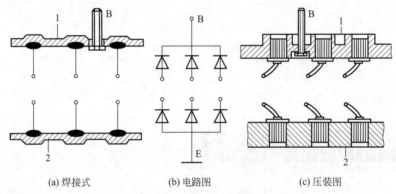

(a) 焊接式　　　　　(b) 电路图　　　　　(c) 压装图

图2-21　发电机整流二极管的安装

1—正整流板；2—负整流板

在正整流板上有一个输出接线柱B（发电机的输出端）。负整流板上直接搭铁。负整流板一定和壳体相连接。整流板的形状各异，有马蹄形、长方形、半圆形等，见图2-22。

发电机端盖一般分两部分（前端盖和后端盖），起固定转子、定子、整流器和电刷组件的作用。端盖一般用铝合金铸造，一是可有效地防止漏磁，二是铝合金散热性能好。

后端盖上装有电刷组件，由电刷、电刷架和电刷弹簧组成。电刷的作用是将电源通过集电环引入磁场绕组，见图2-23。

磁场绕组（两只电刷）和发电机的连接不同，使发电机分为内搭铁型和外搭铁型两种。

内搭铁型交流发电机：磁场绕组负电刷直接搭铁的发电机（和壳体直接相连），见图2-24（a）。

外搭铁型交流发电机：磁场绕组的两只电刷都和壳体绝缘的发电机，见图2-24（b）。外搭铁型发电机的磁场绕组负极（负电刷）接调节器，通过后再搭铁。

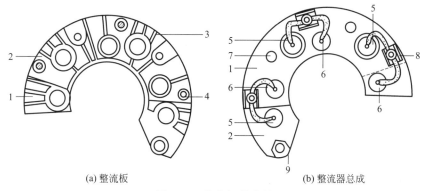

(a) 整流板　　　　　　　　　(b) 整流器总成

图 2-22　发电机整流板

1—负整流板；2—正整流板；3—散热片；4—连接螺栓；5—正极管；

6—负极管；7—安装孔；8—绝缘垫；9—电枢接柱安装孔

整流板

电刷架

调节器

电刷

图 2-23　电刷组件

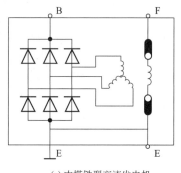

(a) 内搭铁型交流发电机

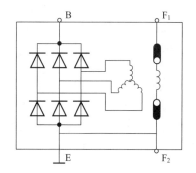

(b) 外搭铁型交流发电机

图 2-24　发电机搭铁形式

　　九管交流发电机的基本结构和六管交流发电机相同，所不同的是整流器。九管交流发电机的整流器是由 6 只大功率整流二极管和 3 只小功率励磁二极管组成的交流发电机。

　　其中 6 只大功率整流二极管组成三相全波桥式整流电路，对外负载供电。

　　3 只小功率二极管与 3 只大功率二极管也组成三相全波桥式整流电路，专门为发电机磁场供电。所以称 3 只小功率管为励磁二极管。九管内搭铁型交流发电机电路见图 2-25。

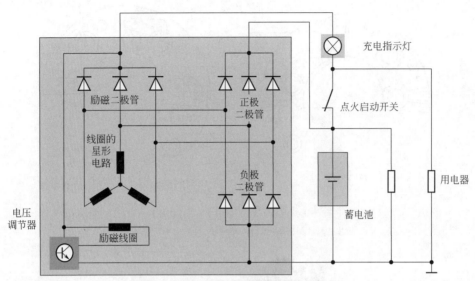

图 2-25　九管内搭铁型交流发电机电路

充电指示灯亮，转子励磁；充电指示灯熄灭，发电机发电。

发电机是靠磁场将机械能转化成电能的装置，首先外界提供直流电压，作用在励磁绕组上，励磁绕组便有电流通过，产生轴向磁场，两块爪形磁极磁化，形成了六对相间排列的磁极（以六极发电机为例）。磁极的磁力线经过转子与定子之间的气隙，定子铁芯形成闭合回路。转子旋转时，励磁绕组所产生的磁场也随之转动，形成旋转磁场。固定不动的三相定子绕组在旋转磁场的作用下，产生三个频率相同、幅值相等、相位互差 120°的正弦电动势，再利用硅二极管的单向导电功能进行整流，输出直流电压，使用电子调节器使输出电压稳定。交流发电机工作原理如图 2-26 所示。

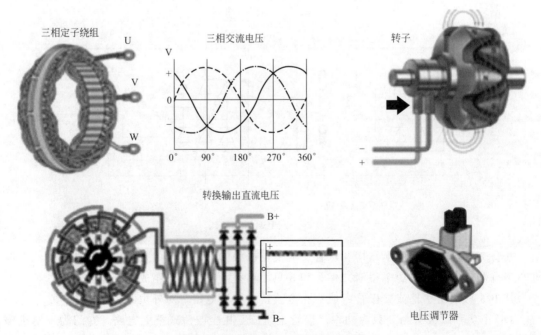

图 2-26　交流发电机工作原理示意图

2.2.2 发电机总成拆解

以陕汽重卡车型配用的 JFZ25/27 系列发电机为例，总成部件分解如图 2-27 所示。

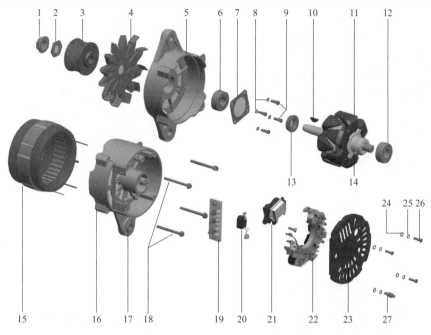

图 2-27 总成部件分解

1—带轮螺母；2—带轮平垫圈；3—带轮；4—风扇叶；5—前端盖组件；6—前轴承；7—轴承盖板；8,25—弹簧垫圈；
9—轴承盖螺钉；10—半圆键；11—转子总成；12—后轴承；13—定位套；14—滑环组件；15—定子总成；
16—后端盖组件；17—调整套；18—穿钉；19—接线板总成；20—电容；21—电刷电压调节器组件；
22—整流组件；23—护罩；24—平垫圈；26—护罩螺钉；27—双头螺栓

分解步骤及安装说明如下：

① 用 8mm 套筒拆下负极螺母，如图 2-28 所示。安装时拧紧力矩为 3.2～3.8N•m。

② 用十字螺丝刀（旋具）拆下护罩的 3 个固定螺钉（箭头所指处），取下护罩，如图 2-29 所示。安装的拧紧力矩为 3.2～3.8N•m。

图 2-28 拆下负极螺母

图 2-29 拆下护罩固定螺钉

③ 使用十字螺丝刀拆下 2 个调节器的固定螺钉（箭头所指处），如图 2-30 所示，安装时的拧紧力矩为 1~1.6N·m。

④ 将电刷调节器组件放到一侧，以防后面分离前后盖时损坏电刷，见图 2-31。

图 2-30　拆下调节器固定螺钉　　　　　　图 2-31　将调节器组件置于一侧

⑤ 用十字螺丝刀拆下固定螺钉，如图 2-32 所示。安装拧紧力矩为 3.2~3.8N·m。

⑥ 用 1/4 套筒拆下 2 个接线板的固定螺钉，如图 2-33 所示。安装时的拧紧力矩为 3~4N·m。

图 2-32　拆下固定螺钉　　　　　　　　　图 2-33　拆下接线板固定螺钉

⑦ 使用 6mm 套筒拆下接线板上的 D+ 点螺母，如图 2-34 所示。安装时的拧紧力矩：外侧螺母为 0.5~1N·m；内侧螺母为 3.2~3.8N·m。

⑧ 取下螺钉（箭头所指处），拆下调节器，如图 2-35 所示。

图 2-34　拆下 D+ 点螺母　　　　　　　　图 2-35　拆下调节器

⑨ 用一字螺丝刀撬出电容，如图 2-36 所示。

⑩ 用电烙铁焊开定子引线及接线板引线（箭头所指处，下同），取下接线板，如图 2-37 所示。

图 2-36　撬出电容　　　　　　　　　　　　图 2-37　焊开引线

⑪ 用十字螺丝刀拆下 4 个螺钉，取下整流组件，如图 2-38 所示。安装时拧紧力矩为 3.2～3.8N•m。

⑫ 用8mm 套筒拆下 4 个前后盖穿钉，如图 2-39 所示。安装时的拧紧力矩为 5.5～6.5N•m。

图 2-38　取下整流组件　　　　　　　　　图 2-39　拆下 4 个穿钉

⑬ 用拉力器分离前后盖，如图 2-40 所示。

⑭ 拆卸：用拉力器拉出后轴承，如图 2-41 所示。

⑮ 安装：用油压机压入后轴承，压到底为止，如图 2-42 所示。

⑯ 用电动扳手和 24mm 套筒拆下带轮螺母，如图 2-43 所示。安装时的拧紧力矩为 85～95N•m。

⑰ 取下带轮，如图 2-44 所示。

⑱ 取下风扇，如图 2-45 所示。

⑲ 用一字螺丝刀和锤子敲击键靠近端盖一侧，使键的另一侧翘起，如图 2-46 所示。

⑳ 用锤子和一字螺丝刀取出键，如图 2-47 所示。

㉑ 取下定位套，如图 2-48 所示。

㉒ 拆卸方法 1：用油压机压出转子，如图 2-49 所示。

图 2-40　分离前后盖

图 2-41　拆卸后轴承

图 2-42　安装后轴承

图 2-43　拆下带轮螺母

图 2-44　取下带轮

图 2-45　取下风扇

图 2-46　敲击键

图 2-47　取出键

图 2-48　取下定位套

图 2-49　压出转子

拆卸方法 2：也可以用木锤敲出转子，如图 2-50 所示。

㉓ 安装方法：用油压机将前端盖压入转子轴，如图 2-51 所示。

图 2-50　敲出转子

图 2-51　压入转子轴

㉔ 用 8mm 套筒拆下前轴承挡盖的 4 个螺钉，如图 2-52 所示。安装时的拧紧力矩为 5.5～6.5N·m。

㉕ 拆卸方法 1：用油压机压出前轴承，如图 2-53 所示。

图 2-52　拆下前轴承挡盖

图 2-53　压出前轴承

拆卸方法 2：用木锤敲出前轴承，如图 2-54 所示。

㉖ 安装方法：用油压机压入前轴承，如图 2-55 所示。

图 2-54　敲出前轴承

图 2-55　压入前轴承

2.2.3　发电机故障排除

2.2.3.1　使用测试灯检测发电机

可以使用测试灯检测发电机常见故障，流程见图 2-56。

（1）指示灯长亮（仅对电压调节器有 D+ /L 端子的发电机）

① 车辆指示灯是 LED 发光二极管（并联电阻断路或未装）。正常线路测试发电机 D+ 端子对 B−端子或壳体电压应该是 1.5V 左右，如果是 LED 则该测试电压＜0.5V。

② D+端子外接导线有短路或错接故障（判断测试同上）。

③ 接指示灯检查，如果问题未解决则是发电机电压调节器问题，需要更换。

（2）指示灯不亮（仅对电压调节器有 D+ /L 端子的发电机）

① 接线错误。将导线拆下对地短路，观察指示灯是否亮，亮则说明线路正常，否则就要检查并重新接线。

② 指示灯损坏。将接 D+端子导线拆下对 B−端子或壳体短路，观察指示灯是否亮，亮

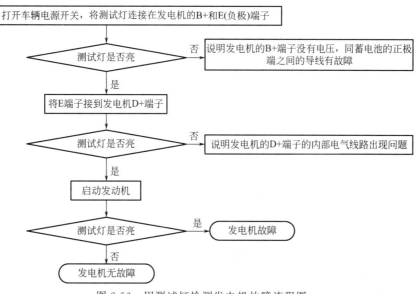

图 2-56　用测试灯检测发电机故障流程图

则说明指示灯正常，否则就要更换指示灯。

③ 上述检查如果正常，则可能是发电机电压调节器损坏或转子断路。拆下调节器检测转子滑环间阻值是否在规定值范围内，对轴绝缘断路；如果是则需要更换调节器。

④ 指示灯不亮但发电机输出正常，则是电压调节器指示灯功能损坏，对发电机使用无碍，可考虑择时更换调节器。

（3）指示灯闪烁或暗亮

① 外部线路虚接。接指示灯检查，指示灯正常则检查外线路，否则就是发电机内部故障，按下一步进行。

② 滑环表面有异物或异常损伤，造成与电刷接触不良。可用200♯以上水砂纸以旋转方式清理滑环表面（图 2-57）。

③ 电刷因磨损不能保证与滑环正常接触。如图 2-57 所示，当电刷的自然探出长度≤5mm时要尽快更换电刷，如果出现电刷偏磨，则要更换电刷及调整电刷架位置。

用砂纸清理滑环表面　　　　　　电刷的自然探出长度L

图 2-57　检测电刷

④ 电刷架变形或刷握孔进入异物影响电刷的自如弹出，必须更换。

⑤ 检测转子滑环间阻值是否在规定值范围内，如果超过则要更换转子总成。

⑥ 若上述检查都正常，则考虑是电压调节器问题，需要更换。

2.2.3.2　具体故障检测维修方法

（1）蓄电池亏电（输出电流小）

① 蓄电池充电率，见表 2-3。

表 2-3　蓄电池充电率

12.60V	12.45V	12.30V	12.15V
100%	75%	50%	25%

② 常温下单蓄电池电压≥12.45V（双蓄电池 24.90V，静态开大灯 3min 后检测的电压），如图 2-58 所示，反之，属于亏电状态需要尽快补充，如果在≥27V 条件下长时间充电后还是无法达到 75% 充电率，则蓄电池可能失效，考虑更换。

图 2-58　检测蓄电池电压

③ 常温下检测蓄电池正负极电压，如果＜12V（双蓄电池 24V），则蓄电池内部短路，需要马上更换。

④ 发动机启动后马上检测发电机输出电压与蓄电池正极端初始电压，正常情况下应有 2V 左右压差，在运转 5min 左右后压差应＜0.5V 左右；如果压差＞3V 且持续保持，考虑蓄电池内部短路原因或配置导线规格、质量原因；可用并联导线检测压差，正常则是导线或其接点问题，否则，就是蓄电池问题；如果初始压差在 0.5V 左右且在充电过程中无明显变化，则是蓄电池内阻增大导致充电困难，需要及时更换（如图 2-59 所示，电压表正极端接发电机正极，负极端接蓄电池正极）。

电压＜0.5V

图 2-59　检测发电机输出电压

⑤ 正常工作时发电机输出电压≥27V，但车辆电器负载处电压＜25V，则输出回路不畅是主要原因；接点接触不良、导线规格不合理等（接点、导线有过热现象）；松开发电机正负极接线螺栓的螺母并清理接触表面（包括与端盖接触表面及熔断器接点等）再复紧，同时检查负极回路导线与车架连接处，清理接触点氧化表面后再复紧。

⑥ 负极回路导线规格不符合要求影响输出；发电机工作时导线明显过热，必须更换

导线。

（2）输出电压高（30～32V）

① 发电机到蓄电池间连接导线接线点有虚接或蓄电池老化造成系统电压不稳；需要将相关导线各接点修正后重新连接；如果问题未解决就需要更换蓄电池。

② 调节器正负极引线与发电机正负极虚接（多数为负极虚接）；检查相关接点导线是否有松动并复紧。

（3）输出电压低（＜25V）

① 在传动带张紧条件下如果提高发动机转速，发电机输出电压能够上升到27V左右，则可能是发动机怠速转速设置或发电机速比设置不合理，需要进行转速调整。

② 如果发动机怠速情况下发电机的工作转速在2000r/min时接通车辆主要负载，发电机的工作电压无法达到27V左右，则是发电机的功率配置有问题，需要考虑调整。

③ 如果发电机输出端子处测得的电压是27V左右，而车辆仪表盘显示电压低于26V，则是该电压取样点到发电机输出端间导线压降大所致，可考虑择时维修或更换导线。

④ 如果发电机怠速转速合理，在未开车辆主要负载时其输出电压在27V左右，但一旦接通车辆主要负载，该电压明显下降到25V左右，说明蓄电池严重亏电或内部短路，需要考虑对蓄电池充电或更换蓄电池。

⑤ 如果输出电压在20V左右，需要检测发电机相端R对地电压（见图2-60），如果该值不是B+输出端电压的1/2，则可能是发电机定子总成或整流组件出现问题，需要进一步检测。如果该值是B+输出端电压的1/2，问题原因：转子回路中电刷与滑环接触不良，需要整修或更换电刷；三相励磁管中有断路问题，应更换损坏的励磁二极管。

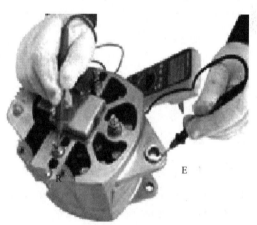

图2-60 发电机相端对地电压测试

（4）输出电压＞32V

发电机电压调节器失控，需要马上更换。

（5）发电机异响

① 轴承异响。发电机使用一年左右后轴承润滑油脂开始干枯，滚珠噪声随转速改变而变化且一直存在；由于密封轴承不可维修，出现噪声后需要尽快更换专业配件而非市场采购的一般环境下使用的普通配件轴承，否则产生的连带损失更大。

② 带打滑异响。带未张紧或老化，旋转时因与带轮槽产生滑动而产生异响。重新张紧，老化（焦化、有裂纹）的带要尽快更换，如图2-61所示，否则，极易损坏发电机轴承并影响甚至损坏其他传动系统。

③ 风噪声。风扇旋转时流动的气流引发其他部件振动产生的噪声，可能是风扇变形或外部部件与其位置过近所致。不会影响发电机的正常工作。

④ 磁噪声。发电机定转子工作时产生的交变磁场引发相关部件振动产生的噪声，其仅在某一转速段或输出功率段出现。对发电机的正常工作基本没有影响。

⑤ 自动张紧系统无法保证必要的张紧力，致使传动带跳动打滑产生异响。

带已损坏，需及时更换

图 2-61　发电机带损坏

（6）双并联发电机故障判断

① 有双指示灯配置的车辆可根据指示灯判断。

② 检测发电机的 W/R 相端电压（直流挡检测电压值在 13～14V）进行判断。

③ 车辆怠速时增加电器负荷，观察指示灯及检测 R/W 相端电压是否正常。如果正常则可能是发电机间或发电机到蓄电池间导线连接不良，虚电压造成发电机不能同步工作，建议清理导线、蓄电池各接点；反之发电机出现故障需要更换。

（7）更换注意事项

为保证并联发电机状态相同，对已经使用一年及以上时间的并联发电机，如果需要更换，建议更换一台同型号旧发电机或同时更换两台同型号新发电机，更换下的没有问题的旧发电机留做备用。

2.2.4　发电机故障诊断

发电机的主要故障包括发电机不发电、发电量高、发电量低、发电不稳等，从而造成整车电量消耗完全依赖于蓄电池储电，最终导致蓄电池亏电不能满足整车用电要求。发电机故障检修流程如图 2-62 所示。

发电机出现故障时，可按以下流程进行相关检测。

（1）准备工作

① 用万用表测试蓄电池电压是否正常，如图 2-63 所示。测量条件：静态测量。

用万用表（电压挡）对蓄电池电压（万用表两端分别连接蓄电池正负极）进行测量；测量值理论上不能低于 23V，若蓄电池电压低于该值说明蓄电池自身存在问题，先排除蓄电池故障（充电或更换蓄电池）；另检查蓄电池正负极接线处是否存在严重腐蚀或者连接松动的现象，若存在，排除（清理腐蚀或紧固连接点，腐蚀严重无法通电的更换蓄电池）后转后续工作。

② 检查蓄电池至发电机 B＋端连接情况。测量条件：静态测量。

首先，检查发电机 B＋螺栓连接处是否可靠，再用万用表测量发电机 B＋输出端电压。正常情况下此处电压应等于或略小于（1V 以内）蓄电池电压，若远小于或无电压，说明蓄电池至 B＋输出端连接存在虚接或断路情况，排除该段线路故障后转后续工作。

③ 检查发电机带

为避免因带松动、过紧或失效引起的发电机故障，检查发电机带是否存在松动、过紧或失效的现象，检查方法：指压在 3～5mm 算正常（手感）。

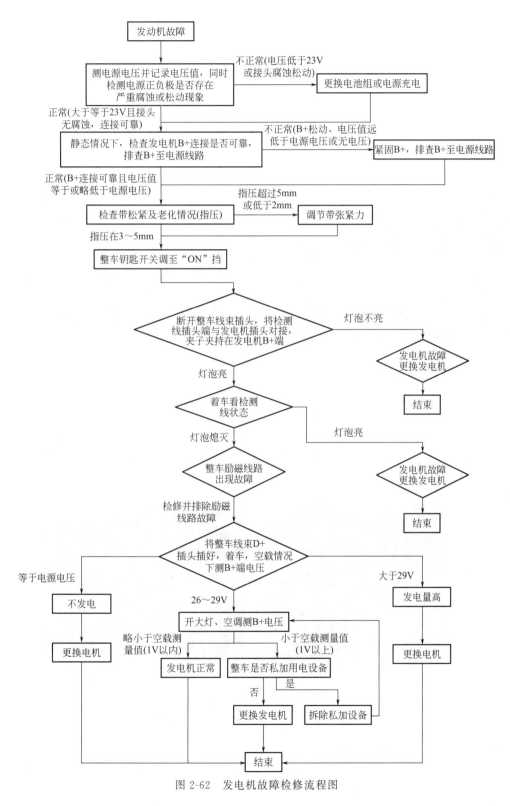

图 2-62 发电机故障检修流程图

说明： 传动带过紧可能会导致发电机轴承失效等机械故障；传动带松动或失效可能会导致发电机不发电或发电量低故障。

（2）检查工作

① 检查励磁线路是否正常。

在检查前先确认发电机线束插头是否连接可靠，若连接可靠再对励磁电路进行排查，方法如下：

断开整车线束插头，选匹配型号的检测线插头与发电机上的插头连接，将检测线的夹子夹持到发电机 B+端，如图 2-64 所示。

图 2-63　测试蓄电池电压

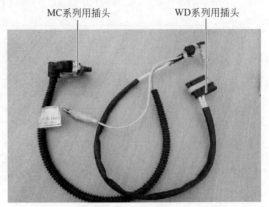

MC系列用插头　　WD系列用插头

图 2-64　检测线

首先将整车钥匙开关调至"ON"挡，如图 2-65 所示，观察此刻灯泡状态。若灯泡不亮，说明发电机自身存在问题，可直接对发电机予以更换；若灯泡亮，继续下一步工作。着车，怠速观察灯泡状态，若灯泡在着车的情况下仍然亮，说明发电机自身存在问题，可直接对发电机予以更换；若灯泡在着车状态下熄灭，说明整车励磁线路存在问题，排查励磁线路转后续工作。

点亮状态

熄灭状态

图 2-65　连接并观察检测灯状态

② 测 B+电压。

确认励磁线路正常后，将线束插好，着车，怠速情况下用万用表测量 B+电压值，如图 2-66 所示，根据电压值进行判定（测量方法：万用表调至电压挡，黑表笔接发电机外壳，红表笔接发电机 B+），判定准则如下：

a. 若空载情况下，B+电压等于蓄电池电压，说明发电机不发电，应更换发电机。

b. 若空载情况下测得 B+电压在 26～29V，接下来打开整车大灯和空调（满载），测量

B+处电压，若发电机电压略小于空载电压（1V 以内），说明发电机能正常发电；若空、满载 B+电压相差较大（1V 甚至更多），说明发电机的输出满足不了整车用电要求，进一步排查，确认整车是否私加大功率用电设备。若未私加用电设备，说明发电机存在问题，应更换发电机；若加了大功率用电设备，安全移除并再次确认 B+端电压，判定准则遵循上述原则。

③ 空载情况下，若 B+电压超过 29V，说明发电机发电量高，应更换发电机。

维修及更换零部件注意事项：

① 确保整车无电（关闭蓄电池总开关）；

② 更换发电机时要将相关螺栓或螺钉拧紧；

③ 发电机、整车线束接插头接插可靠。

图 2-66　检测电压

2.2.5　充电系统故障排除

充电系统故障排除见表 2-4。

表 2-4　充电系统故障快速排查

故障	可能原因	补救/预防
充电电流不流动(灯不亮)	I.C. 调节器故障	更换 I.C. 调节器
	定子线圈故障(断开或局部短路)	更换定子线圈
	励磁线圈故障(断开或局部短路)	更换励磁线圈
	二极管故障(断路或短路)	更换整流器支架
	导线线路断开或松开(板、支架等)	维修或更换
	线路断开(包括保险丝)	更换
电压表指示大于等于 29V (灯不亮)	I.C. 调节器故障	更换 I.C. 调节器
	I.C. 调节器安装故障(安装支架)	维修或更换
充电电流流动正常(灯不亮)	I.C. 调节器故障	更换 I.C. 调节器
充电电流总是不足(电池不通电)(灯仍不亮)	定子线圈故障	更换定子线圈
	二极管故障(断路或短路)	更换整流器支架
	导线线路断开或松开(板、支架)	维修或更换
	所用负载的体积过大(所用负载体积不平衡)	减小负载
充电电流总是过大(电池在短时间内不干燥)(灯仍不亮)	I.C. 调节器故障	更换定子线圈
	I.C. 调节器安装故障(安装支架)	更换整流器支架
	电池几乎超出其使用寿命	维修
异响	定子线圈故障(局部短路、接地)	更换定子线圈
	内部暴沸(轴承内和支架磨损)	维修或更换
	带张力故障(带打滑)	维修

第 3 章

发动机电控系统

3.1 电控高压共轨系统

3.1.1 共轨系统控制原理

3.1.1.1 柴油共轨系统概述

传统柴油喷射系统其压力的产生与喷油量跟凸轮与柱塞联系在一起，喷油的压力随着发动机转速与喷油量的增加而增加。这种柴油系统已经无法满足日益严格的排放法规和降低油耗的愿望。

共轨系统（Common Rail Systems，CRS）将燃油在高压下储存在蓄压器（高压油轨）中，从本质上克服了传统柴油机喷射系统的缺陷，其特性有：喷油压力的产生不依赖于发动机转速与系统喷油量，可根据发动机不同的工况灵活控制喷射压力和油量，从而实现低转速高喷射压力，达到低速高扭矩、低排放及优化燃油经济性的目的。通过电子控制单元算出理想的喷油量和喷油时间，再由喷油器精确地喷射，甚至多次喷射，从而实现更高的系统压力，更好的排放能力，更低的燃油消耗。柴油共轨系统部件布置方式见图 3-1。

图 3-1　柴油共轨系统部件布置方式

柴油共轨喷射系统由液力系统和电子柴油机控制系统构成。其中液力系统又分为低压液力系统和高压液力系统。

低压液力系统组成部件：油箱、输油泵、燃油滤清器、低压油管。

高压液力系统组成部件：高压泵、高压油轨、喷油器、高压油管。

电子柴油机控制（Electronic Diesel Control，EDC）系统组成部件：传感器；电子控制单元（Electronic Control Unit，ECU）；执行器，包括带电磁阀的喷油器、压力控制阀、预热塞控制单元、增压压力调节器、废气循环调节器、节流阀等；线束。

以上部件中，喷油器、高压泵、高压油轨、电子控制单元（电控单元）为柴油共轨系统四大核心部件。共轨系统组成部件与原理示意如图 3-2 所示。

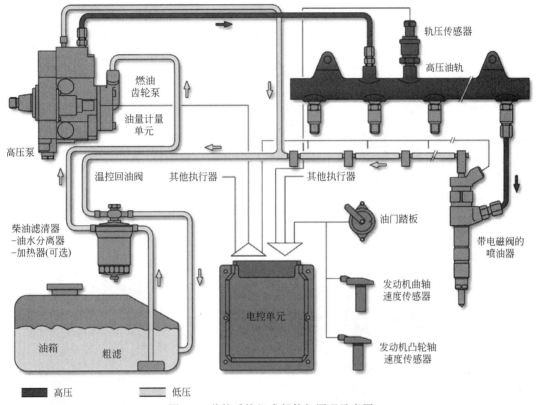

图 3-2　共轨系统组成部件与原理示意图

喷油器是将燃油雾化并分布在发动机燃烧室的部件。共轨喷油器的喷油时刻和持续时间均经电控单元精确计算后给出信号，再由电磁阀控制。

高压泵的作用是将燃油由低压状态通过柱塞将其压缩成高压状态，以满足系统和发动机对燃油喷射压力和喷油量的要求。

高压油轨的作用是存储燃油，同时抑制由于高压泵供油和喷油器喷油产生的压力波动，确保系统压力稳定。高压油轨为各缸共同所有，其为共轨系统的标志。

电控单元就像发动机的大脑，它收集发动机的运行工况参数，结合已存储的特性图谱进行计算处理，并把信号传递给执行器，实现发动机的运行控制、故障诊断等功能。

3.1.1.2　博世国Ⅵ共轨系统

重汽 MC 国Ⅵ发动机电控系统采用博世 MD1 CE100 平台，发动机电脑为 336 针脚，多核心处理芯片。该系统配合 DOC＋DPF＋SCR 后处理系统，实现发动机排放满足国Ⅵ标准要求。博世国Ⅵ电控柴油共轨系统架构如图 3-3 所示。

发动机电子控制单元（ECU），又称作"引擎控制器"或"发动机电脑"，从用途上讲是汽车专用微机控制器。ECU 由微处理器 CPU，存储器 ROM、RAM，输入/输出接口 I/O，模数

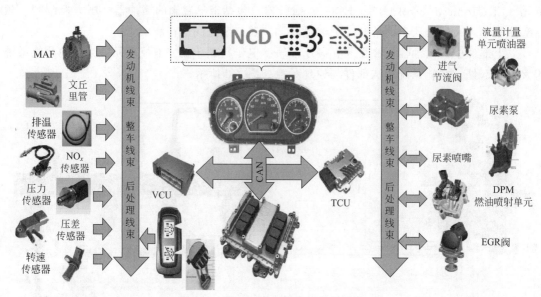

图 3-3　博世国Ⅵ电控柴油共轨系统

转换器 A/D，整形、驱动等大规模集成电路组成。发动机电脑端子分布如图 3-4 所示。

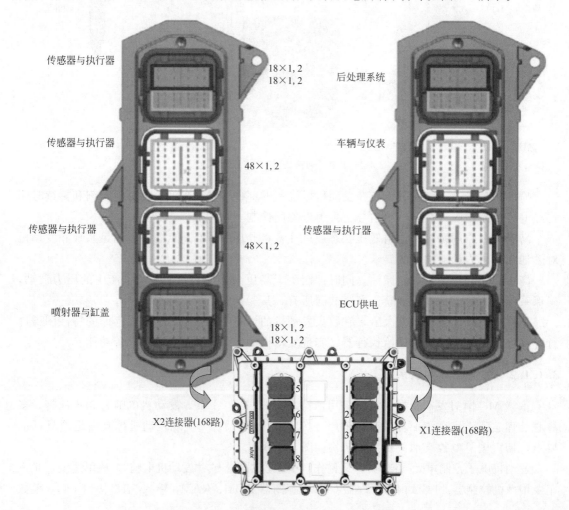

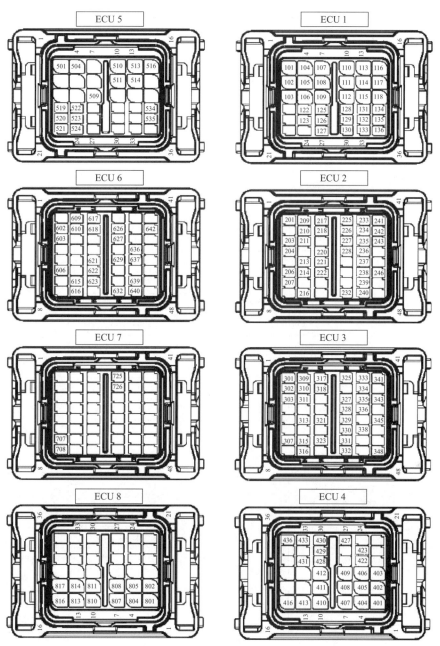

图 3-4　发动机电脑端子分布

常用传感器检测参数如表 3-1 所示。

表 3-1　常用传感器检测参数

名称	ECU 对应针脚	万用表电阻挡测量 （测量传感器）	万用表电压挡测量 （连接 ECU 测量）	备注/示波器测量 （连接 ECU）
转速传感器	618＋/617－	（860±86）Ω/20℃	无法测量	
凸轮轴位置传感器	639＋/640－	（860±86）Ω/20℃	无法测量	

续表

名称	ECU 对应针脚	万用表电阻挡测量（测量传感器）	万用表电压挡测量（连接 ECU 测量）	备注/示波器测量（连接 ECU）
水温传感器	602 信号/610 地	-10℃:9700Ω 20℃:2500Ω 80℃:327Ω	-10℃:4.0V 20℃:2.5V 80℃:0.6V	无
中冷前温度传感器	626 信号/616 地	0℃:500Ω 20℃:540Ω 100℃:692Ω	0℃:1.9V 20℃:2.0V 100℃:2.3V	无
EGR 下游温度传感器	726 信号/725 地	0℃:500Ω 20℃:540Ω 100℃:692Ω	0℃:1.9V 20℃:2.0V 100℃:2.3V	无
进气温度压力传感器	621 5V/632 压力信号/622 地/606 温度信号 622-606 测温度 632-622 测压力	-10℃:9395Ω 20℃:2500Ω 40℃:1174Ω 80℃:322Ω 压力无	-10℃:3.8V 20℃:2.3V 60℃:0.8V 80℃:0.5V 150kPa:1.65V 101kPa:1.09V 250kPa:2.78V	测量:A09-A42 为 5V
级间温度压力传感器	531 5V/528 压力信号/532 温度信号/529 地 532-529 测温度 528-529 测压力	-10℃:9395Ω 20℃:2500Ω 40℃:1174Ω 80℃:322Ω 压力无	-10℃:4.4V 20℃:3.3V 60℃:1.6V 80℃:1V 101kPa:1.09V 150kPa:1.65V 250kPa:2.78V	测量:A09-A42 为 5V
TVA 位置传感器	514 5V/520 信号/519 地	520-519	全开:0.6V 全关:4.15V	测量:514-519 为 5V,默认状态全开
EGR 位置传感器	535 5V/524 信号/521 地	524-521	全关:0.8V 全开:4.0V	测量:535-521 为 5V,默认状态全关
燃油压力传感器	637 5V/615 信号/627 地	615-627	0bar:0.5V 10bar:2.5V 20bar:4.5V	测量:637-627 为 5V
机油压力传感器	629 5V/603 信号/623 地	603-623	0bar:0.5V 5bar:2.5V 10bar:4.5V	测量:629-623 为 5V
共轨压力传感器	534 5V/523 信号/522 地	523-522	0MPa:0.5V 100MPa:2.5V 200MPa:4.5V	测量:534-522 为 5V

续表

名称	ECU 对应针脚	万用表电阻挡测量（测量传感器）	万用表电压挡测量（连接 ECU 测量）	备注/示波器测量（连接 ECU）
油泵计量单元	707＋/708－	2.6～3.15Ω		
CAN 总线	422 CAN_H/423 CAN_L/429 CAN_H/428 CAN_L	通信 422-423:120Ω	2.5～3.5V	对地测量
			1.5～2.5V	
		诊断 429-428:120Ω	2.5～3.5V	
			1.5～2.5V	
环境温度传感器	226 信号/234 地	－10℃:9003Ω	－10℃:3.9V	无
		20℃:2432Ω	20℃:3.5V	
		40℃:1148Ω	40℃:1.5V	
油门踏板	317 5V 电源-1 309 信号-1 301 地-1	油门开度 0%	0.85V	类型一
			0.75V	类型二
		油门开度 100%	4.15V	类型一
			3.84V	类型二
	318 5V 电源-2 310 信号-2 302 地-2	油门开度 0%	0.85V	类型一
			0.375V	类型二
		油门开度 100%	4.15V	类型一
			1.92V	类型二
排气制动继电器	511＋/510－	测得继电器线圈电阻约 44～440Ω	测得 ECU 510 对地=3.5V	
启动继电器	246＋/233－	测得继电器线圈电阻约 44～440Ω	测得 ECU 233 对地=3.5V	
预热继电器	642＋/636－	测得继电器线圈电阻约 44～440Ω	测得 ECU 636 对地=3.5V	
DCO 前排温度传感器	214 信号/209 地	0℃:201Ω	0℃:0.84V	无
		200℃:350Ω	200℃:1.3V	
		400℃:489Ω	400℃:1.64V	
DPF 前排温度传感器	130 信号/127 地	0℃:201Ω	0℃:0.84V	无
		200℃:350Ω	200℃:1.3V	
		400℃:489Ω	400℃:1.64V	
SCR 前排温度传感器	128 信号/125 地	0℃:201Ω	0℃:0.84V	无
		200℃:350Ω	200℃:1.3V	
		400℃:489Ω	400℃:1.64V	
SCR 前排温度传感器	129 信号/126 地	0℃:201Ω	0℃:0.84V	无
		200℃:350Ω	200℃:1.3V	
		400℃:489Ω	400℃:1.64V	
尿素压力传感器	123 5V/132 信号/131 地	132-131	0bar:0.78V	测量:629-623 为 5V
			9bar:3.36V	
			13bar:4.5V	

续表

名称	ECU 对应针脚	万用表电阻挡测量 （测量传感器）	万用表电压挡测量 （连接 ECU 测量）	备注/示波器测量 （连接 ECU）
上游温度压力传感器	221 5V/213 压力信号/201 地/236 温度信号 236-201 测温度 213-201 测压力	−10℃：9395Ω	−10℃：3.9V	测量：221-201 为 5V
		20℃：2500Ω	20℃：2.4V	
		40℃：1174Ω	60℃：0.9V	
		80℃：322Ω	80℃：0.5V	
			101kPa：0.7V	
下游压力传感器	222 5V/239 信号/211 地	239-211	101kPa：0.7V	测量：222-211 为 5V

3.1.2　共轨系统部件检测

以大柴 TCD2013 发动机为例，该系列高压共轨柴油机采用 BOSCH EDC17CV44 SCR 全功能平台 ECU，该 ECU 可整车安装，集成控制 SCR 驱动，有多个数字及模拟 I/O 端口并有较快的运算处理能力，能够满足国Ⅳ、国Ⅴ排放需求。该 ECU 搭载 BOSCH CRSN2-PF 共轨系统，能够实现最高轨压 1600bar。

3.1.2.1　大柴 TCD2013 共轨系统电脑端子

电子控制单元（60 针脚＋94 针脚，ECU 通过支架直接安装在发动机上），电脑端子分布如图 3-5 所示，端子定义见表 3-2。

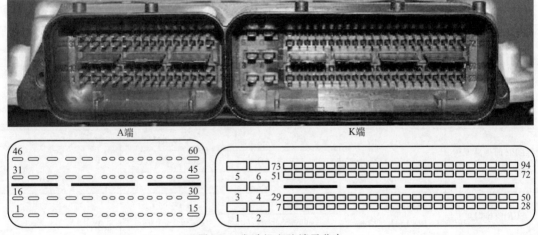

图 3-5　发动机电脑端子分布

表 3-2　发动机电脑端子定义

发动机端 A			
针号	定义	针号	定义
A01	5 缸喷油器低端(6 缸机)	A03	4 缸喷油器低端(6 缸机)
A02	6 缸喷油器低端(6 缸机)	A04	燃油计量单元高端

续表

针号	定义	针号	定义
	发动机端 A		
A05	燃油计量单元低端	A33	1 缸喷油器高端（6 缸机）
A07	轨压传感器供电	A35	风扇继电器低端
A09	进气压力传感器"正"	A37	凸轮轴位置传感器信号
A14	风扇转速传感器信号	A38	曲轴位置传感器屏蔽地
A15	缸内排气制动阀	A39	曲轴位置传感器信号
A16	1 缸喷油器低端（6 缸机）	A42	进气温度传感器地
A17	3 缸喷油器低端（6 缸机）	A43	进气压力信号
A18	2 缸喷油器低端（6 缸机）	A44	机油压力信号
A21	风扇转速传感器电源正	A45	风扇继电器高端
A24	机油压力传感器供电	A46	4 缸喷油器高端（6 缸机）
A25	轨压传感器地	A47	3 缸喷油器高端（6 缸机）
A26	轨压传感器信号	A48	2 缸喷油器高端（6 缸机）
A27	进气温度传感器信号	A51	风扇转速传感器地
A28	冷却液温度信号	A52	凸轮轴位置传感器地
A29	冷却液温度地	A53	凸轮轴位置传感器屏蔽地
A31	5 缸喷油器高端（6 缸机）	A54	曲轴位置传感器地
A32	6 缸喷油器高端（6 缸机）	A57	机油压力传感器地
	整车端 K		
K01	电源正	K34	车速传感器信号
K02	电源负	K35	起动机控制信号
K03	电源正	K37	巡航"SET－"开关
K04	电源负	K40	可调限速开关
K05	电源正	K41	主制动开关信号
K06	电源负	K44	油门踏板传感器 2 电源
K11	车速传感器信号地	K45	油门踏板传感器 1 电源
K12	巡航 ON/OFF 开关	K47	排气制动继电器低端
K14	辅助制动开关信号	K48	冷启动预热指示灯低端
K15	离合信号	K49	发动机转速输出
K16	排气制动开关	K53	CAN1 低
K18	巡航"SET＋"开关	K54	CAN0 高
K19	空挡开关	K59	通信接口 1（K 线）
K22	空调开关	K61	油门踏板传感器 1 信号
K27	燃油预热继电器	K62	油门踏板传感器 1 地
K29	ECU 输出供电端（排气制动继电器）	K65	诊断灯低端
K31	发动机停机开关	K66	诊断请求开关
K32	巡航 Resume 开关	K68	ECU 输出供电端

续表

整车端 K			
针号	定义	针号	定义
K69	OBD 指示灯低端	K76	CAN0 低
K70	诊断灯高端	K79	多状态开关供电
K71	起动机控制继电器	K83	油门踏板传感器 2 信号
K72	预热继电器低端	K84	油门踏板传感器 2 地
K74	多状态开关地	K87	ECU 开关信号地
K75	CAN1 高	K88	T15 点火开关（开关到 BAT＋）
SCR 附接口			
K07	尿素泵电机地	K81	排温传感器信号
K08	尿素泵反转阀控制端	K82	排温传感器地
K09	尿素喷嘴低端	V01	尿素压力管加热器＋
K10	尿素喷嘴高端	V02	尿素回流管加热器＋
K24	尿素泵压力传感器电源正	V03	尿素进流管加热器＋
K28	尿素箱加热阀控制端	V04	尿素泵加热器＋
K30	尿素泵反转阀电源正	G01	尿素压力管加热器－
K39	大气温度传感器信号	K89	尿素箱加热阀电源正输出
K52	尿素箱液位传感器地	K93	尿素泵电机控制端
K57	尿素箱液位传感器信号	V05(K76)	氮氧化物传感器 CAN_L
K60	大气温度传感器地	V06(K54)	氮氧化物传感器 CAN_H
K64	尿素箱温度传感器地	V07(K88)	氮氧化物传感器电源正（连接 K88）
K73	尿素泵电机电源正输出	V08	氮氧化物传感器地（连接 K02、K04、K06）
K77	尿素泵压力传感器地	G02	尿素回流管加热器－
K78	尿素泵压力传感器信号	G03	尿素进流管加热器－
K80	尿素箱温度传感器信号	G04	尿素泵加热器－

3.1.2.2 大柴 TCD2013 共轨系统传感器检测

（1）曲轴转速传感器（电路见图 3-6）

① 检查线路是否开路/断路。

② 线束短路检查：检查线路与车厢地之间是否短路。

③ 曲轴转速传感器电阻检查：测量传感器连接器中 1 号触针与 2 号触针间的电阻，应为 770～950Ω。

图 3-6　曲轴转速传感器 ECU 连接电路

④ 曲轴转速传感器与飞轮盘之间间隙为 1.0mm。

（2）凸轮轴转速传感器（电路见图 3-7）

① 检查线路是否开路/断路。

② 线束短路检查：检查线路与车厢地之间是否短路。

③ 凸轮轴转速传感器电阻检查：测量传感器连接器中 1 号触针与 2 号触针间的电阻，应为 3.42～4.18kΩ。

④ 凸轮轴转速传感器与飞轮盘之间间隙为 0.2～2.1mm。

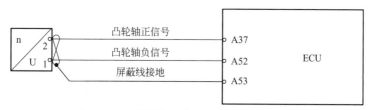

图 3-7　凸轮轴转速传感器 ECU 连接电路

（3）冷却液温度传感器（电路见图 3-8）

向 ECU 提供发动机冷却液/燃油温度信号，敏感元件为负温度系数的热敏电阻器（NTC）。

① 供电检查。点火开关打到"OFF"，拔下传感器接插件，将点火开关打到"ON"，测量传感器接插件 1 脚与搭铁间电压是否在 4.9～5.1V 范围内。如果测量结果不正确，则应检查电源是否供电正常，或出现 ECU 输出电压不正常的状况，或线束出现断路或接触不良等状况。测量传感器电阻，并记录。

② 开路检测。将点火开关置于 OFF 挡，拔出 ECU 发动机线束接头 A，拔出冷却液温度传感器线束接头，测量冷却液温度传感器线束接头引脚与 ECU 发动机线束接头 A 对应引脚之间的电阻，正常值均为 0Ω。如出现异常，可能为线束开路或接头损坏。

③ 短路检测。将点火开关置于 OFF 挡，拔出 ECU 发动机线束接头 A，拔出冷却液温度传感器线束接头，测量冷却液温度传感器线束接头引脚与车厢地之间的电阻，正常值≥1MΩ。如有异常，可能为线束短路。

④ 传感器部件阻值检测：将点火开关置于 OFF 挡，拔出冷却液温度传感器线束接头，测量冷却液温度传感器引脚之间的电阻，正常值：2.2～2.8kΩ（20℃），1.0～1.3kΩ（40℃），0.5～0.7kΩ（60℃）。

冷却液温度传感器温度与阻值的对应关系见表 3-3。

表 3-3　冷却液温度传感器温度与阻值对应关系

温度/℃	−40	−10	20	80	100	130
标准电阻值/Ω	45313	9387	2500	323	186	89
最大电阻值/Ω	50136	10152	2649	332	191	93
最小电阻值/Ω	40490	8642	2351	313	182	86

⑤ 使用诊断仪读取传感器电压值。

冷却液温度信号电压正常值：3.1～3.4V（20℃），2.2～2.5V（40℃），1.4～1.7V（60℃）。

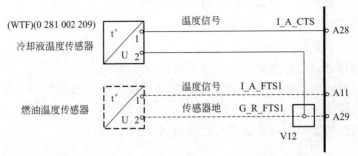

图 3-8　冷却液温度传感器 ECU 连接电路

（4）进气压力温度传感器检测（电路见图 3-9）

① 检查供电。当怀疑进气压力温度传感器有问题时，首先检查传感器的电源（3 脚）、地（1 脚）是否正常。

方法是：先将点火开关打到"OFF"，拔下进气压力温度传感器接插件，再将点火开关打到"ON"，测量线束接插件对应图 3-10 的 3 脚和 1 脚间的电压是否正常（大约 4.5V），若电压不正常，则需将点火开关打到"OFF"，拔下 ECU 上 A 端接插件，检查从 A 端到进气压力温度传感器接插件的对应导线是否正常导通。

② 对于进气压力温度传感器的检测可以分成温度传感器和压力传感器两部分。温度传感器的主要组成部分是负温度系数电阻，可以先测量传感器 1、2 针脚间的电阻，然后查表 3-4 得出温度值，若与当时的实际温度值偏差较大，则温度传感器发生故障。

表 3-4　传感器温度与阻值对应关系

温度 t /℃	阻值 R /kΩ	R 偏差 /%	温度 t /℃	阻值 R /kΩ	R 偏差 /%
−40	48.15	±5.92	50	0.85	±3.75
−30	26.85	±5.60	60	0.61	±3.58
−20	15.61	±5.31	70	0.12	±3.43
−10	9.43	±5.04	80	0.33	±3.28
0	5.89	±4.78	90	0.25	±3.20
10	3.79	±4.55	100	0.19	±3.00
20	2.51	±4.33	110	0.14	±3.13
30	1.72	±4.12	120	0.11	±3.25
40	1.20	±3.93	130	0.09	±3.36

③ 对于传感器压力部分的检测，由于传感器内部集成了整形补偿电路，所以不能用万用表测量 4 脚与其他针脚间的电阻值。因为用万用表测量电阻时，万用表本身会对被测电路施加一个电压，有可能将传感器内部的整形补偿电路击穿，造成传感器损坏。可使用诊断仪读取压力值，为 100kPa 左右；或者压力信号电压，为 1.0～1.15V（海拔高度 0m，发动机停机状态）。在 U_s=5V，t=25℃时，压力输出信号如图 3-10 所示。

④ 通过诊断仪读取数据流。进气温度、进气温度电压数据流正常值：3.9～4.2V（0℃），3.1～3.4V（20℃），2.2～2.5V（40℃），1.4～1.7V（60℃）。

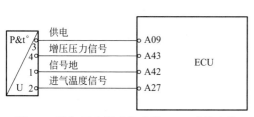

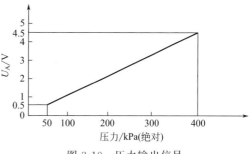

图 3-9　进气压力温度传感器 ECU 连接电路

图 3-10　压力输出信号

（5）机油压力传感器检测（电路见图 3-11）

① 机油压力传感器压力与输出电压呈线性关系，压力从 0bar 到 10bar，输出电压从 0.5V 到 4.5V。判定故障方法：先将点火开关打到"OFF"，拔下机油压力传感器线束插头，再将点火开关打到"ON"，测定其插头的 3 脚（A24）与搭铁间电压是否为输入电压（4.5～5V），4 脚（A44）与搭铁间的电压是否为零。如果测量结果偏差较大，则说明线束状态有问题，或是 ECU 的输出电压有问题。

② 因为传感器内部集成了信号处理电路，所以不能用万用表测量传感器电阻（信号脚），以防万用表对电路施加的电压将传感器信号处理电路击穿，可使用转接线，测量信号脚的输出电压与压力值是否能对应。

③ 可使用诊断仪读取机油压力信号电压或机油压力值，看与实际机油压力（见表 3-5）是否有差异。

表 3-5　压力与电压输出值关系

压力/MPa	输出电压		
	>10～85℃时公差±1.8%F.S.		
	标准值/V	最小值/V	最大值/V
0	0.5	0.428	0.572
0.1	1.071	0.999	1.143
0.2	1.643	1.571	1.715
0.3	2.214	2.142	2.286
0.4	2.786	2.714	2.858
0.5	3.357	3.285	3.429
0.6	3.929	3.857	4.001
0.7	4.50	4.428	4.572

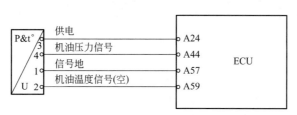

图 3-11　机油压力传感器 ECU 连接电路

（6）油量计量单元测量（电路见图3-12）

该电磁阀由ECU通过电压来调整开启大小。

计量单元检测：

① 供电检查。测量油量计量单元线束接头引脚1（A04）到车厢地的电压，应为23～28V。

② 检查线路是否有开路或对地、对电源短路。

③ 电阻检查。测量油量计量单元部件的电阻，正常值：2.6～3.15Ω/引脚1到引脚2。

④ 油量计量单元控制信号。拔出油量计量单元线束接头，测量ECU引脚A04和A05对车厢地的电压。引脚1（A04）到车厢地的正常值为23～28V/ECU，引脚2（A05）到车厢地的正常值为3.2～3.8V。

图3-12　油量计量单元ECU连接电路

（7）喷油器检测（电路见图3-13）

检查方法：

① 线束开路检查。测量喷油器线束接头引脚与ECU发动机线束接头之间是否开路。

② 线束短路到地检测。检查线束与接地线之间是否短路。

③ 短路到电池检测。测量喷油器线束接头引脚1和引脚2到车厢地的电压是否为0V。

④ 高端低端短路检测。测量喷油器线束接头引脚1与引脚2之间是否为导通状态。

⑤ 电阻检查。测量喷油器的电阻，所有喷油器的正常值为0.2～1.0Ω。

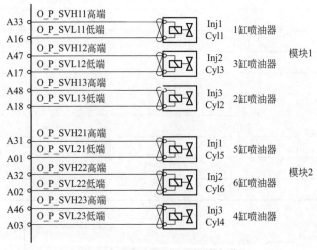

图3-13　喷油器ECU连接电路

（8）高压油轨的轨压传感器检测（电路见图3-14）

轨压传感器是用来测量高压共轨系统中共轨管内的实际压力。共轨压力传感器将压力值转换为电压信号给电控单元（ECU），以实现燃油压力的闭环控制。

图 3-14 轨压传感器 ECU 连接电路

① 测量轨压传感器线束接头引脚 3 到车厢地的电压，正常值：4.9～5.1V。

② 进行线束断路检查，确认线束与地之间是否有短路。

③ 用诊断仪读取数据流，轨压正常值：约 440bar（怠速 600r/min），约 860bar（高怠速 1500r/min）。

④ ECU 引脚 A26 到车厢地正常值：约 1.4V（怠速 600r/min），约 2.5V（高怠速 1500r/min）。

（9）供电模块

① 传感器供电模块 1（故障名称 DFC_SSpMon1）包括引脚 K43、K44、A09、A21 和 A24，K43 和 A21 没有使用，分别对应 K44—油门踏板传感器 2 供电，A09—进气压力温度传感器供电，A24—机油压力传感器供电。使用诊断仪检测时，如出现 DFC_SSpMon1 故障，分别检查以上三个传感器线束是否有故障，供电是否为 5V。

② 传感器供电模块 2（故障名称 DFC_SSpMon2）包括引脚 K23、K45、A46、A08 和 A22。K23、A46、A08 和 A22 没有使用。对应 K45—油门踏板传感器 1 供电，检查油门踏板传感器 2 供电及线路是否有问题。

③ 传感器供电模块 3 包括引脚 K24 和 A07，分别对应 K24—尿素泵压力传感器供电，A07—轨压传感器供电。检查尿素泵压力传感器供电和轨压传感器线路及供电是否有问题。

（10）油门踏板位置传感器检测（电路见图 3-15）

① 检查踏板传感器 1、踏板传感器 2 供电是否为 5V。

② 检查踏板传感器线路是否开路、短路。

③ 使用诊断仪检查踏板传感器信号电压，参考值见表 3-6。

表 3-6 传感器信号电压值

信号名称	松开油门踏板	踩下油门踏板	备注
油门踏板开度/%	0	100	系统无故障时的正常值
油门踏板传感器 1 电压/V	0.78	3.75	系统无故障时的正常值
油门踏板传感器 2 电压/V	0.39	1.88	系统无故障时的正常值

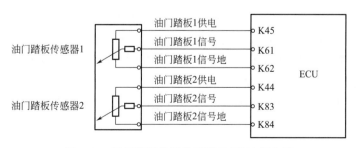

图 3-15 油门踏板位置传感器 ECU 连接电路

（11）多状态开关检测（电路见图 3-16）

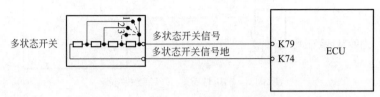

图 3-16 多状态开关 ECU 连接电路

① 多状态开关线束接头引脚 1 到车厢地的电压正常值为 4.9～5.1V，开关端子定义见表 3-7。

表 3-7 多状态开关端子定义

引脚定义	多状态开关信号	多状态开关信号地
多状态开关线束接头引脚编号	1	2
ECU 线束接头引脚编号	K79	K74

② 线路开路、短路检查。

③ 直接测量多状态开关的电阻。

正常值：约 9.8kΩ/引脚 1 到引脚 2（开关置于空载挡）。

正常值：约 4.2kΩ/引脚 1 到引脚 2（开关置于中载挡）。

正常值：约 1.5kΩ/引脚 1 到引脚 2（开关置于重载挡）。

④ 用诊断仪读取多状态开关信号电压（K79 对地之间）。

正常值：约 4.4V（开关置于空载挡）。

正常值：约 3.8V（开关置于中载挡）。

正常值：约 2.6V（开关置于重载挡）。

（12）启动继电器检测（电路见图 3-17）

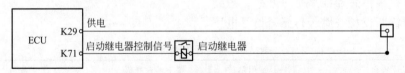

图 3-17 启动继电器 ECU 连接电路

① 点火开关置于 ON 挡，测量启动继电器插座引脚 2 到车厢地的电压，正常值：23～28V。

② 对线路进行开路、短路检查。

③ 阻值检查，启动继电器引脚 1 和引脚 2 之间电阻值为约 15Ω。

④ 拔出继电器，测得 ECU 引脚 K71 到车厢地的电压为 3.2～3.8V/引脚 K71 到车厢地，测得 ECU 引脚 K29 到车厢地的电压为 23～28V/引脚 K29 到车厢地。

（13）蓄电池（ECU 供电电路如图 3-18 所示）

博世 EDC17 型号 ECU 主继电器在 ECU 中内置，外部不能再加装主继电器，ECU 供电端通过 30A 熔断器直接与电源相连。

图 3-18 ECU 供电电路

（14）CAN 总线通信模块 0（电路见图 3-19）/CAN 总线通信模块 1（电路见图 3-20）

CAN0 用于控制单元间相互通信，如仪表、车身控制模块等和 OBD 诊断，如有 CAN0 相关故障，需检查 ABS/ASR、TCU、仪表盘、车身控制模块和氮氧传感器等 CAN 设备及线路是否故障。

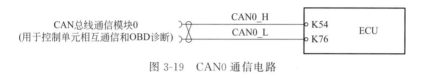

图 3-19 CAN0 通信电路

图 3-20 CAN1 通信电路

另外，ECU 内部 CAN0 中内置 120Ω 电阻，可直接测量 ECU 端子 K54 和 K76 之间电阻是否为 120Ω。

如出现诊断仪无法诊断故障或刷写数据，需检查 CAN1 线路或 ECU 是否有故障。ECU 内部 CAN1 模块中，内置 120Ω 电阻。

CAN1 与 OBD 诊断口引脚接线关系如图 3-21。

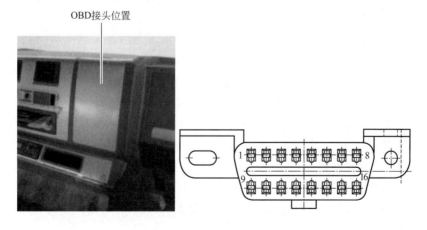

引脚定义	CAN1_H	CAN1_L
OBD线束接头引脚编号	6	14
ECU线束接头引脚编号	K75	K53

图 3-21 CAN1 与 OBD 诊断口引脚接线关系

3.2　电控单体泵系统

3.2.1　单体泵系统控制原理

1993 年，梅赛德斯奔驰和美国底特律柴油机公司达成了协议，开发、生产和销售用于重卡和公共汽车的 OM457LA 发动机。该款发动机是一款具有优化功率和扭矩的直列六缸发动机，排量为 11.967L，缸体内设计有电控单体泵和高压燃油喷射系统，带有恒定节气制动阀和排气蝶阀制动，具有良好的燃油经济性以及低维修成本。

2001 年开始应用到市场上，早期国内的奔驰 Axor 重卡就是使用的 OM457 发动机。为了进一步适应市场需求，奔驰对 OM457LA 发动机做了进一步的改进，其动力输出拥有 360ps、401ps 和 428ps 三个不同型号，2019 年国产后的 OM457 发动机又增加了一款 456ps 型号。

早在国Ⅳ时期，欧曼就引进了戴姆勒奔驰旗下的 OM457 发动机。而在 2019 款的欧曼 EST-A 重卡上再次搭载了奔驰 OM457 动力。该车搭载的是 OM457-428，发动机最大功率为 428ps，最大扭矩可以达到 2000N·m。与其匹配的是法士特的 12JSDX240TA 手动变速箱，最高挡为超速挡，外部采用了铝壳设计。

发动机控制系统（MR）是独立式电子系统，其主要任务是调节或控制泵-管路-喷嘴系统（PLD 系统）的燃油喷射功能。发动机控制系统（MR）的中央控制和调节单元是发动机控制系统（MR）控制单元（A6）。它根据发动机工况和行驶控制系统（FR）的规定扭矩，计算最佳的喷射开始角度和燃烧所需的喷油量。发动机控制系统（MR）控制单元（A6）还可通过对单体泵中电磁阀准确地进行电气促动，确保燃油在正确的位置及时、适量地喷入气缸中。

发动机工况根据以下传感器的输入值来确定燃油消耗量：曲轴位置传感器（B15）；凸轮轴位置传感器（B16）；增压空气温度和增压压力组合传感器（B111）；燃油温度传感器（B10）；冷却液温度传感器（B65）。

性能以及废气量的相关参数由增压空气温度和增压压力组合传感器（B111）、燃油温度传感器（B10）和冷却液温度传感器（B65）检测，而发动机控制系统（MR）的控制单元（A6）通过曲轴位置传感器（B15）检测当前转速以及相对于上止点（TDC）的转角（发动机位置），还配合凸轮轴位置传感器（B16）检测气缸 1 的压缩循环。

行驶控制系统（FR）的控制单元（A3）规定的所需扭矩根据许多输入信号计算得到，包括加速踏板传感器（A3）的位置，通过发动机控制器区域网络（CAN）（CAN 4）发送至发动机控制系统（MR）的控制单元（A6），发动机控制系统（MR）的控制单元接着将当前发动机扭矩和可能的最大扭矩发送至行驶控制系统（FR）的控制单元。也可以通过发动机控制器区域网络（CAN）（CAN 4）和行驶控制系统（FR）的控制单元（A3）与其他电子系统或控制单元交换信息。

如果车辆上还装有 BlueTec 4/代码（MS4）或 BlueTec 5/代码（MS5），则在发动机控制系统（MR）控制单元（A6）上还会有一条控制器区域网络（CAN）总线，即选择性催化还原控制器区域网络（CAN）（CAN 12）。

发动机控制系统（MR）的控制单元（A6）可以利用其与选择性催化还原（SCR）框架

模块控制单元（A95）交换所有的信息，选择性催化还原（SCR）框架模块控制单元是控制废气再处理系统所必需的。

如果发动机控制器区域网络（CAN）（CAN 4）、选择性催化还原控制器区域网络（CAN）（CAN 12）、发动机控制系统（MR）或废气再处理系统的部件发生故障，则发动机控制系统（MR）会根据故障严重程度制定精确的方案进行工作。因此，对于不太严重的故障，如传感器故障，它会借助于替代值；而对于严重故障，如发动机控制器区域网络（CAN）（CAN 4）出现故障，则会进入应急模式。如果系统发生故障，则驾驶员至少可将车辆开到最近的服务中心维修间修理。发动机电控系统组成部件如图 3-22 所示。

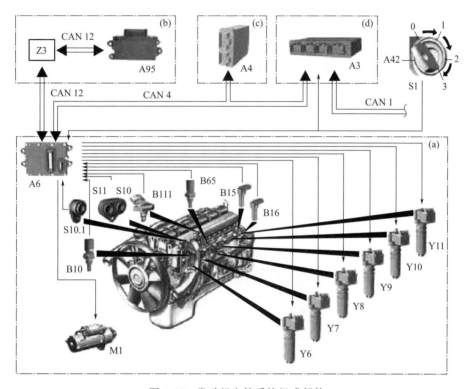

图 3-22　发动机电控系统组成部件

（a）发动机控制系统（MR）；（b）采用 BlueTec 柴油机技术的废气再处理系统——仅适用于采用 BlueTec 4/
代码（MS4）或 BlueTec 5/代码（MS5）的车辆；（c）火焰预热启动系统（FLA）——仅适用于装配
火焰预热启动系统/代码（M89）的车辆；（d）行驶控制系统（FR）

0—点火关闭；1—电路 15R 接通；2—电路 15 接通；3—电路 50；

A3—行驶控制系统（FR）控制单元；A4—火焰预热启动系统（FLA）控制单元；A6—发动机控制系统（MR）控制单元；A42—防启动装置读取电子装置；A95—选择性催化还原（SCR）框架模块控制单元；B10—燃油温度传感器；B15—曲轴位置传感器；B16—凸轮轴位置传感器；B65—冷却液温度传感器；B111—增压空气温度和增压压力组合传感器；CAN 1—车辆控制器区域网络（CAN）；CAN 4—发动机控制器区域网络（CAN）；CAN 12—选择性催化还原（SCR）CAN；M1—起动机；S1—驱动开关；S10—启动发动机按钮——截至发动机尾数 065486；S10.1—发动机启动/停止按钮——始自发动机尾数 065487；S11—停止发动机按钮——截至发动机尾数 065486；Y6—气缸 1 的单体泵；Y7—气缸 2 的单体泵；Y8—气缸 3 的单体泵；Y9—气缸 4 的单体泵；Y10—气缸 5 的插入式泵；Y11—气缸 6 的插入式泵；Z3—附加控制器区域网络（CAN）

1 号至 6 号气缸的单体泵（Y6～Y11）位于发动机气缸体的左侧。每个气缸上都分配有一个单体泵，PLD 单体泵安装位置如图 3-23 所示。

图 3-23　PLD 单体泵安装位置

PLD 单体泵的任务是在发动机控制系统（MR）的控制单元的促动下，单体泵产生喷射所需的燃油压力，并在压力的作用下将燃油输送至各喷油嘴。单体泵内部构造如图 3-24所示。

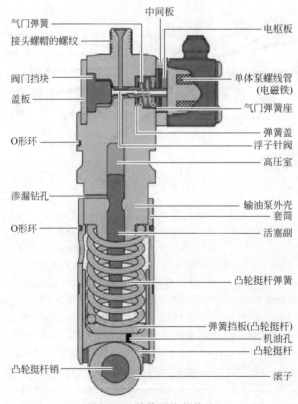

图 3-24　单体泵内部构造

燃油量（进而为喷射量）通过输送角度（β）进行控制：输送角度（β）是运转的发动机的曲轴在单体泵供油开始点（a）与供油结束点（b）之间转动的角度（图 3-25）。

各单体泵输送的燃油量以及通过喷油嘴喷入相应气缸的燃油量会根据输送角度（β）的

大小而改变。

当必须增加喷油量时，如存在对功率的要求且实际发动机扭矩小于规定的发动机扭矩时，发动机控制系统（MR）会增大输送角度（β）。这通过更长时间地促动单体泵中的电磁阀，从而将供油结束点（b）在时间上后移来实现。

通过单体泵和凸轮轴的设计，可调整控制燃油量的范围，例如，如果单体泵中的滚轴式挺杆位于单体泵凸轮的基圆上，则促动电磁阀时不会发生燃油喷射。即最大控制范围由单体泵凸轮的升程（约 65.5°的凸轮轴角度）决定，最大喷油范围则由单体泵中的高压室中的相应燃油排量决定。

发动机控制系统（MR）首先计算所需的喷射量或调整发动机转速所需的燃油量。要将用于计算以及之后根据发动机工况和负载情况控制供油量的各因素考虑在内。

为避免产生过多烟雾，可对燃油量加以限制，特别是启动过程中喷射量不受油门踏板位置的影响以及行驶时，如通过烟度限制特性图。另外，附加的海拔高度修正也可避免出现喷射燃油过多并使烟雾增加的情况。

发动机控制系统（MR）计算出所需的燃油量及各单体泵的输送角度（β）〔供油开始点（a）已在喷射开始控制中确定〕，即促动气缸处于压缩冲程的单体泵中的电磁阀，从而启动该单体泵的供油冲程。

随后的电磁阀保持时间，即促动单体泵中电磁阀的时间，决定了供油量，进而决定了喷射时间长短或喷油量。这意味着燃油被喷入燃烧室，直至发动机控制系统（MR）中断对电磁阀的促动并启动供油结束点（b）。喷射控制的开始如图 3-25 所示。

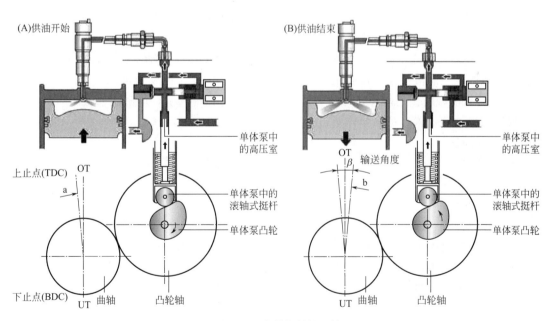

图 3-25 喷射控制的开始

a—供油开始点，如在上止点（TDC）前 5°曲轴角度；b—供油结束点，
如在输送角度（β）为 10°时上止点（TDC）后 5°曲轴角度

PLD 系统的燃油高压供给由各单体泵来完成，每个气缸配备一个单体泵。单体泵由凸轮轴的凸轮挺杆驱动，并通过短的高压管和耐压连接件与喷嘴座组合件中的喷油嘴相连。每

个单体泵包括一个用于调节喷射开始和控制喷油量的快动电磁阀。电磁阀由发动机控制系统（MR）的控制单元促动，转动发动机和/或发动机运转时，此控制单元即根据发动机工况计算供油开始点及供油量。PLD 系统组成如图 3-26 所示。

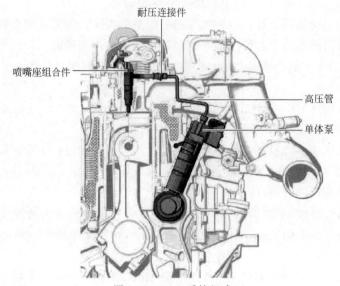

图 3-26　PLD 系统组成

要促动单体泵内的电磁阀（只有这样才能进行燃油高压供给），必须满足以下必要条件：

• 车辆防启动装置（WSP）停用，这意味着发动机控制（FMR）单元已通过读取电子设备接收到有效的发送应答器代码，从而可以识别正确的点火钥匙。

• 如果使用启动发动机按钮启动发动机，则不得促动停止发动机按钮，因为在这种情况下，电磁阀也不能被促动。仅适用于发动机尾号截至 065486 的发动机。

• 通过智能诊断仪不能停止促动单体泵，因为在这种情况下，电磁阀未被促动。

根据凸轮轴的位置，每个单体泵进行以下工作冲程：

• 吸入冲程；

• 预冲程；

• 供油冲程；

• 剩余冲程。

这些工作冲程一起形成一个工作循环，各单体泵处凸轮轴每转动一次，工作循环即重复一次，直至发动机关闭。发动机一关闭，发动机控制系统（MR）控制单元即停止促动电磁阀。单体泵将几乎未加压的燃油泵入燃油低压回路的回流管中，发动机关闭。

以下给出的单体泵一次工作冲程的描述适用于所有其他单体泵。为便于更好地理解，给出了示意图。

凸轮超过顶点且活塞副在复位弹簧的作用力下向下移动时，吸入冲程开始。

由于燃油低压回路中持续存在 2.0～6.5bar 的燃油过压，因此高压室经供油通道和打开的电磁阀注入燃油。因此，充有燃油的高压室中的压力与燃油低压回路中的压力相等。吸入冲程示意图见图 3-27。

吸入冲程完成后，活塞副继续保持在下停止位置，且单体泵的凸轮挺杆从单体泵凸轮的基圆上脱离。仅当凸轮轴继续转动且活塞副由于单体泵凸轮升高而开始向上移动时，预冲程

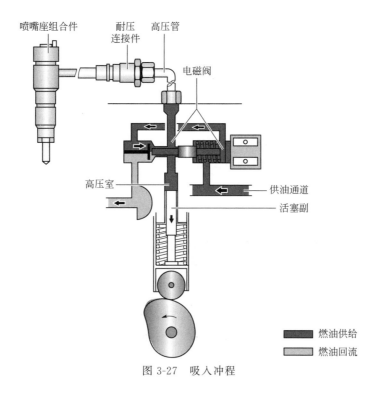

图 3-27 吸入冲程

才开始。

　　活塞副的向上运动和仍处于打开状态（断电）的电磁阀将高压室中的燃油首先压入导流室，然后再压入回流通道。预冲程示意图见图 3-28。

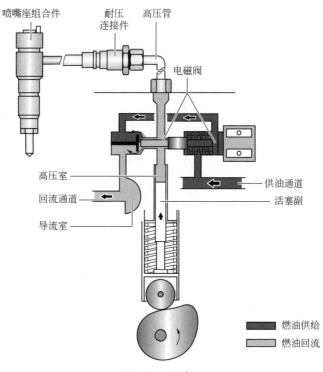

图 3-28 预冲程

　　预冲程结束，发动机控制系统（MR）控制单元促动单体泵中的螺线管，即开始供油冲程。螺线管利用浮子针阀促动电枢板，然后，浮子针阀锁止高压室与回流通道之间的连接。

　　如果电磁阀关闭，则高压室中的燃油会因活塞副的向上移动而压缩（供油开始）。

　　随着活塞副继续向上移动，高压室以及高压管、耐压连接件和喷油嘴中的压力也进一步增加。压力约为 330bar 时，喷油嘴开启，燃油被喷入燃烧室中（喷射开始）。喷射过程中，燃油压力可升至 1800bar。活塞副向上移动且电磁阀关闭时，单体泵即处于供油冲程。电磁阀的保持时间决定了供油量和/或喷油量。供油冲程示意图见图 3-29。

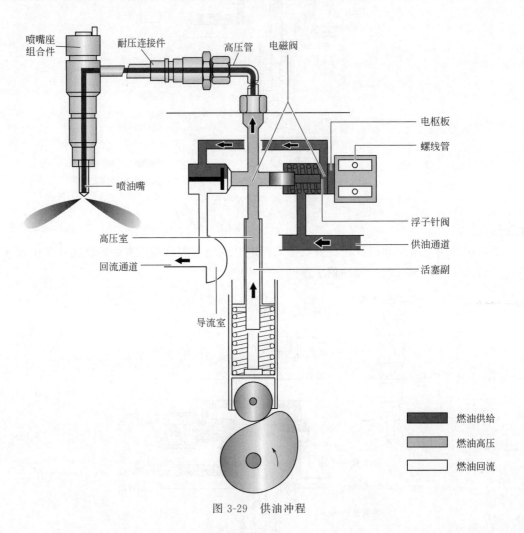

图 3-29　供油冲程

　　如果螺线管的促动停止，则电磁阀弹簧的浮子针阀被推回至其关闭停止的启动位置。电磁阀以及高压室与回流通道之间的连接打开。因此，高压室及喷油嘴中的燃油压力急剧下降。喷油嘴关闭，喷射过程结束（供油结束）。

　　在单体泵凸轮到达最高点时，由活塞副输送的剩余燃油通过导流室和回流通道再次输送至燃油低压回路。在剩余冲程中，对于单体泵的最高压力，导流室作为膨胀室是必需的，这可防止回流通道影响邻近单体泵的压力情况。剩余冲程示意图见图 3-30。

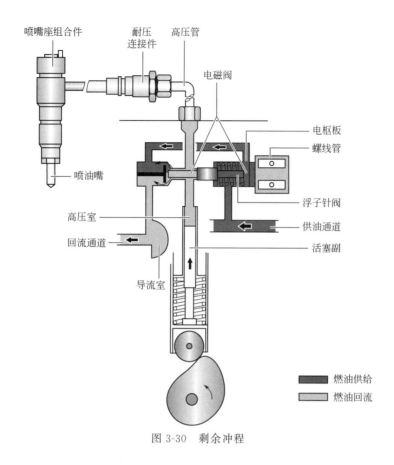

图 3-30　剩余冲程

3.2.2　单体泵系统控制器定义

以一汽解放大柴 FEUP 电控系统为例。FEUP 电控系统电脑端子分布如图 3-31 所示，端子定义见表 3-8。

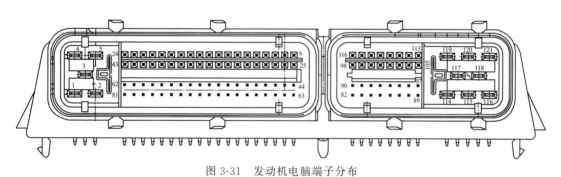

图 3-31　发动机电脑端子分布

表 3-8　发动机电脑端子定义

端子	端子定义	信号类型
1	电源负极	地
2	电源负极	地
3	电源负极	地

续表

端子	端子定义	信号类型
4	电源正极	电源＋24V
5	电源正极	电源＋24V
7	油门踏板位置传感器 2 地	地
8	机油压力传感器地	地
9	进气压力和温度(TMAP)传感器地	地
10	油门踏板位置传感器 2 电源	＋5V
11	机油压力传感器电源	＋5V
12	进气压力和温度(TMAP)传感器电源	＋5V
13	曲轴转速/位置传感器信号输入	霍尔效应式频率信号
14	手油门踏板位置传感器电源(选装)	＋5V
15	油门踏板位置传感器 1 电源	＋5V
16	手油门踏板位置传感器地(选装)	地
17	油门踏板位置传感器 1 地	地
18	水温传感器、燃油温度传感器地	地
24	点火开关输入	钥匙
25	MIL(OBD 灯)	1A 低端 On/Off 驱动
26	CAN1－	接诊断仪
27	CAN1＋	接诊断仪
29	曲轴转速/位置传感器地	地
31	曲轴转速/位置传感器电源	＋5V
32	凸轮轴位置传感器信号输入	霍尔效应式频率信号
33	凸轮轴位置传感器电源	＋5V
35	凸轮轴位置传感器地	地
37	CAN2＋	CAN 通信(DCU、仪表)
38	CAN2－	CAN 通信(DCU、仪表)
39	CAN 屏蔽线	屏蔽线
40	K 线	K 线通信
41	发动机制动继电器	1A 低端 On/Off 驱动
42	排气制动阀	1A 低端 On/Off 驱动
43	主继电器	1A 低端 On/Off 驱动
44	预热指示灯	1A 低端 On/Off 驱动
45	大气温度传感器信号输入	模拟量
46	水温传感器信号输入	模拟量
47	燃油温度传感器信号输入	模拟量

续表

端子	端子定义	信号类型
48	进气压力和温度(TMAP)传感器温度信号输入	模拟量
49	进气压力和温度(TMAP)传感器压力信号输入	模拟量
50	多载荷开关信号输入	模拟量
51	CAN 屏蔽线	屏蔽线
53	手油门转换开关	低电位开关
54	排气制动开关	低电位开关
56	远程停机开关	低电位开关
58	制动踏板开关	高电位开关
59	PTO Resume－开关	高电位开关
60	PTO Set＋开关	高电位开关
61	预热继电器	3.5A 高端 On/Off 驱动
63	发动机故障指示灯	1A 低端 On/Off 驱动
66	油门踏板位置传感器 1 信号输入	模拟量
67	油门踏板位置传感器 2 信号输入	模拟量
70	机油压力传感器压力信号输入	模拟量
72	PTO On/Off 开关	高电位开关
73	离合器踏板开关	高电位开关
74	巡航 Set＋开关(选装)	高电位开关
75	巡航 Resume 开关(选装)	高电位开关
76	巡航 On/Off 开关(选装)	高电位开关
77	巡航 Set－开关(选装)	高电位开关
78	空挡开关	高电位开关
80	开关地	地
81	小信号地	地
98	1 缸单体泵低端	低端 PWM 驱动
99	3 缸单体泵高端	高端 PWM 驱动
100	1 缸单体泵高端	高端 PWM 驱动
101	2 缸单体泵高端	高端 PWM 驱动
102	4 缸单体泵高端	高端 PWM 驱动
103	6 缸单体泵高端	高端 PWM 驱动
105	6 缸单体泵低端	低端 PWM 驱动

3.3 天然气发动机电控系统

3.3.1 重汽国Ⅵ天然气发动机

重汽 MT13 国Ⅵ天然气发动机采用电控调压系统、电子控制管理单元系统以及 EGR 系统。发动机的监控通过各种传感器实现，比如转速传感器、压力传感器、温度传感器等，它们将发动机的各种工作条件和工作状态信息传递给发动机控制单元，由发动机控制单元处理来自传感器的信息并对输出信号进行控制，输出信号将被传递给执行元件。执行元件将输出信号转换为机械变量，从而控制发动机的整体工作状态。天然气发动机系统原理如图 3-32 所示，控制系统主要部件安装位置如图 3-33、图 3-34 所示。

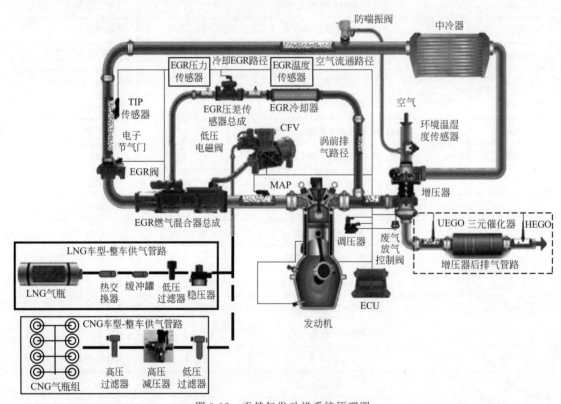

图 3-32 天然气发动机系统原理图

发动机控制模块（ECM）是 ECI HD 燃料系统的中心零件。主要通过接收各传感器监控的数值来调节发动机运行状态。国Ⅵ ECM 为 120PIN 针脚，与国Ⅴ ECM 不能通用（国Ⅴ ECM 为 90PIN 针脚），ECM 模块端子分布与定义如图 3-35 所示。

3.3.2 玉柴国Ⅴ/国Ⅵ天然气发动机电控系统

YC6KN/YC6MKN 系列天然气发动机是玉柴采用与国际同步先进技术，专为重型卡车开发的天然气（CNG/LNG）发动机，主要零部件与 YC6K/YC6MK 柴油发动机通用，国Ⅴ电控系统原理如图 3-36 所示，国Ⅵ电控系统原理如图 3-37 所示。

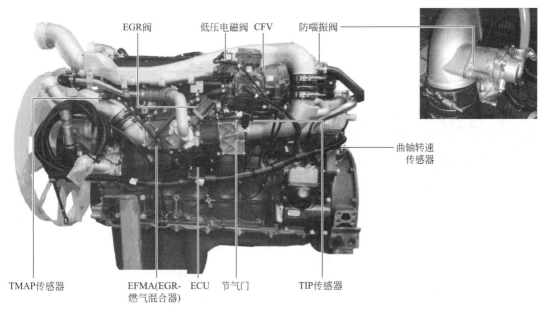

图 3-33　发动机进气侧部件分布

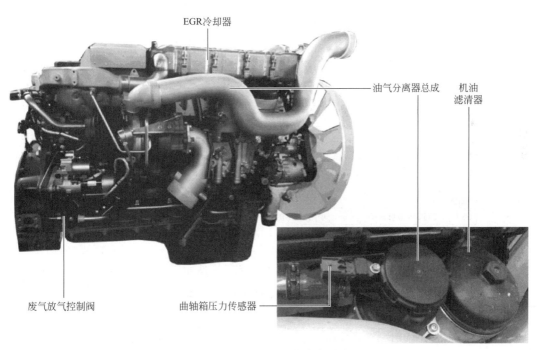

图 3-34　发动机排气侧部件分布

玉柴国Ⅵ气体机采用"当量燃烧＋EGR＋TWC"技术，如图 3-38 所示。当量燃烧即供给的空气量为燃料刚好完全燃烧所需的空气量。EGR（Exhaust Gas Recirculation）即废气再循环，是把燃烧的废气部分引入缸内再进行燃烧的技术。当量燃烧加入 EGR 能降低燃烧速度，抑制 NO_x 生成；降低爆震倾向；降低排温；有利于提高 BMEP；可以接近 MBT 运行；低负荷可以减少泵气损失，提高发动机效率。

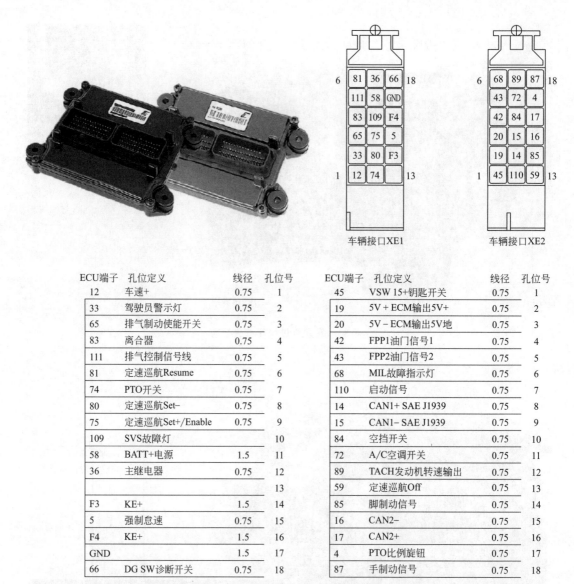

图 3-35 ECM 模块端子分布及定义

ECU端子	孔位定义	线径	孔位号	ECU端子	孔位定义	线径	孔位号
12	车速+	0.75	1	45	VSW 15+钥匙开关	0.75	1
33	驾驶员警示灯	0.75	2	19	5V + ECM输出5V+	0.75	2
65	排气制动使能开关	0.75	3	20	5V − ECM输出5V地	0.75	3
83	离合器	0.75	4	42	FPP1油门信号1	0.75	4
111	排气控制信号线	0.75	5	43	FPP2油门信号2	0.75	5
81	定速巡航Resume	0.75	6	68	MIL故障指示灯	0.75	6
74	PTO开关	0.75	7	110	启动信号	0.75	7
80	定速巡航Set−	0.75	8	14	CAN1+ SAE J1939	0.75	8
75	定速巡航Set+/Enable	0.75	9	15	CAN1− SAE J1939	0.75	9
109	SVS故障灯	0.75	10	84	空挡开关	0.75	10
58	BATT+电源	1.5	11	72	A/C空调开关	0.75	11
36	主继电器	0.75	12	89	TACH发动机转速输出	0.75	12
			13	59	定速巡航Off	0.75	13
F3	KE+	1.5	14	85	脚制动信号	0.75	14
5	强制怠速	0.75	15	16	CAN2−	0.75	15
F4	KE+	1.5	16	17	CAN2+	0.75	16
GND		1.5	17	4	PTO比例旋钮	0.75	17
66	DG SW诊断开关	0.75	18	87	手制动信号	0.75	18

K13N 系列气体机国Ⅴ与国Ⅵ机型主要区别如表 3-9 所示。

表 3-9 国Ⅴ/国Ⅵ机型气体机区别

名称	国Ⅴ	国Ⅵ
技术路线	稀燃＋GOC(二元催化)	当量燃烧＋EGR＋TWC(三元催化)
燃烧类型	稀燃	当量燃烧
排放	监测 HC、CO	监测 HC、CO、NO_x
增压器	普通、水冷型	低惯量、水冷型
高压导线	有	有,过渡到直插型点火线圈
火花塞	卡扣型火花塞	窝型火花塞

续表

名称	国V	国Ⅵ
λ传感器（氧传感器）	一个（宽域）	两个（宽域＋当量）
EGR系统	无	有（EGR冷却器、EGRP、EGRT、孔板流量计、压差传感器）
混合器	燃料混合器	EGR、燃料混合器
爆震传感器	无	有
活塞	直筒型燃烧室	缩口型燃烧室、钢活塞
防喘振阀	塑料外壳	铝合金外壳
废气旁通控制阀	Parker、ECI两种并存	ECI

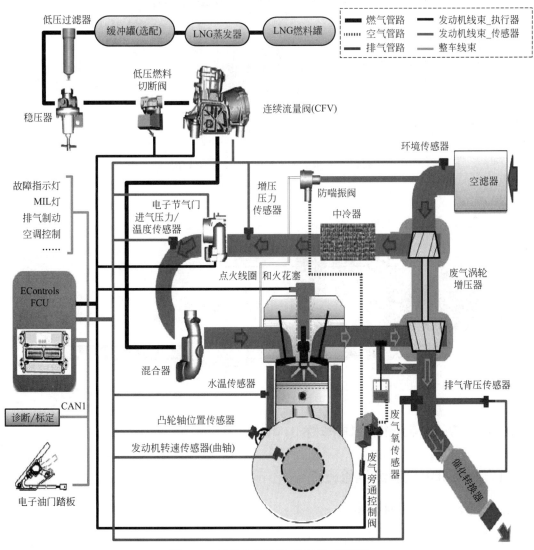

图3-36　国V电控系统（LNG）原理图

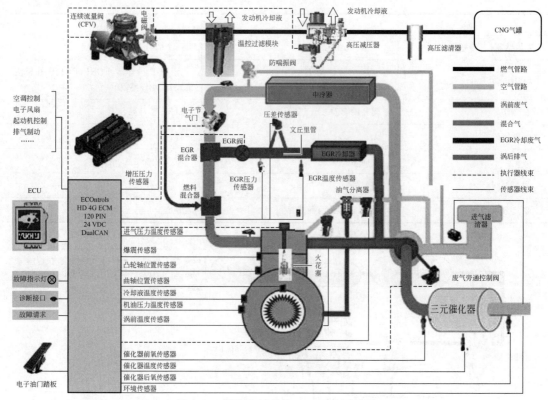

图 3-37 国Ⅵ电控系统（CNG）原理图

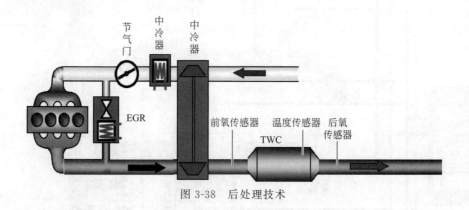

图 3-38 后处理技术

3.4 发动机电控系统故障排除

3.4.1 发动机电控系统维修概述

3.4.1.1 电控系统维修注意事项

① 在进行传感器和 ECU 接插件的插拔时，必须断开电源，否则产生的冲击电流可能会造成电控系统的损坏。严禁在发动机运行时拆卸电控系统部件。

② 传感器和一些重要的元件不允许单独用外部电源进行实验和测试。只能通过 ECU 连接，否则可能会导致不可修复的损坏。

③ 尽管电控单元中已经有防止电极反接功能，也要避免接错线。电极反接可能导致控制单元损坏。

④ 电控单元的防尘、防水功能只有在接插件连接好以后才起作用，因此，在接插件没连接好时，必须注意防止水、油等物溅入控制单元插座。

⑤ 如果在整车上要进行电焊操作，必须拆开电控单元的电路或把 ECU 从汽车上拆下，拆装过程中应避免剧烈振动及冲击。

⑥ 电路检修时，应使用数字式万用表。严禁用"试灯"和"划火"等方法测试任何与 ECU 相连的电气装置。

⑦ 快速充电应从汽车上拆开蓄电池的正负极接线后，单独对蓄电池进行充电。

⑧ 在拆下蓄电池负极搭铁线之前，应先读取电控系统的故障码。否则，电控系统存储的故障码会自动清除，给检修带来不便。

⑨ 此外，检修发动机电控系统时应注意对其他电控系统的影响。

3.4.1.2 电控系统维修方法与思路

汽车电子控制系统故障绝大多数都发生在传感器、执行器、连接器和线束等部件上，ECU 出现故障的可能性很小，汽车行驶 10 万公里 ECU 故障数约占总故障数的千分之一。因此，检查排除电子控制系统故障主要是检修零部件、连接器和线束。只有确认所有零部件正常之后，才能判定 ECU 有故障。

诊断和排除程序：电控发动机汽车是以电子控制系统为核心而工作的。当电控汽车发生故障时，其诊断程序和方法可按下述程序进行诊断与检修。

① 向用户询问有关情况。如故障产生时间、产生条件（包括天气、气温、道路情况以及发动机工况等），故障现象或症状，故障发生频率，是否进行过检修以及检修过哪些部位等。

② 进行直观检查。即检查电子控制系统的控制部件是否正常，电气线路连接器或接头有无松动、脱接，导线有无断路、搭铁、错接以及烧焦痕迹，管路有无折断、错接或凹瘪等。部分传感器与执行器对发动机性能的影响如表 3-10 所示，熟悉传感器与执行器对发动机以及车辆运行状态的影响，对迅速诊断与排除故障极为重要。

表 3-10 发动机电控系统部件对发动机工作性能的影响

序号	部件名称	故障现象
1	电控单元 ECU	①发动机不能启动；②发动机工作失常
2	ECU 供电继电器熔断器熔断	发动机不能启动
3	曲轴与凸轮轴位置传感器	①发动机不能启动；②能启动，但启动困难；③怠速不稳；④发动机工作不稳定
4	进气压力温度传感器	①发动机功率下降；②加速无力
5	冷却液温度传感器	①发动机功率下降；②怠速不稳
6	燃油温度传感器	①发动机功率下降；②油耗增加

续表

序号	部件名称	故障现象
7	电控单体泵(单体泵系统)	①发动机不能启动或启动困难;②油耗增加;③怠速不稳;④功率下降;⑤发动机工作不良
8	高压共轨(共轨系统)	①发动机不能启动或启动困难;②怠速不稳;③功率下降;④发动机工作不良;⑤油耗增加
9	流量计量单元(共轨系统)	①功率下降;②轨压无法建立;③启动困难
10	大气压力传感器	发动机功率下降
11	油门踏板位置传感器	怠速升高,油门踏板不起作用,进入跛行状态
12	NO_x 传感器	后处理器工作不正常,限扭
13	环境温度传感器	后处理器工作不正常
14	排气温度传感器	后处理器工作不正常
15	尿素泵	后处理器工作不正常
16	尿素液位与温度传感器	后处理器工作不正常

③ 检查非电控部分（如油路、气路等）是否工作正常。

④ 利用诊断仪试读取故障代码。按故障代码表指示的故障原因和部位逐一排除故障。

⑤ 在实际的维修过程中，可用好的部件替换可疑故障件，以快速确定故障点。找到故障部件后，再查找问题原因要容易得多。

3.4.1.3　电控系统故障代码说明

（1）　OBD 灯与故障灯的相关说明

OBD 灯也称 MIL 灯；故障灯也称为 SVS 灯。

① 发动机故障灯状态的检测。将点火开关由"OFF"旋转到"ON"的位置，不要启动发动机。这时仪表盘上的各种指示灯（包括发动机故障指示灯）应闪一次，一定时间后熄灭。故障灯图标见图 3-39。

启动发动机。如果发动机运行正常，电控系统无故障，发动机故障灯应保持熄灭状态。如果发动机故障灯没有熄灭，说明发动机电控系统有故障。

② OBD 灯（MIL 灯）状态的检测。将点火开关由"OFF"旋转到"ON"的位置，不要启动发动机。这时 MIL 灯一直点亮。MIL 灯如图 3-40 所示。

图 3-39　发动机故障灯图示　　　图 3-40　OBD 灯（MIL 灯）图示

启动发动机。如果发动机运行正常，OBD 系统无故障，MIL 灯应保持熄灭状态。如果 MIL 灯熄灭一下后，又重新点亮，说明 OBD 系统有故障。应用诊断仪进入发动机的 OBD 故障和 DCU 故障。

如果始终亮，起车后也无熄火一下的过程，或者灯始终不亮，表明灯已损坏。

（2）故障代码表部分术语说明

OFF：表示在出现故障码时不点亮该灯。

IMME：表示立即。

3DCs：表示三个驾驶循环，如 ON_IMME。

OFF_3DCs：表示在出现故障的时候立即点亮该灯，在故障排除后需要三个驾驶循环该灯才熄灭。

驾驶循环：钥匙开关电门，时间要超过 ECU 启动与存储时间，大于 2min。

暖机循环：发动机充分运转，使冷却液温度比发动机启动时上升至少 22℃，并达到一个最低温度 70℃ 的过程。

（3）故障码读取方法

如果发现发动机故障灯和 MIL 灯没有熄灭，说明发动机电控系统和后处理 OBD 系统存在故障，按照下面步骤诊断与排查。

① 首先向驾驶员了解故障发生现象和故障条件，然后对故障进行确认，并连接诊断仪读取故障码。

② 车辆在断电状态下连接诊断仪，将诊断仪的连接线连接到整车的诊断口，诊断口一般位于仪表板左下方，见图 3-41。

③ 将车辆上电，即点火开关置于 ON 挡。

④ 连接好诊断仪，点击屏幕的"车辆故障诊断"，根据整车配置选择"一汽解放"→"发动机控制系统"→"国Ⅳ单体泵柴油机"→"衡阳泵车载 ECU（DEUTZ SCR）"→"FEUP_B（包含 FEU-PI_OBD）"，点击进入，可进行发动机 ECU 的信息读取和故障码显示。

图 3-41 诊断仪连接口

⑤ 连接好诊断仪，点击屏幕的"车辆故障诊断"，选择"一汽解放"→"SCR 后处理控制系统"→"天纳克"→"天纳克 DCU"，点击进入，可进行后处理 DCU 的信息读取和故障码显示。

注意事项：

- 需要使用断线器判断故障时，连接断线器前，应将钥匙门置于 OFF 挡。
- 启动发动机前，保证变速器处于空挡位置，手动制动手柄处于工作状态。
- 启动发动机时，尽量保证离合器踏板踩到底。

（4）故障码说明

故障码表是以 P 码升序排序，便于查找，存在同一个 P 码多于一个的情况，应注意综合查看。

在没有诊断工具时，可以通过读取整车仪表盘上的闪码，来对发动机的故障进行判断，以重汽车型为例，诊断开关与故障灯位置如图 3-42 所示。故障代码以下面形式闪烁显示：正常状态时，打开钥匙门开关，发动机的故障灯会长亮，发动机启动后，故障灯熄灭；在发动机运行过程中，ECM 检测到发动机存在问题时，故障灯长亮；待发动机停机后，打开诊断开关，发动机故障灯开始闪烁"123"（开机代码，不代表任何故障），循环 3 次后，进行故障代码闪烁，每个故障代码闪烁三次，然后根据储存在 ECM 中的故障脉谱依次输出故障码，ECM 不会根据故障码激活的先后顺序输出故障码。故障灯闪码示意图见图 3-43。

图 3-42　诊断开关与故障灯位置（重汽 C7H 车型）

控制面板的诊断开关、故障灯，不同的车型其位置有所区别

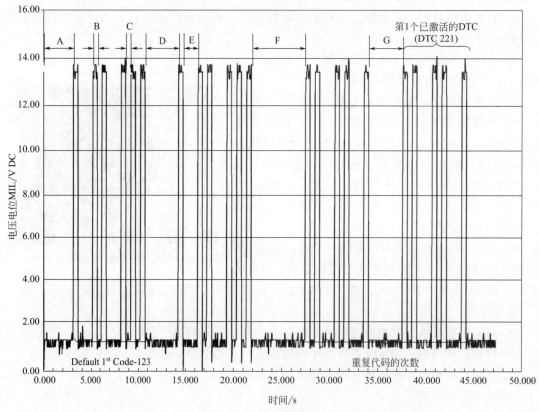

图 3-43　故障灯闪码示意图

3.4.2　常见故障排查方法

3.4.2.1　发动机无法启动或者启动困难

（1）起动机不工作

① 使用诊断仪查看故障码，按故障码排查故障。

② 检查线束是否可靠连接。

③ 检查是否在空挡及空挡开关与相关线束是否完好。

④ 检查车下停车开关位置（应处在断开位置）。

⑤ 检查主继电器和保险丝是否完好。

⑥ 检查起动机是否损坏。

⑦ 检查点火开关及启动开关是否损坏。

⑧ 检查蓄电池电压是否过低。

（2）起动机工作，但发动机不能启动

① 使用诊断仪查看故障码，按故障码排查故障。

② 使用手油泵泵油，如果能启动发动机，就检查低压供油系统是否存在漏气或漏油现象，或者更换低压供油装置。

③ 检查曲轴转速传感器和凸轮轴转速传感器信号是否正常。

④ 检查油箱油位是否过低，手油泵是否工作正常。

⑤ 使用示波器和电流钳检测每个喷油电磁阀的驱动电流是否正常，或者把喷油电磁阀分别与 ECU 断开，再用剩余的缸启动发动机，如果发动机能启动的话，检查该电磁阀的驱动电路是否与地或其他线路短路。

⑥ 检查单体泵是否出现机械故障（单体泵系统）。

⑦ 检查喷油电磁阀、流量计量单元（BOSCH 系统）或者 PCV 阀（DENSO 系统）是否完好（共轨系统）。

⑧ 检查喷油线束、传感器线束、整车线束等是否插接可靠，是否短路或者断路。

（3）发动机启动困难

① 使用诊断仪检查故障码，按故障码排查故障。

② 发动机长时间没有运转，系统进气，需要排气。

③ 油路有漏气的地方，检查油路排气。

④ 曲轴与凸轮轴转速信号太弱，同步判断时间较长，需要重新调整。

⑤ 环境温度太低，预热装置失效，检查更换预热装置。

⑥ 柴油、机油品质太差，未达标，更换柴油与机油。

⑦ 起动机或者飞轮齿圈打齿，更换起动机及飞轮齿圈。

⑧ 活塞环、缸套磨损或者气门密封不严，更换活塞环、缸套或者气门座、气门。

⑨ 排气制动阀卡死在关闭位置，导致排气不畅，检查或者更换蝶阀。

3.4.2.2　发动机功率不足，扭矩或者转速下降

① 使用诊断仪检查故障码，按故障码排查故障。

② 喷油器故障，检查线束是否可靠连接、短路或者搭铁，检查喷油器针阀是否卡死。

③ 使用示波器和电流钳检测每个喷油电磁阀的驱动电压或者电流是否正常，更换故障部件。

④ 检查各缸修正码是否正确。

⑤ 用示波器检查曲轴转速传感器和凸轮轴位置传感器同步信号是否正常，是否转速过高。

⑥ 检查冷却液温度、机油压力及温度、进气温度、轨压（共轨系统）等传感器及线束

是否正常及可靠。

⑦ 若水温过高，检查以下方面：

a. 冷却液液面是否过低，检查是否有漏水之处，加冷却液。

b. 风扇转速过慢或者不转，检查风扇传动部件。

c. 水箱堵塞，检查并清理、修复。

d. 水泵带松弛，按规定调整张力。

e. 水泵垫片损坏，水泵叶轮磨损，检查并修复或者更换。

f. 节温器故障，更换。

g. 水管密封件损坏，进入空气，检查水管、接头、垫片等，更换损坏部件。

⑧ 若机油温度过高，检查以下方面：

a. 油底壳液面低或者缺油，检查油面及漏油处，修复并加油。

b. 冷却液温度过高，检查上述造成温度高的原因并排除。

c. 机油冷却器流通不畅，检查并修理。

⑨ 若进气温度过高，检查中冷器的散热能力。

⑩ 检查加速踏板位置传感器。

⑪ 检查发动机机械故障。

⑫ 检查单体泵是否出现机械故障（单体泵系统）。

⑬ 检查是否有燃油管泄漏引起的低压油路压力不够或者轨压异常波动。

⑭ 检查后处理器是否工作正常，排放是否超标。

3.4.2.3　发动机突然停机

① 使用诊断仪检查故障码，按故障码排查故障。

② 检查低压供油系统。

③ 检查线束是否可靠连接。

④ 使用示波器和电流钳检测每个喷油电磁阀的驱动电流是否正常，或者把喷油电磁阀分别与 ECU 断开，再用剩余的缸启动发动机，如果发动机能启动的话，检查该电磁阀的驱动电路是否与地或其他线路短路。

⑤ 检查曲轴转速传感器和凸轮轴位置传感器信号是否正常。

⑥ 检查润滑系统和机油压力传感器。

⑦ 检查增压装置及进气温度和压力传感器。

⑧ 检查冷却系统及冷却液传感器。

⑨ 检查发动机机械故障。

⑩ 检查喷油电磁阀是否出现机械故障。

3.4.2.4　发动机排烟严重

① 使用诊断仪检查故障码，按故障码排查故障。

② 使用示波器和电流钳检测每个喷油电磁阀的驱动电流是否正常，更换出现故障的电磁阀或者单体泵。

③ 检查每缸的修正码是否错误。

④ 用示波器检查曲轴转速传感器和凸轮轴位置传感器是否正常。

⑤ 检查增压装置及进气温度和压力传感器。

⑥ 检查冷却系统及冷却液传感器。

⑦ 检查加速踏板位置传感器。

⑧ 检查发动机机械故障。

3.4.2.5 发动机后处理工作异常

① 使用诊断仪检查故障码，按故障码排查故障。

② 检查尿素泵、传感器、喷嘴、尿素管等部件是否正常。

③ 检查尿素泵、传感器线束是否有磨损、松动、被尿素溶液腐蚀现象。

④ 检查尿素溶液是否缺少，检查尿素泵上尿素滤芯是否需要更换。

第4章

后处理系统

4.1 概述

4.1.1 重型卡车尾气排放物

柴油发动机排放的污染物中含有碳烟颗粒物（PM）、烃类（HC）、CO 和 NO_x 等，如图 4-1 所示。因为尾气中 O_2 含量较高，故 HC 和 CO 排放量较少，一般只有汽油机的 1/10；NO_x 排放量与汽油机大致处于同一数量级；而 PM 的排放量约为汽油机的几十倍。因此，降低 NO_x 和 PM 排放是柴油车尾气催化净化的主要课题。此外，柴油机排气中还含有 H_2O、O_2、N_2、少量 SO_2 和大量的 CO_2 等气体。

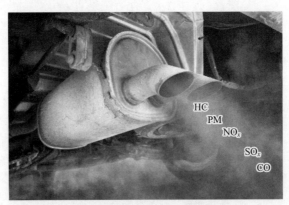

图 4-1　柴油发动机尾气成分

HC 是超过 100 种的 C 和 H 的化合物的总称。HC 是不完全燃烧和柴油蒸发的产物。机油通过活塞环或气门导杆进入燃烧室也会造成 HC 排放。这些 HC 化合物以气体和固体形式存在，是烟雾中的另一种主要成分。发动机在低负荷、低温以及空转下容易产生 HC。

NO_x 包括 NO 和 NO_2 等，NO 是无色气体，NO_2 是黄棕色气体。NO_x 是氮气和氧气在高温下发生反应的产物，这个过程会形成淡红色的有毒气体，也是烟雾中的主要成分。

当燃料中含有硫，在燃烧中就会产生氧化硫 SO_x，柴油机排放中的 SO_2 来自柴油和机油中的硫。系统中的 SO_3 与水会产生硫酸。要控制这些硫化物，就必须限制和控制油中硫含量。国Ⅲ硫含量：350mg/kg；国Ⅳ硫含量：50mg/kg；国Ⅴ、国Ⅵ硫含量：10mg/kg。

PM 或 DPM（柴油机微小颗粒）来源：PM 微粒是柴油、机油、硫酸盐、硝酸盐以及灰分碳颗粒、重碳氢的副产物。PM 是来自排气管的"黑烟"或叫"Soot"。当空气不足或低燃烧温度限制了自由碳的完全燃烧时就会形成"黑烟"。PM 还可以是自然环境中的一些物质如灰尘、花粉。

PM 是废气通过滤清器时过滤下来的沉淀物总称，是空气中固体颗粒和液体小滴的混合物。

碳烟（Soot）指排气中的颗粒物，来自不完全燃烧的燃油和发动机正常工作中机油的燃烧。

灰分（Ash）是由机油各种添加剂以及柴油产生的物质（多为硫酸盐），以及过滤收集在 DPF 中的各种物质，主要来源为机油。

4.1.2 国家汽车排放标准

我国汽车尾气排放法规经历了标准 Ⅰ 到标准 Ⅵ 的演变，各等级对不同排放物的量化要求如图 4-2 所示。国 Ⅵ 排放法规可以说是目前全球最为严格的排放法规。

标准等级	NO_x	NO_x降低	PM	PM降低
国 Ⅰ	8.00	—	0.36	—
国 Ⅱ	7.00	12.5%	0.15	58.3%
国 Ⅲ	5.00	28.6%	0.10	33.3%
国 Ⅳ	3.50	30%	0.02	80%
国 Ⅴ	2.00	42.9%	0.02	0%
国 Ⅵ	0.40	80%	0.01	50%

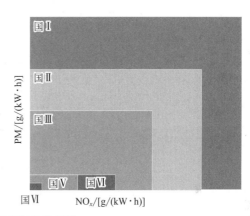

图 4-2 国 Ⅰ 至国 Ⅵ 尾气排放标准

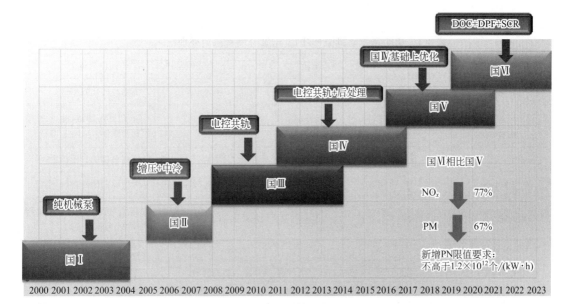

图 4-3 我国不同排放标准实施时间段

从 2001 年 7 月 1 日我国机动车开始实行国 I 标准，至 2021 年 7 月 1 日，重型柴油车国 VI 标准在全国实施，各法规实施的时间跨度如图 4-3 所示。

国 VI 相较于国 V 在硬件上多出一套 DOC＋DPF，软件多出热管理及再生控制技术。加上更多的传感器，控制变得更精确，但也使控制系统更复杂；极低排放限制，要求极高精度的计量喷射系统。不同处理方案对比如图 4-4 所示。

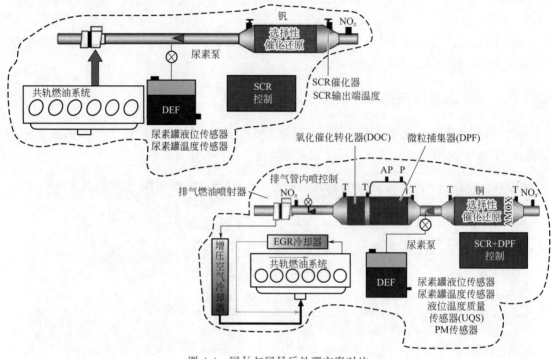

图 4-4　国 V 与国 VI 后处理方案对比

以福田康明斯 X 系列发动机为例，国 IV／国 V 与国 VI 发动机后处理系统不同配备如表 4-1 所示。

表 4-1　康明斯发动机国 IV／国 V 与国 VI 发动机后处理技术对比

部件/功能	国 IV／国 V	国 VI	国 VI 优势
SCR	矾基 SCR	铜基 SCR	更高的转化效率
DPF	未配备	配备	降低 PM 排放，更多的硬件和传感器
DOC	未配备	配备	
尿素喷射系统	康明斯 UA2	康明斯 UL2.2	更高精度的计量喷射
NO_x 传感器	一只，后处理出口	两只，发动机与后处理出口各一只	更精确的闭环控制
排温传感器	热电阻式（1～2 个）	CAN 模块热电偶式（5 个）	满足再生需要，更宽量程的温度传感器
尿素质量传感器	未配备	配备	法规强制要求
发动机控制	尿素喷射管理	发动机热管理＋尿素喷射管理	系统集成更复杂，故障诊断更精确
OBD 诊断	发动机＋后处理＝140 个故障码	发动机＋后处理＞400 个故障码	

4.1.3 专用名词和术语

DOC（Diesel Oxidation Catalyst），指柴油机氧化催化转化器。DOC 在国Ⅵ后处理系统中主要起两方面的作用：将 NO 适当地转化为 NO_2，提高 SCR 的反应速率；氧化 HC，为 DPF 再生提供高温。

DPF（Diesel Particulate Filter），指柴油机微粒捕集器。使用壁流式过滤器，依靠交替封堵载体孔进出口强迫气流通过多孔壁面实现微粒的捕集，PM 过滤效率大于 90%，可达 99%。

当 DPF 中碳载量达到 A 限值时，需用户操作进行驻车再生，再生指示灯黄色闪亮，用户按下 DPF 再生开关触发再生，经过一定时间后，ECU 自动结束再生，再生成功后 DPF 再生指示灯熄灭。

当 DPF 中碳载量达到 B 限值时，需用户操作进行服务再生，再生指示灯红色长亮。

因特殊情况，需暂时禁止再生的自动触发（途经加油站、附近有易燃物等，是为了特殊情况下的安全性考虑）。按下 DPF 再生禁止开关后，发动机不会自动触发再生，也无法进行驻车再生，只有再次按下 DPF 再生禁止开关，禁止状态才会解除；再生禁止状态，只在本驾驶循环内有效。DPF 再生开关与指示灯图标如图 4-5 所示。

再生操作开关

DPF再生开关指示灯

DPF再生禁止开关指示灯

图 4-5 再生开关与指示灯图标

再生是对捕捉在 DPF 上的碳烟（Soot）进行氧化的过程（在催化剂的催化作用前提下）。>250℃时，废气中的 NO_2 氧化碳烟，即 $NO_2 + C \longrightarrow CO_2 + N_2$；>550℃时，废气中的 O_2 氧化碳烟，即 $O_2 + C \longrightarrow CO_2$；在正常的运行状况下，DPF 中温度>250℃时，废气中的 NO_2 氧化碳烟，即 $NO_2 + C \longrightarrow CO_2 + N_2$，自动清除 DPF 中碳烟的反应。

主动再生分行车再生、驻车再生和服务再生，是通过向排气中喷入柴油加热 DPF，或者单独将 DPF 取出来加热，将碳烟烧掉的过程。

在发动机正常运行过程中，ECU 自动判断条件，对废气中喷入柴油（喷油器后喷或 HC 喷射系统），进而将碳烟烧掉的过程叫"行车再生"，过程中 DPF 再生指示灯一般会黄色长亮。

当碳烟质量达到 A 限值时，需要用户将车停到合适的安全位置，手动按下开关，执行废气中喷入柴油的操作，进而将碳烟烧掉，该过程约 40min。提示时 DPF 再生指示灯一般会黄色闪亮，按下开关后黄色长亮，成功结束后熄灭。这个操作过程叫"驻车再生"。

当碳烟质量达到 B 限值时（>A 限值），触发一种故障状态。此时用户只能将车开往服务站，由服务站人员，将 DPF 取出后放入专用设备（DPF 专用加热设备等），在专用设备中将碳烟烧掉。提示时 DPF 再生指示灯红色长亮，服务站操作结束后熄灭。这个过程叫"服务再生"。

SCR（Selective Catalytic Reduction），指选择性催化还原。排气从增压器涡轮流出后进入排气管中，同时由安装在 DPF 后的尿素喷射单元将适量的尿素水溶液以雾状形态喷入排气管中，尿素液滴在高温废气作用下发生水解和热解反应，生成所需的 NH_3，NH_3 在催化剂的作用下将 NO_x 还原为 N_2，该部件工作原理如图 4-6 所示。

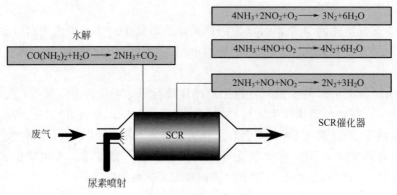

图 4-6　SCR 工作原理

热管理指升高 DPF 或 SCR 上游排气温度。利用进气节流阀减少进气量，恶化燃烧，从而提高排气温度；利用喷油器后喷或 HC 喷射（喷的柴油），柴油在 DOC 内反应放热，从而提高排气温度。喷油器后喷是利用喷油器，晚一些（做功行程后期）喷入柴油，柴油随排气进入后处理；HC 喷射是利用后排气尾管上增加的 HC 喷射装置喷入柴油，柴油随排气进入后处理。

有时为了防止过多的 NH_3 逃逸造成二次污染，还需要在 SCR 催化器后方布置促进 NH_3 氧化成氮气的催化剂。这个设备就是 ASC（Ammonia Slip Catalyst）氨逃逸催化器。

由于车辆可能存在尿素泄漏、反应效率低等情况，尿素分解产生的氨气可能会未参与反应而直接排入大气。氨逃逸催化器（ASC）在载体内壁使用贵金属等催化剂涂层，用于催化氧化废气，一般装在 SCR 后端。

4.2　EGR 系统

4.2.1　系统组成与原理

EGR（废气再循环）系统工作原理：将发动机排出的少部分废气经过 EGR 阀回送至进气系统，与新鲜空气混合进入气缸燃烧，因废气中含有大量 CO_2，降低了燃烧时气缸内的最高温度，从而减少了 NO_x 的生成量，降低了发动机原排的 NO_x 值，再经后处理系统达到排放要求。EGR 系统包括 EGR 阀、EGR 冷却器、进气中冷器、压气机等，如图 4-7 所示。

EGR 系统在大约 $900 \sim 2100 r/min$ 之间且冷却液温度超过 $50 \degree C$ 时启动。

燃烧室废气分为两个部分：一部分流向可变几何涡轮增压器内的涡轮机，另一部分流向

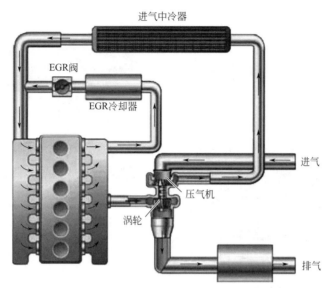

图 4-7 柴油机 EGR 系统组成

EGR 阀。EGR 系统的开启和关闭由 EGR 阀控制，可变几何涡轮增压器用于控制 EGR 含量。

废气温度高，为获取良好的发动机性能，必须冷却废气。仅需使废气经过位于发动机上的水冷式 EGR 冷却器便可达到冷却目的。冷却的废气与进气相混合。发动机控制单元控制废气流量。控制单元通过控制可变几何涡轮增压器调节 EGR 含量，也就是返回至发动机的气体量。

4.2.2 系统部件拆装

以重汽 MT13 天然气发动机 EGR 冷却器为例，EGR 冷却器部件主要由壳体、冷却芯等组成，如图 4-8 所示。

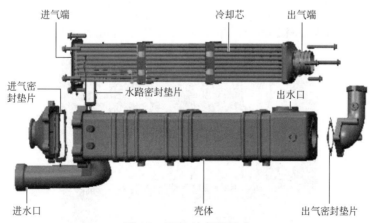

图 4-8 EGR 冷却器组成

EGR 冷却器的拆装步骤如下：

① 拆卸隔热罩固定螺栓并取下隔热罩，如图 4-9 所示。

② 拆卸 EGR 波纹管（接 EGR 冷却器端）固定卡箍（圈出部分，下同），如图 4-10 所示。

图 4-9　拆卸隔热罩

图 4-10　拆卸固定卡箍

③ 拆下 EGR 压差传感器总成固定螺栓（与 EGR 冷却器连接处），如图 4-11 所示。

④ 拆卸 EGR 冷却液管固定螺栓，并取下冷却液管，如图 4-12 所示。

图 4-11　拆卸传感器总成固定螺栓

图 4-12　拆卸冷却液管固定螺栓

⑤ 拆卸 EGR 冷却液管固定螺栓，并取下冷却液管和塞插管，如图 4-13 所示。

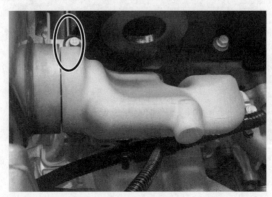

图 4-13　取下冷却液管和塞插管

⑥ 拆下 EGR 冷却器总成固定螺栓，并取下 EGR 冷却器，如图 4-14 所示。

图 4-14　拆下 EGR 冷却器

⑦ 安装 EGR 冷却器总成：用 4 颗 M10×40 六角法兰面螺栓隔以隔套将 EGR 冷却器固定在缸盖对应孔上，拧紧力矩为（20±2）N·m，转角 90°±10°。

⑧ 使用新塞插管和垫片，安装 EGR 冷却液管。装上新的节温器壳密封垫片，使用新的塞插管在装配面上涂一薄层冷却装置防冻剂，将塞插管装入冷却液管内，冷却液管一端插入 EGR 冷却器内，另一端固定在节温器壳体上并用螺栓固定。

⑨ 安装 EGR 压差传感器总成固定螺栓（与 EGR 冷却器连接处）：隔以垫片用 2 颗 M8×25 六角法兰面螺栓将压差传感器总成与 EGR 总成出气口端连接，拧紧力矩为（30±3）N·m。

⑩ 安装 EGR 波纹管（接 EGR 冷却器端）固定卡箍：隔以垫圈将 EGR 波纹管（接 EGR 冷却器端）安装在 EGR 冷却器进气口端，拧紧力矩（15±1）N·m。

⑪ 安装 EGR 冷却液管：使用新塞插管将冷却液管一端与缸体冷却液弯管和缸盖水道相连，另一端使用新 O 形圈插入 EGR 冷却器水道内，并用螺栓固定冷却液管。

⑫ 安装隔热罩：用 M6 六角法兰面螺栓安装 4～6 缸隔热罩，拧紧力矩（15±1）N·m。

4.3　SCR 系统

4.3.1　系统组成与原理

柴油机选择性催化还原（Selective Catalytic Reduction，SCR）系统是用于去除柴油发动机排放物中的氮氧化物。在高温环境下，尿素喷射单元向排气管中喷射尿素水溶液，尿素在高温下水解放出氨气，氨气在 SCR 催化器中与尾气中的氮氧化物发生氧化还原反应，重新生成氮气和水，从而达到降低柴油发动机氮氧化物排放的目的。

该系统可有效地降低发动机的燃油消耗率，实现车辆节能的目的；具有良好的油品适应性（较好的抗硫性）；发动机结构相对简单（针对 EGR 发动机而言），便于维修。

选择性催化还原系统由尿素供给单元（包括尿素供给泵、尿素箱及尿素箱加热及液位总成、尿素管等）、尿素喷射单元（Dosing Control Unit，DCU，可集成于博世 EDC17CV 电控单元中）、控制单元（包括环境温度及尿素箱温度传感器、液位传感器、氮氧化物传感器等传感器和加热继电器，尿素箱电磁阀等执行器）及催化器（选择性催化还原系统转化器与消声器）组成。系统组成及原理示意图如图 4-15 所示。

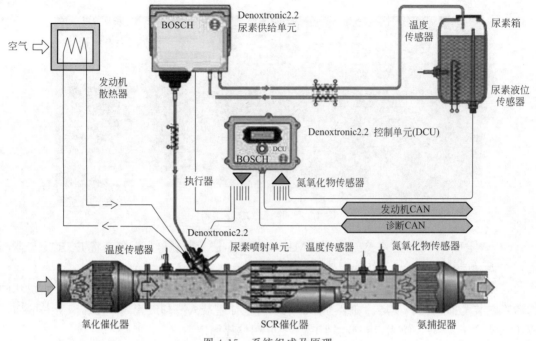

图 4-15　系统组成及原理

尿素供给单元是将尿素溶液从尿素箱吸入尿素泵并以一定的压力输送到喷射单元，在停车或者系统出现故障需要倒抽时完成对系统内尿素水溶液的清空工作。尿素喷射单元是将尿素水溶液雾化并定量喷射到排气管中。尿素喷射单元是通过传感器实时了解车辆的状态，实时通过软件计算精确控制各执行器的工作，实现对车辆各系统的精确控制。

DPM 系统，即后处理 HC 喷射系统。包括计量单元（MU）和喷射单元（IU），用于将柴油（HC）喷入发动机排气管中。柴油在 DOC 中燃烧，以提高废气的温度，促使 DPF 内捕集的碳颗粒的氧化（从 400℃ 到 600℃）。

在 HC 喷射过程中，为了保证燃油足够的雾化及燃烧转化效率，防止催化剂惰化或污垢的形成，需要对发动机的最低排气温度进行限制（建议 300～350℃）。同时，需要考虑壁潮湿、排气管漏气、混合物形成、DOC 老化等对 HC 喷射系统的影响。

若系统检测到错误，DPM 会强制进入安全模式：SV 关闭、DV 关闭、降低油压至 0。

DPM 系统整体应用参数如表 4-2。

表 4-2　DPM 系统应用参数

项目		技术参数
DPM 系统可应用机型		4.0～18L 发动机
供给电压		24V 直流电压。压力和温度传感器为 4.75～5.25V
油压范围		相对于废气压力 4～8bar
燃油温度		−25～90℃
最大喷射量（压力均为相对压力）	低压管路	176g/min@4bar，371g/min@8bar
	高压管路	248g/min@4bar，518g/min@8bar
	超高压管路	306g/min@4bar，681g/min@4bar

续表

项目	技术参数
喷雾直径	约为 $100\mu m$
雾化角度	约为 $50°$
冷却液要求	$20\sim70L/h$（取决于废气流量，喷嘴的最大承受温度为230℃）
计量单元和喷射单元的油管要求	硬管，长度为 $1\sim2.5m$，直径为4mm

MU 计量单元包括一个壳体，由切断阀、上游温度压力传感器、下游压力传感器和喷射阀组成。MU 结构如图 4-16 所示。其中四个接插件都连接在整车线束上，具体针脚定义参考表 4-3。

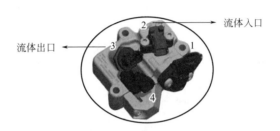

图 4-16　MU 计量单元结构

1—上游温度压力传感器；2—切断阀；3—下游压力传感器；4—喷射阀

表 4-3　切断阀和喷射阀针脚定义

ECU 针脚	部件名称	接插件针脚	针脚定义	功能
1.13	切断阀	1	正极	
1.16		2	负极	
1.11	喷射阀	1	正极	
1.14		2	负极	
2.21	上游温度压力传感器	1	正极	①工作电压：24V
2.39		2	压力信号	②工作频率：10Hz
2.01		3	接地	③工作电流：250mA
2.36		4	温度信号	
2.22	下游压力传感器	1	正极	
2.13		2	信号	
2.11		3	接地	

MU 的设计使用时间为 3000h 或最大寿命为 15 年。发生以下任一故障，DPM 就会强制进入安全状态：电控单元故障、液压故障（如燃油持续性地泄漏喷射）。

尿素泵负责将尿素箱中的尿素溶液加压并且送往尿素喷嘴，同时将多余的尿素溶液泵回尿素箱，将系统的压力维持在 9bar 左右。发动机停机后，尿素泵将系统中的尿素溶液倒抽回尿素箱，以避免残留的尿素溶液引起系统失效。图 4-17 是博世 DeNO$_x$ 2.2 系统尿素泵的外形结构图。

尿素泵有三个液力管路接头，分别是进液管接头、回液管接头和压力管接头。提供尿素

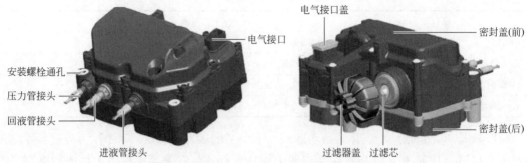

图 4-17　DeNO$_x$ 2.2 系统尿素泵的外形结构

水溶液从尿素箱到尿素喷嘴的通路。接头规格满足 SAE J2044 标准，表 4-4 是三个接头的具体规格及定义。

表 4-4　DeNO$_x$ 2.2 系统尿素泵接头规格及定义

名称	规格	描述
进液管接头	SAE J2044 3/8"	入口，连接尿素进液管
回液管接头	SAE J2044 3/8"	出口，连接尿素回液管
压力管接头	SAE J2044 5/16"	出口，连接尿素压力管

尿素泵上共有 3 个安装孔。安装螺栓长度最短可用 90mm，需使用防振垫片，表面接触压强 260N/mm^2，建议安装力矩 (19 ± 3.8)N·m（图 4-18）。

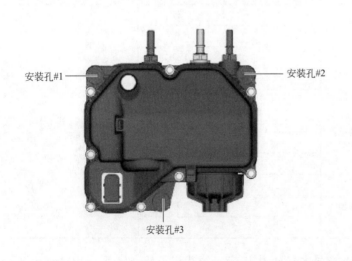

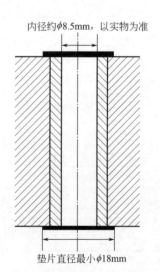

图 4-18　尿素泵安装孔位置及尺寸

DeNO$_x$ 2.2 系统的尿素泵滤芯每使用 3 年或者 10 万公里需要更换。如应用环境恶劣，对尿素水溶液污染较重，则需按实际情况更换。更换前，需要对尿素泵外表面进行清洁，并在安装过程中严防滤芯区域被外界污染，过滤器盖旋紧时使用 20N·m±5N·m 的力矩。表 4-5 是尿素泵滤芯的更换步骤。

表 4-5　尿素泵滤芯的更换步骤

步骤	操作说明	拆装图示
1	旋开过滤器盖,扳手尺寸 27mm (DIN3124/ISO2725-1)	
2	取出平衡器	
3	观察滤芯的颜色,若为灰色,使用专业工具的灰色端,若为黑色,使用黑色端。将正确的工具端伸入滤芯,直到听到"咔嚓"声,表明工具已经安装到位	
4	将滤芯拔出,必要时可利用工具的卡槽借助其他工具拔出	
5	用水清洗滤芯盖外表面	
6	润滑 HCF 滤芯两端的 O 形圈后,安装滤芯(推荐使用 Mobil Velocite No.6,使用其他润滑油可能会带来失效的风险)	

续表

步骤	操作说明	拆装图示
7	旋紧过滤器盖,力矩(20±5)N·m,扳手尺寸 27mm(DIN3124/ISO2725-1)	

尿素喷嘴将尿素泵加压的尿素喷入尾气中。图 4-19 是尿素喷嘴的外形结构,其中包含 1 个尿素管接头和 2 个冷却水接头,接头规格均满足 SAE J2044 标准。尿素管接头规格为 5/16″,与尿素压力管相连。

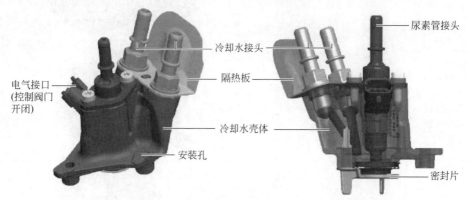

图 4-19　尿素喷嘴结构

两个冷却水接头规格为 3/8″,它们是发动机冷却液对尿素喷嘴进行冷却的进水口和回水口,防止尿素喷嘴高温失效。冷却水接头不区分进水和回水,可互换。尿素喷嘴冷却水在发动机上的取水位置可参考尿素箱加热冷却水的取水和回水位置。

尿素喷嘴正确的安装顺序,如图 4-20 所示,应先固定安装孔♯1,后固定安装孔♯2、♯3,接触面(螺帽或垫片)直径最小 12mm,最大接触压强 $180N/mm^2$,建议安装力矩 (8±2)N·m(摩擦系数参考值为 0.14),螺栓长度最短选用 20mm。

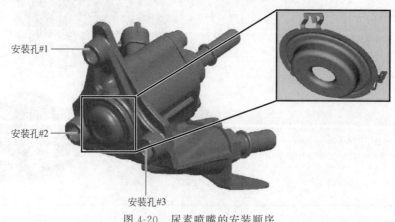

图 4-20　尿素喷嘴的安装顺序

尿素喷嘴底部的密封片是一次性部件，故每次拆卸后均需要更换。图 4-21 为尿素喷嘴垫片更换过程示意图。更换时勿使用尖锐的工具撬边缘，应使用镊子拨动三个圆盘触点，取下后清洁密封区域但避免碰触尿素喷嘴，然后重新装上新的密封片。

图 4-21　尿素喷嘴垫片更换过程

尿素喷嘴线束固定时，线束第一固定点到接头的距离小于 100mm，线束安装位置必须跟尿素喷嘴保持同样的振动水平。

尿素箱主要用来存储尿素溶液，潍柴集成式尿素箱将尿素泵集成在了尿素箱上，图 4-22 是潍柴集成式尿素箱的外形结构图。

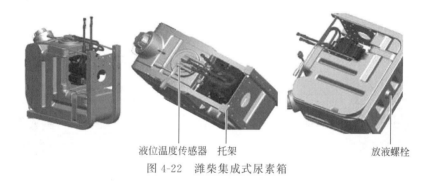

液位温度传感器　托架　　　　　　　　　　放液螺栓

图 4-22　潍柴集成式尿素箱

尿素箱液位温度传感器的外形结构如图 4-23 所示，其中回/出液接头和进/回水口的规格及定义见表 4-6。

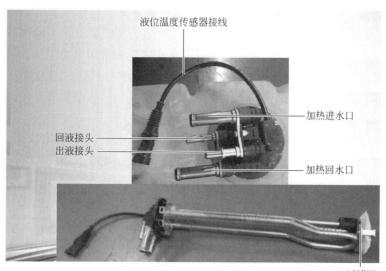

液位温度传感器接线

加热进水口

回液接头
出液接头

加热回水口

过滤网

图 4-23　液位温度传感器

表 4-6　液位温度传感器回/出液接头和进/回水口的规格及定义

名称	规格	描述
出液接头	SAE J2044 3/8"	出口,连接尿素吸液管
回液接头	SAE J2044 5/16"	入口,连接尿素回液管
加热进水口	外径 14mm,内径 10mm	进口,连接加热进水
加热回水口	外径 14mm,内径 10mm	出口,连接加热出水

尿素箱安装前要确认液位温度传感器各个接口防护良好,防止杂物进入系统管路,导致系统无法工作。

尿素箱在车辆上安装时,应远离热源,尽量避免尿素箱受来自发动机、变速箱、SCR催化器、排气管等热源辐射的影响而导致尿素溶液变质的风险。

尿素溶液的冰点为-11.5℃,系统在低温下工作时,尿素会结冰导致系统无法工作,因此需要对尿素箱进行解冻,尿素箱采用发动机的冷却水进行解冻和加热。

加热水路的走向如图 4-24 所示。

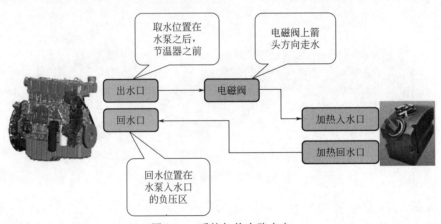

图 4-24　系统加热水路走向

尿素箱最高液位应添加尿素溶液至 100%,当尿素溶液消耗到 20% 时,需要添加尿素溶液;每年发动机进行保养时打开尿素箱底部放液螺栓进行清洗,放出箱内沉淀;不定期检查如发现通气阀或加液口处出现白色结晶,可用清水冲洗,也可用湿布擦拭,通气阀如发现堵塞,可用清水清洗或更换;2~3 年更换箱内滤网;不定期检查插件及管路接头是否良好。

尿素管路即尿素的通道,在安装前保证两端防护良好,防止脏物和杂质进入管路,进而进入系统,导致系统失效。

尿素管路安装要对应正确,不正确会导致系统无法工作。安装前确认尿素管接头尺寸,各个快速接头型号与箱、泵和尿素喷嘴上的型号匹配正确。表 4-7 是尿素管与泵和尿素箱的匹配对应表。

表 4-7　尿素管与泵和尿素箱的匹配对应表

名称	管径/mm	接头规格	描述
尿素吸液管路	外径 8,内径 6	SAE J2044 3/8"	3/8 直转弯,箱端直,泵端弯
尿素压力管路	外径 8,内径 7	SAE J2044 5/16"	5/16 直转弯,泵端直,嘴端弯

名称	管径/mm	接头规格	描述
尿素回流管路	外径8,内径7	SAE J2044 5/16"	3/8弯转直,箱端直,泵端弯
		SAE J2044 3/8"	5/16直转弯,箱端直,泵端弯

安装时尿素管不能弯折,若管路如图4-25所示弯折严重将导致系统不能工作。

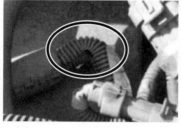

图4-25　尿素管路弯折严重

尿素水溶液(Diesel Emission Fluid),简称DEF。在DeNO$_x$ 2.2系统中,使用的是国际上标准的质量分数为32.5%的尿素水溶液。主要成分见表4-8。

表4-8　尿素水溶液成分表

特性	单位	最小值	特征值	最大值
尿素	%	31.8	32.5	33.3
氨	%	—	—	0.2
缩二脲	%	—	—	0.3
不可溶物	mg/kg	—	—	20
磷酸盐(PO$_4$)	mg/kg	—	—	0.5
钙	mg/kg	—	—	0.5
铁	mg/kg	—	—	0.5
铜	mg/kg	—	—	0.2
锌	mg/kg	—	—	0.2
铬	mg/kg	—	—	0.2
铝	mg/kg	—	—	0.5
镍	mg/kg	—	—	0.2
镁	mg/kg	—	—	0.5
钠	mg/kg	—	—	0.5
钾	mg/kg	—	—	0.5

尿素溶液应该保存在紧闭容器中,储存于阴凉、干燥的仓库,远离强氧化剂存放。加注时,直接倾倒尿素进入尿素箱易溅洒,并污染环境。建议采用专业加注设备。

DEF对于皮肤有腐蚀性,在添加DEF时若不慎碰到皮肤或者眼睛,尽快用水冲洗;若持续疼痛，请寻求医疗帮助。若不慎吞服，禁止催吐，速就医。

启动柴油发动机时，当发动机转速和排气温度达到设定值后，$DeNO_x$ 2.2 系统开始工作，发动机停机后，系统进入倒抽阶段，清空系统内的尿素溶液，该阶段将持续 2～3min，不要在系统尚处于工作状态时断开电源总开关。

$DeNO_x$ 2.2 系统正常关闭（整个倒抽过程结束）后，在 −40～25℃ 的环境中可停机 4个月而无须拆卸保存，在较高的温度下，无拆卸停机时间上限会相应缩短。但此期间不得断开液力和电气连接；应避开尿素喷嘴和泵中的尿素水蒸气的蒸发，建议停机前注满尿素箱以减少管路中的蒸发。

超过该时限后，启动系统前应先预运转，以保证能正常启动，步骤如下：

① 尿素箱重新注满尿素溶液；

② 更换泵中的过滤器；

③ 启动 $DeNO_x$ 2.2 系统。

若系统启动异常，关闭系统，在 DCU/ECU 主继电器停止后（停止时间因不同应用而异），重启系统，如果仍然启动失败，则须进行故障检修。

检修 $DeNO_x$ 2.2 系统需要专业的诊断仪，在没有诊断仪的条件下，可进行简单的表观检查。驾驶室仪表盘尿素箱灯亮，表明尿素水溶液剩余不足 10%，应及时添加。

若需要更换/拆卸尿素喷嘴，须在发动机完全停机 1h，排气管冷却后方可进行，并注意底部的密封片为一次性器件，每次安装均须更换。

车辆每使用 3 年或者行驶 10 万公里后，需要更换一次尿素泵的滤芯。

4.3.2 系统故障排除

（1）故障分析

SCR 系统不工作时一般有以下几种情况：

① 尿素管路漏气，结晶堵塞；

② 尿素管接头松动，存在漏气情况，但不漏尿素；

③ 尿素喷射管路和回流管路接反；

④ 尿素泵线束接插件存在短接、断接、接错等情况；

⑤ SCR 系统在整车放置不合理导致尿素管路有弯折或者线路进水短路的情况；

⑥ 排气温度传感器没接或者断接，或者接错；

⑦ 尿素箱温度传感器异常，导致 SCR 系统处于停止状态；

⑧ ECU 或 ECU 线束有问题，ECU 接插件或传感器接插件退针问题；

⑨ 尿素加热电阻丝熔断器烧掉，报出加热相关的故障；

⑩ 其他部件如喷嘴、排气温度传感器、尿素液位传感器故障。

（2）故障分类

第一类故障：尿素压力建立失败。

第二类故障：尿素消耗少。

第三类故障：OBD 扭矩限制与不可清除代码。

第四类故障：MIL 灯。

第五类故障：尿素加热不放行。

第六类故障：NO_x 转化效率低。

第七类故障：NO_x 转化效率监测不放行。

第八类故障：NO_x 值测量不准确。

第九类故障：可闻到氨气味。

第十类故障：尿素结晶。

第十一类故障：其他故障。

（3）故障排除

① 尿素压力建立失败。

第一步：根据闪码灯读取闪码，确定故障点，重点关注建压相关功能故障和建压相关部件，如喷嘴、反向阀、尿素泵、加热继电器、加热电阻丝、排气温度传感器、尿素箱温度传感器等的故障。

第二步：若是在寒冷地区，根据故障码，首先检查尿素加热部件，保证尿素加热功能正常。

第三步：应该可以从第一步中得到相关的故障信息，若没有建压相关功能故障，只有相关部件故障，则检查喷嘴、反向阀、尿素泵、加热继电器、加热电阻丝、排气温度传感器、尿素箱温度传感器等部件及其线束，可能是部件故障引起的系统始终没有尝试建压，加压放行的上游排气温度为180℃。

第四步：断电重启，若系统还是没有尝试建压，则考虑部件之间的线束接反了，进一步检查线束。

第五步：应该可以从第一步中得到相关的故障信息，若有建压相关功能故障，而没有相关部件故障，表示部件没有故障，则检查尿素管的安装，看有无尿素泄漏和堵塞，可能是系统尝试建压，但失败了。

第六步：断电重启，若系统还是尝试建压，但失败了，则考虑部件之间的线束接反了，进一步检查线束。

第七步：信号质量也可导致系统不建压，这样的信号有尿素液位、尿素泵尿素温度。

第八步：必要的话，检查标定数据。

② 尿素消耗少。

第一步：根据闪码灯读取闪码，确定故障点，重点关注建压相关功能故障和建压相关部件，如喷嘴、反向阀、尿素泵、加热继电器、加热电阻丝、排气温度传感器、尿素箱温度传感器等的故障。

第二步：若是在寒冷地区，根据故障码，首先检查尿素加热部件，保证尿素加热功能正常。

第三步：检查尿素压力建立是否正常，若建压失败，则参考第一类故障进行检查。

第四步：若建压成功，进一步检查喷嘴，将其拆下，观察喷射是否正常，喷嘴的机械卡死是诊断不出来的。

第五步：询问车辆的运行工况，若车辆大部分时间在低负荷区运行，会导致排温偏低，则尿素喷射不放行最低200℃。

第六步：进一步检查线束，看部件之间的线束有没有接反。

第七步：必要的话，检查标定数据。

③ OBD 扭矩限制与不可清除代码。

第一步：根据闪码灯读取闪码，确定故障点，重点关注引起 OBD 扭矩限制与不可清除代码的功能故障和部件故障。

第二步：根据第一步对故障码的诊断结果，锁定是哪个故障引起了 OBD 扭矩限制与不可清除代码。

第三步：必要的话，检查标定数据。

第四步：参考故障诊断手册对故障进行逐一排查。

④ MIL 灯。

第一步：根据闪码灯读取闪码，确定故障点，重点关注引起 MIL 灯亮的功能故障和部件故障。

第二步：根据第一步对故障码的诊断结果，锁定是哪个故障引起了 MIL 灯亮。

第三步：检查 MIL 灯及其线束，确定 MIL 灯工作正常。

第四步：必要的话，检查标定数据。

第五步：参考故障诊断手册对故障进行逐一排查。

⑤ 尿素加热不放行。

第一步：根据闪码灯读取闪码，确定故障点，重点关注尿素加热和环境温度传感器相关故障。

第二步：根据第一步的结果，必要的话，检查环境温度传感器及其线束，确认传感器工作正常。

第三步：根据第一步的结果，必要的话，检查尿素加热继电器、电磁阀及其线束。

第四步：根据第一步的结果，必要的话，检查尿素加热电阻及其线束、尿素箱加热水路。

第五步：若尿素泵加热报故障，且断电重启后，故障仍然存在，必要的话，更换尿素泵。

第六步：必要的话，检查标定数据。

第七步：参考故障诊断手册对故障进行逐一排查。

⑥ NO_x 转化效率低。

第一步：根据闪码灯读取闪码，确定故障点，重点关注 NO_x 转化效率相关的故障。

第二步：依次进行如下的检查工作。

◇ 检查 NO_x 传感器和排气管，若 NO_x 传感器的测量信号偏大，会导致转化效率故障。

◇ 检查尿素喷射，若尿素喷射量偏小，会导致 NO_x 传感器的测量信号偏大，继而导致转化效率故障。

◇ 检查喷嘴，若喷嘴机械卡死或卡死一部分（系统无法检测这种机械故障），则尿素喷射量偏小，会导致 NO_x 传感器的测量信号偏大，继而导致转化效率故障。

◇ 检查尿素压力，若尿素管路有泄漏，则尿素压力控制会偏低，实际尿素喷射量偏小，会导致 NO_x 传感器的测量信号偏大，继而导致转化效率故障。

◇ 检查尿素溶液，若尿素溶液质量不合格，如浓度低、杂质多等，会导致 NO_x 传感器的测量信号偏大，继而导致转化效率故障。

◇ 检查尿素是否结晶，若结晶在 DOC-DPF-SCR 总成内部，则箱子的转速效率会下降。

◇ 检查发动机和 DOC-DPF-SCR 总成，若发动机或者 DOC-DPF-SCR 总成老化严重，会导致 NO_x 原始排放偏大或 NO_x 传感器的测量信号偏大，继而导致转化效率故障。

◇ 检查环境相关的因素，若环境温度、压力传感器损坏，车又在类似三高的环境中运行，则可能会报转化效率故障，尤其在海拔较高的地方。

第三步：必要的话，检查标定数据，若放行发动机工况的具体条件不合理，可能误报错。

⑦ NO_x 转化效率监测不放行。

第一步：根据闪码灯读取闪码，确定故障点，重点关注 NO_x 转化效率相关的故障。

第二步：检查 NO_x 传感器，确认 NO_x 传感器工作正常，ECU 能够读到 NO_x 测量值，且 NO_x 传感器状态为1。

第三步：检查尿素喷射的放行条件，包括 SCR 状态在剂量控制模式下、尿素压力 9bar 左右、排温在 200℃ 以上，确认尿素喷射放行。

第四步：检查尿素喷射状态，确认尿素真的在喷射。

第五步：检查环境温度、环境压力传感器及其线束，确认这两个传感器工作正常，且环境压力大于 900hPa，环境温度大于 2℃。

第六步：确认发动机工况在合适的范围内，如排温大于 300℃，废气流量大于 500kg/h。

第七步：必要的话，检查标定数据，若放行发动机工况的具体标定不合理，则 NO_x 转化效率监测不放行。

⑧ NO_x 值测量不准确。

第一步：根据闪码灯读取闪码，确定故障点，重点关注 NO_x 信号相关的故障。

第二步：检查 NO_x 传感器和排气管，确认排气管没有太大的漏气，并且 NO_x 传感器安装正确，详见 SCR 后处理系统匹配安装规范。

第三步：检查 NO_x 传感器线束，确认通信正常，供电正常。

第四步：检查排气背压，排气背压影响到进入 NO_x 传感器的 NO_x 分子数，继而影响到 NO_x 测量。

第五步：检查废气的 NO 与 NO_2 的比例，若 NO_2 比例偏高，则测量的 NO_x 值偏高。

第六步：必要的话，检查标定数据，确认 NO_x 传感器相关报文的发送和接收放行正确。

⑨ 可闻到氨气味。

第一步：根据闪码灯读取闪码，确定故障点，重点关注尿素喷射量相关的故障，包括转速传感器，喷油器，进气压力、温度传感器，排气温度传感器，喷嘴，尿素压力传感器等部件的故障。

第二步：检查转速传感器及其线束，转速信号是计算尿素喷射量的依据之一。

第三步：检查喷油器，若实际喷油量比设定喷油量少，则引起尿素喷射量相对偏大。

第四步：检查进气压力、温度传感器及其线束，进气量是计算尿素喷射量的依据之一。

第五步：检查排气温度传感器及其线束，排温信号是计算尿素喷射量的依据之一。

第六步：检查尿素压力传感器及其线束，若尿素压力信号测量偏差太大，会导致基于尿素压力的尿素喷射量修正偏大，从而引起尿素喷射过量。

第七步：检查喷嘴及其线束，若喷嘴卡死在常开位置，则尿素喷射量超过设定量太多。

第八步：必要的话，检查标定数据，确认发动机原始排放、进气量标定足够精确。

⑩ 尿素结晶。

第一步：根据闪码灯读取闪码，确定故障点，重点关注 NO_x 转化效率、NO_x 信号相关故障。

第二步：尿素喷射量大是尿素结晶的原因之一，具体请参考第九类故障的检查方法和步骤。

第三步：检查排气管设计及其材料。

第四步：检查喷嘴底座设计及其材料。

第五步：检查喷嘴的喷射方位是否符合技术要求。

第六步：必要的话，检查标定数据，确认发动机原始排放、进气量标定足够精确。

4.4　国Ⅵ后处理系统

4.4.1　系统组成与原理

国Ⅵ/欧Ⅵ后处理系统包括 DOC 部件、DPF 部件、SCR 部件三部分，称为 DOC-DPF-SCR 总成，其中 DPF 部件还包括再生系统 DPM。DOC-DPF-SCR 总成的主要作用是降低发动机排气中的 NO_x 和 PM，以达到改善发动机排放的目的。

DOC（Diesel Oxidation Catalysis）即颗粒物的氧化催化转化器，是在蜂窝陶瓷载体上涂覆贵金属催化剂（如 Pt/Pb 等）。其目的一是降低柴油机尾气中的 HC、CO 和 SOF 的化学反应活化能，使这些物质能与尾气中的氧气在较低的温度下进行氧化反应并最终转化为 CO_2 和 H_2O；二是将排气中的 NO 氧化成 NO_2，为 DPF 被动再生提供足够的反应物，以实现较高 DPF 被动再生效率。DOC 部件结构与原理如图 4-26 所示。

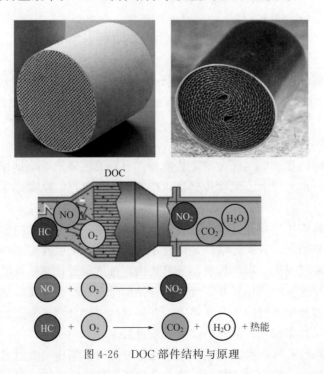

图 4-26　DOC 部件结构与原理

DOC 功能有两部分：

① 先利用催化剂将排气中的 NO 氧化为 NO_2；再将生成的 NO_2 氧化，DPF 捕集到的 PM 颗粒，在一定温度条件下，可以实现连续被动再生；有效降低 DPF 中捕集到的碳烟量。

② 当 DPF 内捕集到的碳颗粒足够多时，ECU 控制喷油实现主动再生，此时 DOC 将氧化过量的燃油，使排气温度提升到实现 DPF 主动再生温度，实现周期性清理 DPF 内部碳烟的目的。

DPF（Diesel Particulate Filter）即微粒捕集器，主要是通过扩散、沉积和撞击机理来过滤捕集柴油机排气中的微粒。排气流经捕集器时，其中微粒被捕集在过滤体的滤芯内，剩下较清洁的排气排入大气中。

DPF 的原理：微粒捕集器的壁面是多孔陶瓷，相邻的两个通道中，一个通道的出口侧被堵住，另一通道的进口侧被堵住，这样尾气从一个通道进来以后，必须穿过多孔陶瓷壁面进入相邻的口，而微粒就被过滤在通道壁面。在捕集了一定量的颗粒物以后，DPF 系统通过燃烧堆积的碳颗粒达到清洗过滤器的效果，即过滤＋燃烧。DPF 部件结构与原理如图 4-27 所示。

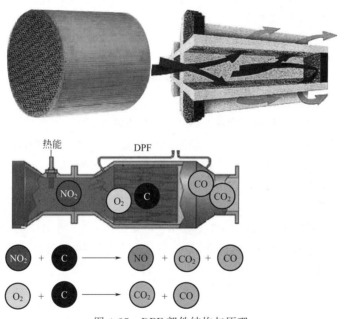

图 4-27　DPF 部件结构与原理

DPF 主要进行碳烟的捕集，并在连续行驶达到一定碳烟量后进行再生。再生分为两个阶段。

① 发动机实现缸内后喷，使一定量的燃油进入 DPF，DOC 将此部分燃油氧化燃烧，使排气温度快速提高达到目标温度。

② DPF 在此目标温度下，捕集到的碳颗粒将被点燃并快速燃烧，使 DPF 后处理器周期性地恢复至空载状态。

DPF 颗粒物积累过多会导致其堵塞，并造成排气背压升高、动力性经济性恶化，甚至可能烧毁 DPF。当 DPF 中碳载量达到再生设定限值时，需要通过再生技术来清除颗粒物，恢复其过滤功能，如图 4-28 所示。

图 4-28 DPF 再生（清除颗粒物）

再生是指通过 ECU 数据控制将 DPF 前的温度提高到一定范围，然后将碳氧化为 CO_2，来清除颗粒物。

再生是指通过加热燃烧微粒捕集器上的碳颗粒，解决 DPF 中的积碳问题，被动再生一直都在持续进行。但是如果在车速较慢，DPF 温度低的情况下，碳颗粒的氧化速度慢，也会出现 DPF 堵塞的情况。这时就需要通过原地再生来解决。主动再生分为两种：一种是在车辆行驶中由 ECU 控制自动进行，车辆保持较高转速运行，称为行驶中的主动再生，简称行车再生；另外一种，是需要在车辆静止时，通过人为操作的方式进行再生，称作原地再生（或一键再生）。

DPM 即 DPF 主动再生系统，包括燃油计量单元（MU）和燃油喷射单元（IU）两部分。燃油计量单元主要作用是从发动机低压油路取油，把具有一定压力的燃油供给燃油喷射单元，同时实现对燃油供给量的控制功能；燃油喷射单元是一个机械部件，当燃油达到一定压力后即打开，往排气尾管内喷入柴油实现 DPF 主动再生。

DOC-DPF 系统基本工作原理是：当柴油机排气流过 DOC 时，在 $200 \sim 600 ℃$ 温度条件下，CO 和 HC 首先几乎全部被氧化成 CO_2 和 H_2O，同时 NO 被转化成 NO_2。排气从 DOC 出来进入微粒捕集器（DPF）后，其中微粒被捕集在过滤体的滤芯内，剩下较清洁的排气排入大气中，DPF 的捕集效率可达 95% 以上。

DPF 再生方式可以分为主动再生和被动再生，参见图 4-29。

a. 主动再生：通过发动机缸内后喷燃油或者在排气管中喷入燃油，燃油在 DOC 的作用下被氧化放热，为 DPF 再生提供所需要的热量条件，从而实现减少 DPF 内碳烟的目的。

b. 被动再生：废气中的 NO 在 DOC 的作用下生成 NO_2，NO_2 与碳烟反应，从而实现减少 DPF 内碳烟的目的。

NO_2 对被捕集的颗粒有很强的氧化能力，利用产生的 NO_2 作为氧化剂除去微粒捕集器中的微粒并生成 CO_2，而 NO_2 又被还原为 NO，从而达到去除微粒的目的。

4.4.2　系统故障排除

（1）DOC-DPF-SCR 总成故障

DOC-DPF-SCR 总成内有 SCR 载体和 SCR 催化剂，如果发生故障可能会造成排放不达标，限制发动机扭矩等。主要有以下几类：催化剂失效，由于 DOC-DPF-SCR 总成被撞击，或者被其他污染物质覆盖比如黑烟中的颗粒，造成催化还原效率降低，最终造成排放不达标，限制发动机扭矩；DOC-DPF-SCR 总成堵塞，DOC-DPF-SCR 总成变形或因其他原因堵塞，造成排气背压高，严重者会出现冒黑烟、发动机转速抖动、动力不足等故障。

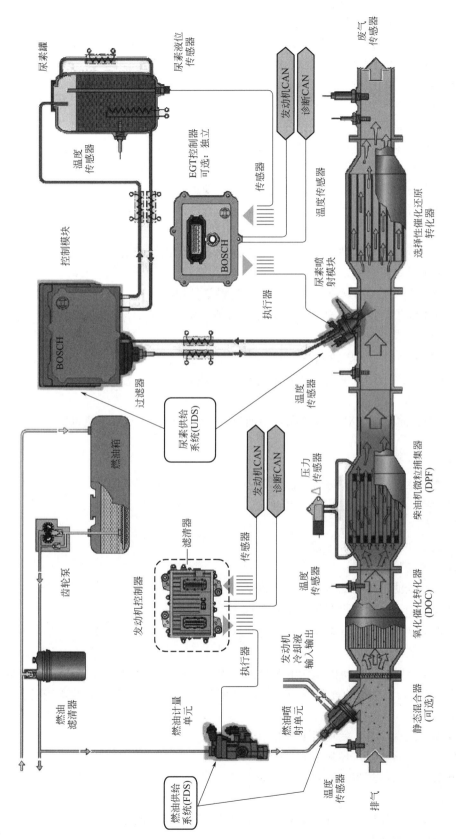

图 4-29 DPF 再生方式示意图

SCR 实际平均转换效率低于阈值 1、阈值 2。

故障现象：故障灯、MIL 灯长亮，尿素喷射正常，没有其他相关故障。

故障分析：这两个故障是指尾气中 NO_x 浓度较大，已经超出了法规要求。如不及时修复，就会导致发动机扭矩限制。

可能原因：

① 发动机原始排放劣化；

② 后处理系统上游，从增压器出来后的尾气的排放太差；

③ DOC-DPF-SCR 总成劣化，导致转换效率低；

④ 尿素喷射量误差大，实际喷射量比设定值少；

⑤ 油品不好。

排除方法：

① 首先检查、判断发动机原始排放是否严重恶化，比如严重冒黑烟等；

② 检验油品是否合格；

③ 检查尿素喷嘴是否堵塞、泄漏，导致喷射量控制不准；

④ 检查 DOC-DPF-SCR 总成是否老化或结晶，是否被碳烟覆盖、堵塞等。

（2）DOC 失效故障

DOC 在后处理中主要起 NO 转化及柴油喷射起燃的作用，出现的主要故障有：催化剂失效，载体出现裂纹及破裂。造成催化还原效率降低，最终造成排放不达标，限制发动机扭矩。

DOC 性能低。

故障现象：故障灯、MIL 灯长亮，柴油喷射正常，但排气温度不提高。

可能原因：

① 油品不好；

② 发动机运行环境差，进气空滤匹配不好或者没有及时保养；

③ 由于排气温度高，导致催化剂老化。

排除方法：

① 检查发动机状态是否正常；

② 检查油品是否合格；

③ 检查空气滤清器匹配是否合适，确认进气系统清洁；

④ 检查后处理总成是否有振动、脱落现象；

⑤ 检查 DOC-DPF-SCR 总成是否老化，是否被碳烟覆盖、堵塞等。

（3）DPF 堵塞故障

DPF 主要起到减少发动机排气中颗粒的作用，当 DPF 堵塞时，引起的主要现象为发动机排气背压增高，发动机油耗高，DPF 两端的压差信号超出正常值，再生频繁等。

故障分析：

① 发动机出现异常，发动机 PM 排放增高；

② 压差传感器脱落，导致不能进行再生；

③ 柴油喷射系统故障，导致再生不能完成；

④ 油品不合格；

⑤ 发动机运行环境差，进气空滤匹配不好或者没有及时保养；

⑥ 长时间没有清灰。

排除方法：

① 检查发动机状态是否正常；

② 检查压差传感器是否正常，压差信号取气管是否脱落；

③ 柴油喷射系统是否正常；

④ 检查油品是否符合要求；

⑤ 检查空气滤清器匹配是否合适，确认进气系统清洁；

⑥ 是否按要求清灰。

（4）后处理相关传感器故障

这里的传感器主要指排气温度传感器、环境温度传感器和 NO_x 传感器和压差传感器。排气温度传感器和环境温度传感器主要有两类故障：一类是传感器电压信号高于上限或者低于下限，高于上限一般是由于线束、接插件开路或与电源短路，低于下限一般是线束、接插件与地短路；另一类是温度示数不准，这时候就要考虑传感器安装是否到位，安装位置是否合适，或者传感器是否损坏。传感器故障快速排查指引见表 4-9。

表 4-9 传感器故障排查

故障现象	原因分析	故障排除
排气温度传感器电压信号高于上限：故障灯、闪码灯长亮，报上游温度传感器电压信号高于上限故障，使用 EOL 测量排气温度，示数明显不准确，且不变化	排气温度传感器及相关线路、接插件故障，导致传感器开路。当检测到此故障时，EOL 测得排气温度为默认值。可能原因：排气温度传感器接插件、线路开路；传感器老化、损坏；传感器 ECU 大插头线路故障，导致传感器开路	检查排气温度传感器接插件；检查传感器线束是否正常导通
环境温度信号不可信：车辆运行一段时间后，故障灯、闪码灯长亮，并报出闪码 235 环境温度信号不可信的故障	环境温度用来测量当前的大气温度，如果 ECU 检测环境温度明显不符，比如过高或者过低，就会报出此故障。导致此故障的原因一般为：环境温度传感器安装位置错误，比如装在发动机舱内；离热源太近；传感器线路电阻异常；传感器本身故障	检查环境温度传感器安装位置是否符合要求；检查传感器是否靠近热源；按照要求，调整环境温度传感器安装位置
CAN 接收帧 AT101 超时错误：闪码灯、MIL 灯长亮，并报出 421CAN 接收帧 AT101 超时错误	NO_x 传感器测得 NO_x 浓度后，不断地将测量结果通过 CAN 总线中的 AT101 报文发送给 ECU，如果 ECU 接收不到 AT101 报文，就会报出此故障。可能原因：NO_x 传感器接线故障，导致 AT101 没有发送出去；NO_x 传感器损坏；CAN 总线网络故障	检查 NO_x 传感器中 4 根针脚电压，1、2、3、4 号针脚应分别为 24V、0V、2.2V、2.8V，判断是否存在接错、开路、短路等故障

环境温度传感器有故障时，会影响尿素的加热功能，造成尿素结晶、尿素泵堵塞等。排气温度传感器出现故障时，会造成尿素喷射控制失效，柴油喷射控制失效，尾气排放不达标等。总之，所有造成排放不达标的故障，如果不及时修复，都将导致扭矩限制。

NO_x 传感器出现故障时，测得的氮氧浓度无法经过 AT101 报文发送给 EDC17，就会报出"AT101 报文超时的故障"，一般主要是由接线问题引起：NO_x 传感器有 4 根线连接整车线束，分别为电源正、电源负、通信 CAN 总线低、通信 CAN 总线高，应检查这四根线束及接插件的电压是否正常，线束、接插件是否有开路、短路等故障。在保证线束、接插件没有故障的前提下，可以怀疑 NO_x 传感器损坏，尝试更换 NO_x 传感器进行确认。NO_x 传感器端子定义见表 4-10。

表 4-10 传感器端子定义

传感器连接端子	端子功能定义
1	电源正(+24V)
2	电源负(0V)
3	通信 CAN 总线低
4	通信 CAN 总线高

压差传感器出现故障时往往会导致 DPF 不能再生或者压差不可信故障，故障一般是由压差传感器的接插件松动和传感器部分的管路漏气等原因造成，需要及时对线路及压差传感器两端及 DPF 的箱体进行检查，确认是否有线路故障和尾气泄漏故障，并确认 DPF 箱体有无破损。

底盘系统

第5章

自动变速器控制系统

5.1 控制系统组成与原理

5.1.1 控制系统组成部件

以解放卡车12挡全新铝壳变速器为例，控制系统组成部件如图5-1所示。

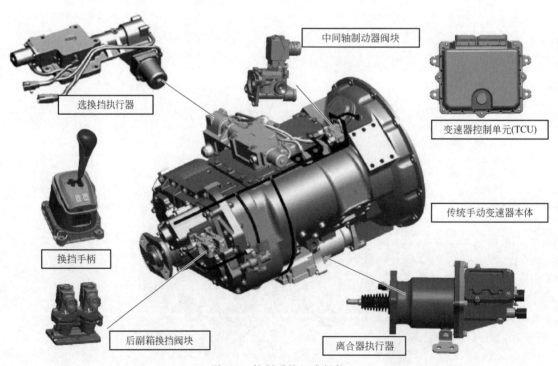

图 5-1 控制系统组成部件

执行器、制动器及气缸部件分解如图5-2～图5-5所示。

此副箱气缸增加了自锁装置，如图5-6所示，副箱整体拆卸时需注意先将上盖下方的副箱自锁装置拆下，才能将副箱拆下。

变速器电控系统传感器安装位置如图5-7所示。

AMT系统传感器技术参数与功能原理介绍见表5-1。

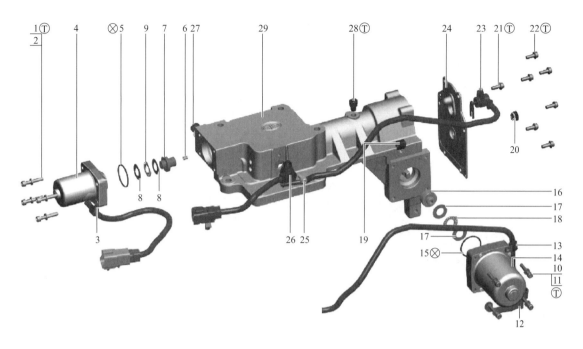

图 5-2　选换挡执行器

1—内六角圆柱头螺钉；2,11—弹簧垫片；3,13,19—定位支架；4—选挡电机；5,15—O 形环；6—弹簧；
7,16—联轴器；8,17—止推垫片；9,18—止推轴承；10—内六角圆柱头螺栓；12—保护支架；
14—换挡电机；20,27—空气滤清器；21,22,25—内六角圆柱法兰面螺栓；23—换挡转角
传感器；24—盖板；26—选挡转角传感器；28—通气塞；29—选换挡执行器机械总成

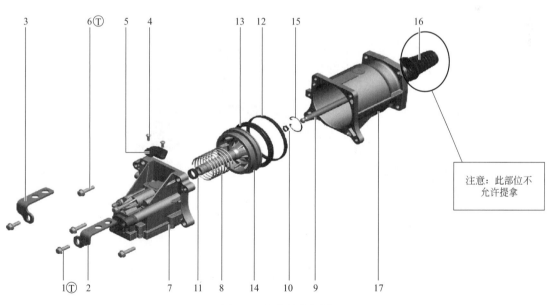

图 5-3　离合器执行器

1,6—六角法兰面螺栓；2,3—支架；4—内六角圆柱头螺钉；5—位置传感器；7—离合器控制
阀体；8—弹簧；9—推杆；10—橡胶卡环；11—摩擦环（小）；12—摩擦环（大）；
13—油封；14—活塞；15—卡环；16—防尘罩；17—缸体

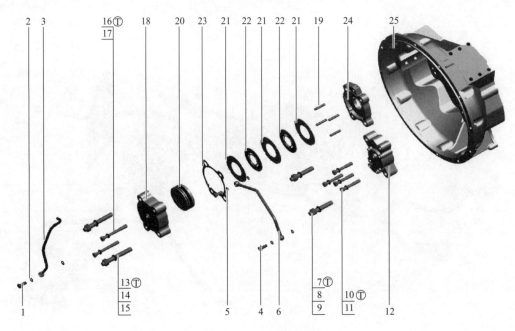

图 5-4　中间轴制动器

1—空心螺栓；2,5,23—密封垫；3—气管总成-中间轴制动器；4—空心螺栓；6—油管总成；7—六角头螺母；

8,11,14,17—弹簧垫圈；9,15—双头螺柱；10,13,16—六角头螺栓；12—油泵总成；

18—中间轴制动器外壳；19—定位销；20—活塞总成；21—摩擦环；

22—摩擦片总成；24—中间轴制动器底座总成；25—变速箱壳体

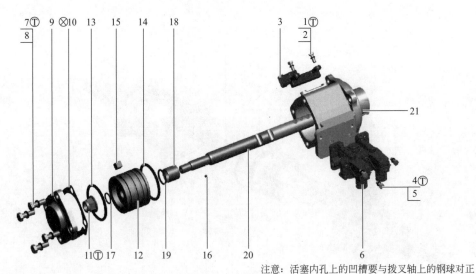

注意：活塞内孔上的凹槽要与拨叉轴上的钢球对正

图 5-5　副箱气缸

1,4,7—六角头螺栓；2,5,8—弹簧垫圈；3—直线位移传感器总成；6—电磁阀总成-副箱气缸；

9—副箱气缸盖；10—垫片-副箱气缸；11—六角法兰面锁紧螺母；12—活塞；13,14,17—O形

橡胶密封圈-活塞；15—磁铁-直线位移传感器总成；16—钢球；18—衬套；

19—O形橡胶密封圈-气缸；20—拨叉轴-副箱同步器；21—气缸-副箱

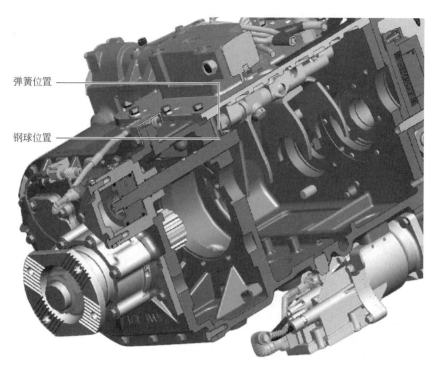

弹簧位置

钢球位置

图 5-6　副箱气缸自锁装置

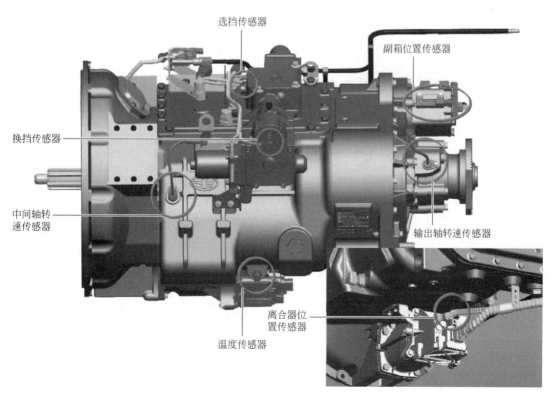

选挡传感器

副箱位置传感器

换挡传感器

中间轴转速传感器

输出轴转速传感器

离合器位置传感器

温度传感器

图 5-7　传感器安装位置

表 5-1　传感器技术参数与功能原理

名称	实物	技术参数	工作原理
转速传感器		传感器类型：霍尔效应式 工作温度：-40~150℃ 供电电压：5V±0.25V 供电电流：最大 10mA 传感器可检测的转速范围：15~8000r/min 空气间隙：1mm±0.5mm 输出低电平电压：最大 0.5V	转速传感器总成共两个，分别通过对变速箱内中间轴、输出轴上信号轮转动状态的方波采集，输出给 TCU 用于判断当前输入、输出轴的转速
副箱位置传感器		传感器类型：非接触式 工作温度：-40~125℃ 供电电压：5V±0.25V 供电电流：最大 20mA 可检测范围：0~35mm 输出电压范围：0.5~4.5V	副箱位置传感器总成通过对变速器副箱气缸内活塞位置的识别，转换成模拟电信号输出给 TCU，用于判断当前副箱挡位
温度传感器		工作温度：-40~130℃ 量程：-40~130℃ 热敏电阻阻值范围：45479Ω（-40℃）~89.63Ω（130℃） 接口：M12×1.5 安装力矩：15~20N·m	温度传感器总成通过内部热敏电阻随温度变化而电阻值发生相应变化的关系，在不同的温度下有不同的分压输出给 TCU，用于判断当前变速箱油的温度
离合器位置传感器		工作温度：-40~120℃ 供电电压：5V±0.5V 供电电流：≤24mA PWM 频率：500Hz±75Hz PWM 范围：10%~90%	离合器位置传感器通过离合器上的销轴带动传感器转子转动一定的角度，输出相对应的电压信号值给 TCU，用于检测离合器的当前位置
换挡传感器		传感器类型：非接触式 工作温度：-40~120℃ 工作角度：49°~131° 供电电压：5V±0.5V 供电电流：≤16mA 输出电压：0.4~4.6V	换挡传感器总成包括选挡传感器和换挡传感器，分别安装在选换挡执行机构的相应位置，通过执行机构上的选挡销轴及换挡销轴带动传感器转子转动一定角度，输出相应的电压信号值给 TCU，用于检测变速器当前的挡位状态
压力传感器		工作温度：-40~125℃ 工作压力：0~12bar 供电电压：5V±0.25V 供电电流：最大 8mA 输出电压：0.5~4.5V DC 输出精度：±3.8%FS（常温） 压力接口：M16×1.5-6g	压力传感器总成通过传感器内部的压力感应元件及处理电路将气路当前压力形成模拟量信号输出给 TCU，用于判断当前储气筒的压力

续表

名称	实物	技术参数	工作原理
加速度传感器		工作温度：−40～85℃ 供电电压：5V±0.25V 供电电流：最大 10mA 加速度测量范围：±0.78g 输出电压范围：0.5～4.5V 安装要求：接插件开口朝向车辆前进方向	加速度传感器总成通过内部电容极板间隙随加速度的变化而电容值发生相应变化的关系，在不同的加速度下有不同的电压输出给 TCU，用于判断当前车辆加速度

5.1.2　控制系统工作原理

以豪沃 HW20716 系列变速器为例。SmartShift 系列变速器是一种机械自动变速器（AMT）。这种变速器并没有改变传统手动变速器的主体结构，其技术核心是一套由 TCU（变速器控制单元）控制的智能换挡机构。变速器控制单元安装于手柄内部。AMT 控制系统组成部件如图 5-8 所示。

自动换挡模式下，在车辆行驶过程中，TCU 根据软件程序的设定，实时地采集车速、发动机转速和扭矩、当前挡位以及驾驶员可操作的手柄、加速踏板和离合器踏板等信号。通过对采集的信号进行处理和判断，TCU 可以实时得知车辆行驶状态，给出当前行驶的最佳目标挡位。

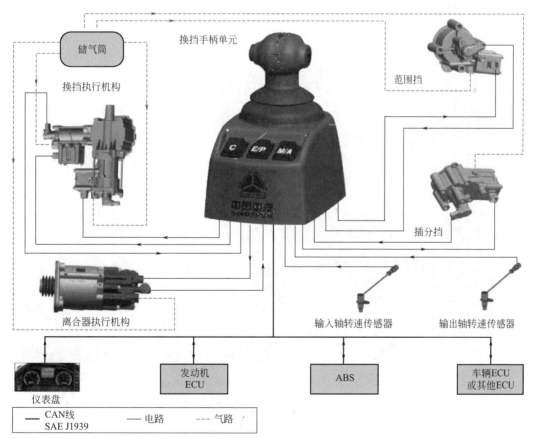

图 5-8　AMT 控制系统组成部件

在需要换挡时，TCU 发出换挡指令并通过 CAN 总线控制发动机收油，使发动机转速达到目标控制值。收油完成后，TCU 通过控制离合器电磁阀通电将高压气路打开，离合器执行器气缸活塞在压缩空气作用下将离合器分离，在此过程中，TCU 实时监测离合器位置，保证离合器彻底分离，中断传动动力。之后，根据需要换入的目标挡位的不同，TCU 先后控制装在选换挡执行器上的选挡电磁阀与换挡电磁阀通电，打开不同的高压气路并控制相应的气缸动作。

换挡完成后，TCU 控制离合器电磁阀使离合器执行器气缸内气体释放，离合器缓慢接合。最后通过 CAN 总线控制发动机恢复供油。

以上整个控制过程在 2s 之内完成，且驾驶员无明显动力中断和恢复的感觉。

在手动模式下，挡位的切换请求由驾驶员发出，由驾驶员控制换挡时机和挡位选择，换挡的执行和离合器的控制由 AMT 系统自动控制。

TCU 根据驾驶员的意图（油门踏板、制动踏板等的状态）和车辆的工况（发动机转速、输出轴转速、车速和挡位等），依据一定的规律（换挡规律、离合器接合规律等），借助于相应的执行机构（供油执行机构、选换挡执行机构、离合器分离和接合执行机构），对车辆的动力传动系统（发动机、离合器、变速器）进行联合操纵，实现起步、换挡的自动操纵。AMT 控制系统原理示意图见图 5-9。

16 挡变速器与整车连接线路比较简单，整车只需要为变速器模块提供电源以及 CAN 总线通信即可。而变速器内部所有电气部件自身通信连接通过内部插件与手柄中的 TCU 连接，进行系统控制，电路原理图如图 5-10 所示。

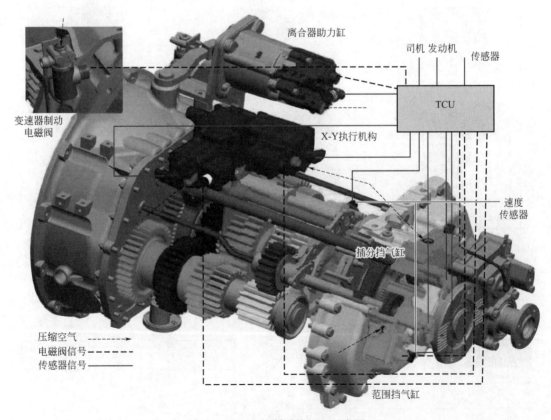

图 5-9　AMT 控制系统原理示意图

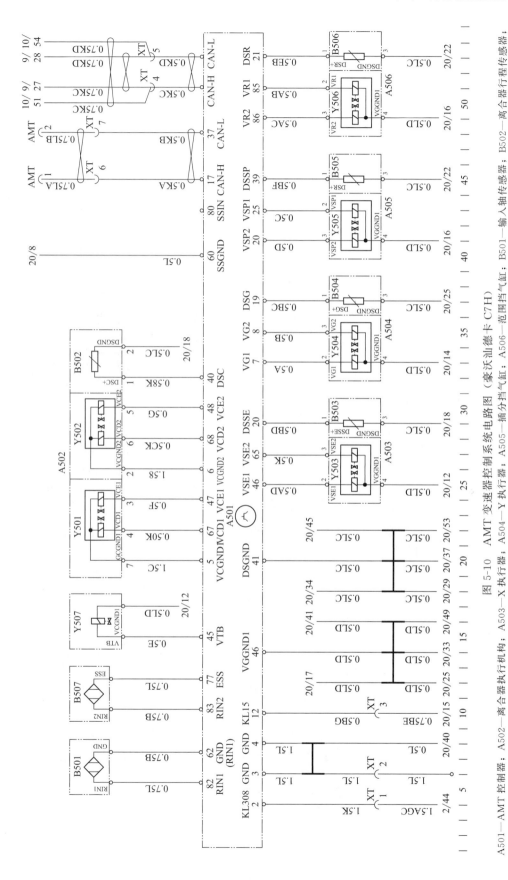

图 5-10 AMT 变速器控制系统电路图（豪沃泺德卡 C7H）

A501—AMT 控制器；A502—离合器执行机构；A503—X 执行器；A504—X 执行器；A505—Y 执行器；A506—范围挡执行程传感器；B501—输入轴传感器；B502—离合器行程传感器；B503—X 挡位传感器；B504—Y 执行器传感器；B505—插分挡传感器；B506—范围挡传感器；B507—输出轴传感器；Y501—离合器执行机构电磁阀 I；Y502—离合器执行机构电磁阀 II；B503—X 执行器机构气缸；A505—插分挡气缸；A506—范围挡气缸；Y503—X 执行器电磁阀；Y504—分挡执行电磁阀；Y505—插分挡电磁阀；Y506—范围挡电磁阀；Y507—变速器制动电磁阀；

解放卡车 AMT 系统电路如图 5-11 所示，端子分布见图 5-12，端子定义如表 5-2 所示。

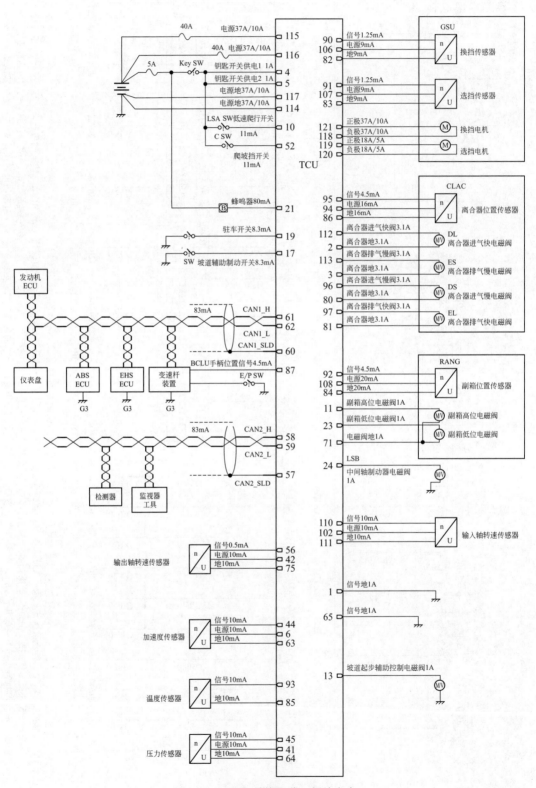

图 5-11 AMT 系统电路（解放卡车）

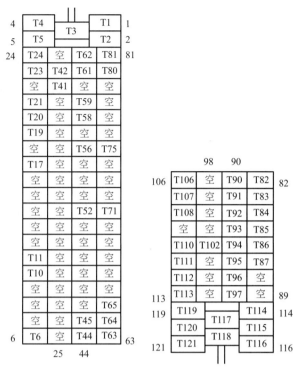

图 5-12 TCU 端子分布

表 5-2 TCU 端子定义

端子	端子定义	端子	端子定义	端子	端子定义
1	信号地	59	诊断 CAN 低	94	离合器传感器电源
2	离合地	60	动力 CAN 屏蔽	95	离合器传感器信号
3	离合地	61	动力 CAN 高	96	离合慢进气阀
4	钥匙门供电	62	动力 CAN 低	97	离合快排气阀
5	钥匙门供电	63	坡度传感器地	102	输入轴转速传感器电源
6	坡度传感器电源	64	压力传感器地	106	换挡传感器电源
10	L 开关	65	信号地	107	选挡传感器电源
11	副箱高位电磁阀	71	副箱电磁阀地	108	副箱传感器电源
13	坡辅电磁阀	75	输出轴转速地	110	输入轴转速传感器信号
17	坡辅开关	80	离合地	111	输入轴转速传感器地
19	P 开关	81	离合地	112	离合快进气阀
21	蜂鸣器	82	换挡传感器地	113	离合慢排气阀
23	副箱低位电磁阀	83	选挡传感器地	114	电源地
24	中间轴制动器电磁阀	84	副箱传感器地	115	电源 40A 熔断器
41	压力传感器电源	85	温度传感器地	116	电源 40A 熔断器
42	输出轴转速电源	86	离合传感器地	117	电源地
44	坡度传感器信号	87	BCLU 手柄位置信号	118	换挡电机负极
45	压力传感器信号	90	换挡传感器信号	119	选挡电机正极
52	C 开关	91	换挡传感器信号	120	选挡电机负极
56	输出轴转速信号	92	副箱传感器信号	121	换挡电机正极
58	诊断 CAN 高	93	温度传感器信号		

5.1.3　自动变速器电脑功能

法士特 AMT 是基于 FAST 双中间轴机械变速器平台开发的两踏板电控机械式自动变速器 AMT，离合器分离、接合及所有选换挡均由电控系统自动控制，能大幅降低驾驶员劳动强度，显著提高行车舒适性，降低燃油消耗。

AMT 具有故障自诊断的功能，一旦检测出电控系统故障，系统会产生对应的故障代码，显示在液晶屏上，并自动进入不同程度的失效保护模式。同时可能点亮红色指示灯（严重警告、必须停车维修）、黄色指示灯（故障警告、尽快到服务站维修）。陕汽德龙 X5000

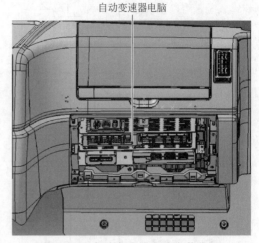

图 5-13　自动变速器电脑安装位置

的自动变速器电脑安装在驾驶室副仪表台控制器支架上，如图 5-13 所示。

AMT 自动变速器电路连接简图如图 5-14 所示。

AMT 自动变速器电脑端子分布如图 5-15 所示，端子定义见表 5-3。

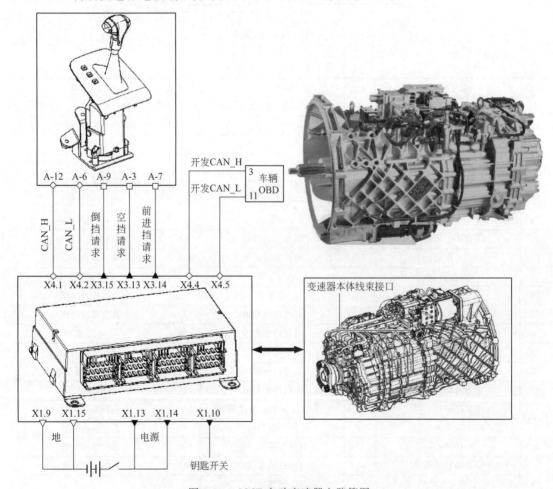

图 5-14　AMT 自动变速器电路简图

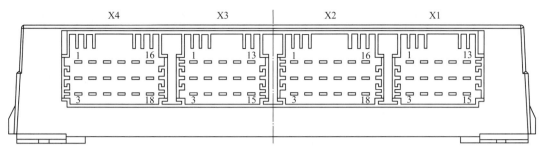

图 5-15　自动变速器电脑端子分布

表 5-3　自动变速器电脑端子定义

端子	名称	定义
X1.01	VCUB1	离合器电磁阀地 1
X1.02	VCE1	离合器结合电磁阀 1 信号
X1.03	VCD1	离合器分离电磁阀 1 信号
X1.04	VCUB2	离合器电磁阀地 2
X1.05	VCE2	离合器结合电磁阀 2 信号
X1.06	VCD2	离合器分离电磁阀 2 信号
X1.09	GND(KL31A)	蓄电池负极 1 地
X1.10	KL15	T15 信号 DC24V T15 电
X1.13	KL30A	蓄电池正极 1 DC24V 30 电
X1.14	KL30B	蓄电池正极 2 DC24V 30 电
X1.15	GND(KL31B)	蓄电池负极 2 地
X2.01	VGGND11	选挂挡阀 1 地
X2.02	VTB	变速器制动阀信号
X2.03	VSP1	半挡电磁阀 1 信号
X2.04	VGGND12	选挂挡阀 2 地
X2.05	VG1	挂挡阀 1 信号
X2.06	VG2	挂挡阀 2 信号
X2.07	VG5	空挡指示灯
X2.08	VG6	倒挡指示灯
X2.10	VSP2	半挡电磁阀 2 信号
X2.11	VR1	范围挡电磁阀 1 信号
X2.12	VR2	范围挡电磁阀 2 信号
X2.13	VGGND21	半挡、范围挡阀 1 地
X2.14	VSE1	选挡阀 1 信号
X2.15	VSE2	选挡阀 2 信号
X2.16	VGGND22	半挡、范围挡阀 2 地
X2.17	VPTO1	PTO 电磁阀 1 信号变速箱接头端留线
X2.18	VPTO2	PTO 电磁阀 2 信号变速箱接头端留线

端子	名称	定义
X3.01	DSG	挂挡位置传感器信号
X3.02	DSSE	选挡位置传感器信号
X3.03	DSR	范围挡位置传感器信号
X3.04	DSSP	半挡位置传感器信号
X3.05	DSC	离合器位置传感器信号
X3.07	DS-GND	传感器地
X3.08	DIG1	连接驻车制动开关低电平有效
X3.09	DIG2	数字输入2
X3.10	DIG3	数字输入3
X3.11	DIG4	PTO状态变速箱接头端留线
X3.12	DIG5	预留PTO状态2变速箱接头端留线
X3.13	DIG6	空挡请求高电平有效
X3.14	DIG7	前进挡请求高电平有效
X3.15	DIG8	倒挡请求高电平有效
X4.01	CAN1_H	CAN1_H
X4.02	CAN1_L	CAN1_L
X4.04	CAN2_H	CAN2_H
X4.05	CAN2_L	CAN2_L
X4.07	EXT-UB(GND)	预留输出地
X4.08	EXT-UB	预留输出
X4.13	RIN2	输出轴转速传感器信号
X4.14	ESS	输出轴转速传感器地
X4.16	RIN1	输入轴转速传感器信号
X4.17	RIN1-GND	输入轴转速传感器地

　　AMT变速器本体连接器端子分布如图5-16所示，定义见表5-4。

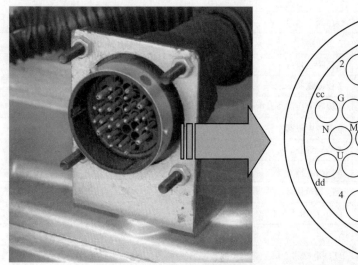
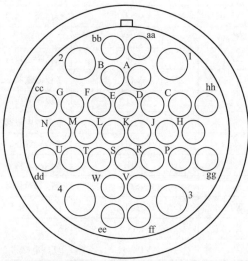

图5-16　AMT变速器本体连接器端子分布

表 5-4　本体连接器端子定义

端子	名称	定义	对应 TCU 端子
1	KL30B	蓄电池正极 2	X1.4
2	VGGND11/VGGND12	选挂挡阀 1 地/选挂挡阀 2 地	X2.1/X2.4
3	VCUB1	离合器电磁阀地 1	X1.1
4	DS-GND	传感器地	X3.7
A	VCE1	离合器结合电磁阀 1 信号	X1.2
B	VCD1	离合器分离电磁阀 1 信号	X1.3
C	VSP2	半挡电磁阀 2 信号	X2.10
D	VSP1	半挡电磁阀 1 信号	X2.3
E	VG2	挂挡阀 2 信号	X2.6
F	VG1	挂挡阀 1 信号	X2.5
G	VSE1	选挡阀 1 信号	X2.14
H	VR1	范围挡电磁阀 1 信号	X2.11
K	VSE2	选挡阀 2 信号	X2.15
S	ESS	输出轴转速传感器地	X4.14
T	RIN2	输出轴转速传感器信号	X4.13
U	RIN1	输入轴转速传感器信号	X4.16
V	DSR	范围挡位置传感器信号	X3.3
W	DSSE	选挡位置传感器信号	X3.2
aa	VCE2	离合器结合电磁阀 2 信号	X1.5
bb	VCD2	离合器分离电磁阀 2 信号	X1.6
cc	VR2	范围挡电磁阀 2 信号	X2.12
dd	RIN1-GND	输入轴转速传感器地	X4.17
ee	DSC	离合器位置传感器信号	X3.5
ff	DSSP	半挡位置传感器信号	X3.4
gg	DSG	挂挡位置传感器信号	X3.1
hh	DSSE	选挡位置传感器信号	X2.2

5.2　系统故障诊断

5.2.1　故障诊断思路

以法士特 12/16 挡 AMT 变速器为例，系统故障诊断处理如表 5-5 所示。

表 5-5　AMT 变速器系统故障码与诊断方法

故障现象	原因分析	排除方法
手动模式使用正常，自动模式效果较差	ABS 有故障	检查 ABS，读取 ABS 故障码，排除故障
	传感器故障	检查车速、输入、输出速度传感器，接插件及其线束

续表

故障现象	原因分析	排除方法
不能正常启动发动机,仪表不显示"N"	变速器在挡位上且气压不足	用充气绳给离合器执行机构供气,使之分开,启动发动机充气,气压满足后按空挡按钮
	仪表显示故障	检查仪表
发动机转速不稳	AMT 的 TCU 工作失效	检修 AMT 的 TCU 的电气系统
	燃油质量差或管路问题	检查燃油系统或更换燃油
挂不上挡	CAN 通信故障	熄火,断电 1min 左右,再重新启动发动机检查 CAN 线
	X-Y 执行机构失效	更换 X-Y 执行机构
	输入速度传感器失效	更换输入速度传感器
	气路故障	检查气路
	线路故障	检查线路
	半挡或范围挡气缸漏气	检修或更换相关零件
	执行机构电磁阀故障	检修或更换电磁阀
起步挡挂挡时间长、换挡时间长	变速器制动器失效	更换变速器制动的摩擦片或更换制动器
	气路故障	检查气路是否泄漏
	线路故障	检查 TB 电磁阀接插件
	制动器电磁阀损坏	检修或更换零部件
	半挡和范围挡气缸漏气	检修或更换密封件
	输出速度传感器失效	更换输出速度传感器
范围挡切换时间长,其它挡位换挡正常	气路故障	检查气路
	范围挡气缸漏气	更换密封件
系统无法重置	CAN 通信故障	熄火,断电 1min 左右,再重新上电检查 CAN 线
	没拉手制动,气压不足	拉上手制动打气,待气压达到系统工作压力 8bar
	TCU 没有断电	断电,等 TCU 完全断电
	输出轴转速≠0	查找原因,使输出轴转速为 0
	范围挡气缸漏气	检修或更换密封件
	离合器故障	检修或更换零部件
	气路故障	检查气路
	执行机构电磁阀故障	检修或更换电磁阀
	线路故障	检查线路
	X-Y 执行机构失效	检修或更换零部件
系统重置过程失败	确认下列条件是否满足:车辆气路压力达到 8bar,手制动手柄拉下,车速信号始终为零	确认各接插件与 TCU、传感器、阀体等分别接插正确,再次进行系统重置

续表

故障现象	原因分析	排除方法
无法挂挡	CAN 通信故障	熄火,断电 1min 左右,再重新启动发动机检查 CAN 线
	离合器故障	检修或更换零部件
	X-Y 执行机构失效	检修或更换零部件
	气路故障	检查气路
	分离摇臂故障	更换分离摇臂,系统重置
	线路故障	检查线路
不能回空挡	离合器故障	更换零部件
	X-Y 执行机构失效	检修或更换零部件
	气路故障	检查气路是否泄漏,管路是否弯折
	线路故障	检查线路
上电后,仪表上没有 AMT 信息显示	线路故障	检查 AMT 相关线束
车速太低,最高车速上不去	发动机功率不足	检修发动机

5.2.2 系统自学习与软件编程

（1）解放 J6 AMT 变速器离合器自学习方法

确认是否有以下描述情况：车辆上坡起步时间长（8s 及以上），甚至出现后溜,此时仪表提示"输入轴传感器故障"；行车过程中,仪表不提示此故障。

离合器自学习方法：

① 停车状态下,钥匙门上电,启动发动机,此时如果气压不足,需要充气直到仪表没有"换挡系统气压不足"提示为止。

② 待气压充好后,在停车、空挡、手制动有效、不踩油门和制动的状态下,按下换挡手柄旁的"C"模式开关不放,保持 8s,仪表提示"离合分合点正在学习"后松开即可。

③ 待仪表提示"离合分合点学习成功""离合摩擦点学习成功"后,关闭钥匙门到"OFF"挡,维持 5s,即完成驾驶员手动触发离合器自学习过程。

④ 如果提示"离合分合点学习失败"或"离合摩擦点学习失败",钥匙门重新上电,重新学习。

（2）豪沃 AMT 控制单元软件版本说明

在刷新变速器电脑程序时,必须选择对应的版本,可参见表 5-6。

表 5-6 变速器 TCU 软件版本

软件名称	软件说明
重汽 AMT_V20_42_99P	MC11 发动机匹配 HW21716XA(C)
重汽 AMT_V91_42_98P	中国台湾 MC07,MC11/10 挡;12 挡;16 挡,带高挡位禁用倒挡
重汽 AMT_V10_42_98P	MC13/12AX,16AX

续表

软件名称	软件说明
重汽 AMT_V00_42_98P	MC07,MC11/10 挡；12 挡；16 挡
NMAMT_CN_WSP104244P_EEP_1 142_1	支持 MC13 发动机、液力缓速器
NMAMT_CN_WSP004244P_EEP_1 142_1	支持 MC11 发动机、液力缓速器
42 版_12 挡 AX DDOD_匹配 MC13_发动机	42 版_12 挡 AX DDOD_匹配 MC13_发动机应用于 C7T7 的已经释放的车型
42 版_10 挡 DDOD,12 挡 spd DDOD_16	42 版_10 挡 DDOD,12 挡 DDOD_16 挡 DDOD 匹配重汽 D10;D12;MC07;MC11 发动机应用于 A7/C5/T5/C7/T7 已经释放的车型
重汽 AMT_41 版	41 版卡车 AMT 软件-中国台湾版(4114P)
重汽 AMT_ 41 版程序	优化升级
重汽 AMT_ 40 版程序	需要与博世 EDC-10 版本软件配合升级
重汽 AMT_ 39 版软件	重汽 AMT 39 版软件
重汽 AMT_ 36 版软件	刷 37 版以上先刷该版本

第6章

电控空气悬架系统

6.1 悬架结构与原理

6.1.1 悬架主要组成

电控空气悬架（ECAS）一般由电子控制单元控制，通过高度、压力传感器和电磁阀实时监测并控制空气气囊的压力，从而实现智能高度控制，改善车辆的空气动力学特性。其具备的高度记忆功能，可实现快速接驳，提高车辆运行效率；最佳的行车水平高度减少了传动系的振动和磨损，并且在行驶过程中没有持续的空气消耗，提高燃油经济性。ECAS组成如图6-1所示。

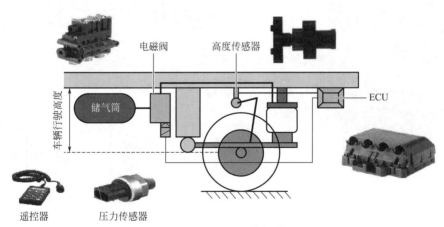

图6-1 ECAS组成部件

以奔驰 Arocs 第5代车型为例，水平高度控制系统部件如图6-2～图6-4所示。

6.1.2 悬架工作原理

高度传感器安装在车架上，通过摆杆与桥连接，当车身与桥高度变化时，高度传感器内产生感应电流，电信号传到ECU，ECU将此高度变化与其内储存的设定高度进行比较，给出信号控制电磁阀给气囊充气或排气，从而实现车身高度恒定控制。同时，ECAS控制器具有系统故障诊断保护和存储功能。高度传感器L形连接杆支架安装在车桥支架上，如图6-5所示，高度传感器L形连接杆需垂直安装，不可水平安装。

图 6-2 水平高度控制阀部件位置

Y21—2 轴车辆水平高度控制阀单元

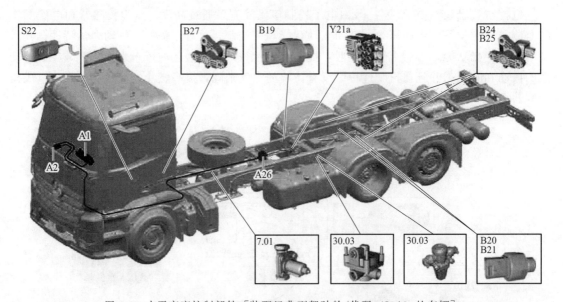

图 6-3 水平高度控制部件［装配经典型驾驶舱/代码（J6A）的车辆］

7.01—带回流的溢流阀；30.03—带通气装置的限压阀；A1—仪表盘（ICUC）控制单元；A2—中央网关（CGW）
控制单元；A26—水平高度控制系统（CLCS）控制单元；B19—前轴压力传感器；B20—左驱动轴压力传感器；
B21—右驱动轴压力传感器；B24—左驱动轴位置传感器；B25—右驱动轴位置传感器；B27—前轴
位置传感器；S22—水平高度控制系统操作单元；Y21a—3 轴车辆水平高度控制阀单元

  ECAS 的基本功能，通过恒定比较高度传感器提供的读数和储存在 ECU 中的指标高度，
ECAS 在所有时间内知道车辆的目前高度，只要高度差超过了设定的公差范围，电磁阀就会
被激发，通过增加或减少气囊的压力将实际高度调整到指标高度。不同于常规空气悬挂系
统，ECAS 不仅控制正常高度而且控制其他预先选择的高度。所以不管车辆载荷如何变化，
ECAS 都保持任何预先设置的高度。系统原理框图如图 6-6 所示。

  正常高度 I 是车辆生产厂家设置的正常行驶高度，这一正常高度决定了弹簧的舒适性、

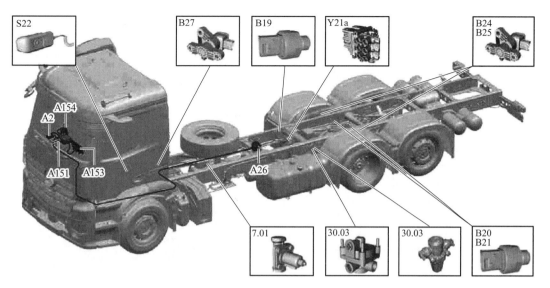

图6-4 水平高度控制部件［装配多媒体驾驶舱/代码（J6B）或交互式多媒体驾驶舱/代码（J6C）的车辆］

7.01—带回流的溢流阀；30.03—带通气装置的限压阀；A2—中央网关（CGW）控制单元；A26—水平高度控制系统（CLCS）控制单元；A151—仪表盘（IC）控制单元；A153—仪表盘屏幕（ICS）控制单元；A154—主机屏幕（HUS）控制单元；B19—前轴压力传感器；B20—左驱动轴压力传感器；B21—右驱动轴压力传感器；B24—左驱动轴位置传感器；B25—右驱动轴位置传感器；B27—前轴位置传感器；S22—水平高度控制系统操作单元；Y21a—3轴车辆水平高度控制阀单元

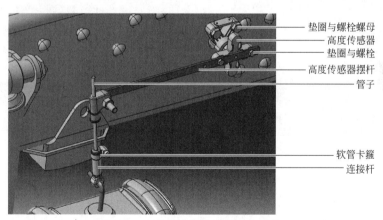

图6-5 高度传感器安装位置与结构

驾驶安全性和满足法规的车身高度。正常高度Ⅱ是不同于正常高度的高度，确定这一高度时考虑了特定的驾驶条件。正常高度Ⅰ可以通过设置参数值，由ECU确定。一般在仪表板附近安装一翘板开关选择正常高度Ⅰ和正常高度Ⅱ。一旦达到标定的最低和最高位置，电子控制器将自动结束高度调节。

压力传感器将测量气囊中的压力值并传送给ECU进行相应处理。压力传感器应尽量靠近气囊，气囊与压力传感器之间不可接装其他设备，最好为独立连接。

电磁阀通常安装在车架或车架横梁上，如图6-7所示。ECAS电磁阀是高度集成化和模块化的设计。取决于不同的配置，在通用的外部壳体内可以布置不同数量的电磁阀部件。

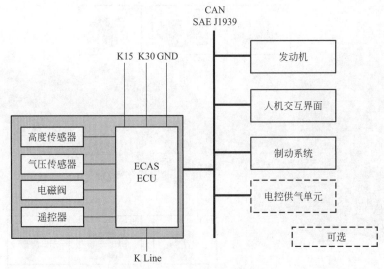

图 6-6　ECAS 系统原理框图

ECAS 组合电磁阀可大大节省零部件数量和安装空间以及装配费用。为了降低排气噪声，电磁阀排气口带有消声器。

图 6-7　电磁阀安装位置

电控单元（ECU）通常安装在驾驶室或者电气舱内，可实现不同高度值的管理和储存，控制包括正常高度在内的多个车辆高度。ECU 负责与诊断工具进行数据交换，同时监测系统所有部件的操作，检测并储存系统故障。ECU 端子分布与电气连接如图 6-8 所示。

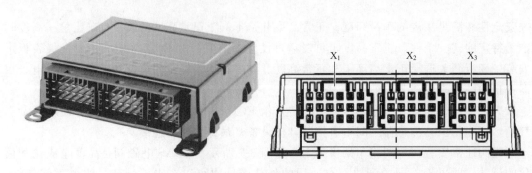

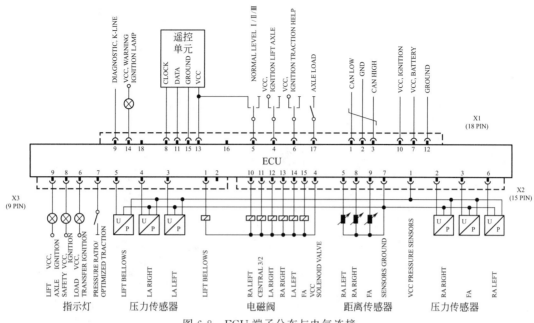

图 6-8 ECU 端子分布与电气连接

6.2 悬架总成维修

6.2.1 悬架总成拆装

当车辆需要更换 ECU、高度传感器或压力传感器时，ECU 的参数要和以前的一样，且 ECAS 需要重新进行标定。

以解放 J6P 卡车为例，后悬架部件分解如图 6-9 所示。

拆卸说明：拆输气管 48、49、51、52 时，注意在管子上做标记，以确保装回时位置正确。除非反作用杆上支架 61 和空气悬架上盖板总成 74、后减振器上支架 78 损坏，否则无须拆下。

注意事项：

① 当更换传感器时，纵杆连接件总成高度必须和先前的一样，如不确信，就需要重新标定。

② 装配时避免损坏空气弹簧总成金属连接件的表面，以防被腐蚀后引起空气弹簧系统过早失效。

③ 空气弹簧总成不应产生过度拉伸状态，以防气囊脱离上下连接件，空气弹簧系统失效。

④ 查看气囊是否有擦伤、裂纹、污染或老化的迹象，如有请及时更换。

⑤ 自然老化和动载荷会使气囊表面产生疲劳裂纹，气囊持续地沿活塞轮廓上下翻滚也会使气囊翻滚段产生疲劳裂纹，尽量在失效前更换气囊。

⑥ 查看气囊充气后左右车身是否倾斜，若是应检查气路是否漏气。可使用肥皂水浇到气路各连接部位，观察是否有气泡产生，如有可更换零件或将接头扭紧，如没有气泡则检修

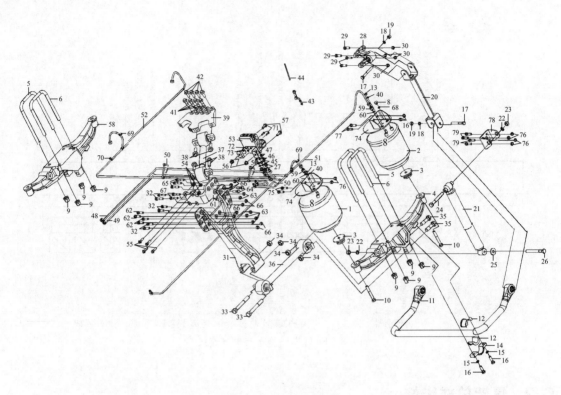

图 6-9　后悬架部件分解图

1—驱动桥前空气弹簧；2—驱动桥后空气弹簧；3—空气弹簧适配座；4—空气弹簧左托臂；5—后空气弹簧外侧 U 形螺栓；6—后空气弹簧内侧 U 形螺栓；7—紧固电磁阀用支架；8—空气弹簧堵盖；9—U 形螺栓螺母；10—螺栓；11—后横向稳定杆及衬套总成；12—横向稳定杆衬套；13—螺母；14—横向稳定杆盖；15,18,22,40,72—弹簧垫圈；16,17,33,35—六角头导颈螺栓；19,23,73—六角螺母；20—稳定杆吊臂总成；21—后减振器总成；24,26,71—六角头螺栓；25—大垫圈；27—螺套（M22）；28—横向稳定杆支架带衬套总成；29—紧固后钢板弹簧后支架螺栓；30,56,76—六角头凸缘锁紧螺母；31—空气弹簧大支架；32,38,41,42,55,57,62,64,65,67,79—六角头凸缘螺母；34,54,63,66—SPL 六角小法兰面防松螺母；36—下反作用杆带橡胶接头总成；37—上反作用杆带橡胶接头总成；39—反作用杆上支架带定位销总成；43—下连接头总成；44—高度传感器及摆杆；45,60,68—密封圈；46—卡环；47—异型密封圈；48—储气筒接电磁阀进气输气管总成；49—空气处理单元接储气筒输气管总成；50—塑料箱带；51—电磁阀接左空气弹簧输气管总成；52—电磁阀接右空气弹簧输气管总成；53—空气悬架电磁阀总成；58—空气弹簧右托臂；59—卡套式直螺纹直通接头体；61—反作用杆上支架；69—回油管保护圈；70—插带支座；74—空气悬架上盖板总成；75—防松螺栓；77—紧固后钢板弹簧前支架螺栓；78—后减振器上支架

其他部位。

⑦ 在空载或装载货物情况下，不允许气囊无气压工作，应到维修站查明原因进行处理。

⑧ 尽量避免在高温环境下工作，以防空气弹簧材料老化引起的疲劳裂纹显著加剧后空气弹簧系统失效。

⑨ 在换装气囊时，必须保证气囊是在没有充气的状态下操作，且气囊不能产生扭曲。

⑩ 在对气囊及其周围部件进行拆装维修时，避免将油污等溅到气囊上，以防气囊腐蚀，

寿命缩短。

⑪ 空气弹簧总成在使用过程中应避免气囊沾上各种溶剂、润滑油脂等，以防外层橡胶持续被浸湿腐蚀，导致空气弹簧系统过早失效。

⑫ 在装配时一定要先检查带有内螺纹的零件，螺纹是否损坏或有杂质，如出现损坏情况，应更换新件。

⑬ 要定期检查及清除空气弹簧总成活塞和气囊上的异物，以防在空气弹簧进行上下运动的过程中，气囊被磨坏。

⑭ 避免空气弹簧总成在没有压力时使用，此时气囊不可能正常地沿活塞均匀地上下运动，会形成褶皱，在空气弹簧高度变化过程中可能被磨穿，导致系统失效。

⑮ 防止外来尖锐物（石头/玻璃/金属等）割坏气囊形成空气弹簧漏气，系统无法正常运行。

⑯ 避免超载。因为当车辆超载时，高度传感器会尽量保持设定高度，即增加空气弹簧内部压力，这样活塞会被损坏，环套和活塞结合处，气囊可能出现周向切口，引起空气弹簧系统过早失效。

⑰ 如果空气弹簧表面出现可以看见的裂缝，露出里面的编织物，无论裂缝的长度是多少都要更换空气弹簧。

⑱ 如果空气弹簧由于外层橡胶受外力影响而开始出现磨损，那么一方面要迅速更换空气弹簧，另一方面则有必要及时、持久地排除造成这些磨损的原因。如果长期耽搁不更换，同时再加上由于汽车超载而造成过重的负担，那么完全会导致空气弹簧的超负荷破裂。

装配顺序：按照分解的相反顺序。

装配说明：装配反作用杆带橡胶接头总成 36、37 时，应按照总成上的标记正确装配（所做标记面朝向整车上方）。驱动桥后空气弹簧 2 需要安装空气弹簧堵盖 8。避免安装气囊时上下连接扭曲，造成气囊表面出现褶皱。安装空气悬架电磁阀总成 53 时，不能让灰尘进入压缩空气系统。

空气悬架系统主要连接件位置如图 6-10 所示，对应的连接螺栓拧紧力矩见表 6-1。

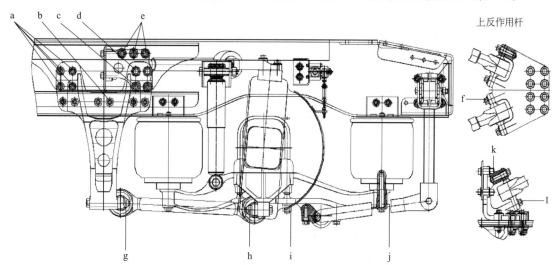

图 6-10　空气悬架系统主要连接件位置

表 6-1　连接螺栓拧紧力矩　　　　　　　　　　　　单位：N·m

a	b	c	d	e	f
240～280	155～185	240～280	240～280	155～185	450～550
g	h	i	j	k	l
450～550	450～550	550～650	240～280	240～280	450～550

润滑剂使用：i、g、h、f、l 对应的螺栓螺纹使用齿轮油［牌号 80W/90 GL-5］，数量视需要而定。

检修方法：

（1）U 形螺栓螺母 [9] 的拆卸和安装

安装时，首先将螺纹内泥土、铁屑等杂质清理干净，然后给 U 形螺栓螺母涂齿轮油，如图 6-11 所示先用气动扳手预紧，如图 6-12 所示再用手动扳手复紧，力矩为（600±50）N·m。

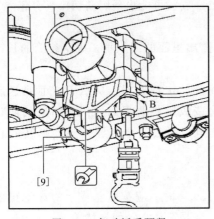

图 6-11　气动扳手预紧
A—安装；B—拆卸

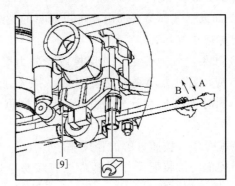

图 6-12　手动扳手复紧
A—安装；B—拆卸

（2）上反作用杆带橡胶接头总成 [37] 和下反作用杆带橡胶接头总成 [36] 的检查与更换

反作用杆如有金属开裂、胶套脱落等损坏形式，应更换反作用杆总成。

"top" 标记面朝向整车上方，"←" 方向指向整车前进方向，如图 6-13 所示。

螺栓拧紧力矩见表 6-2。

表 6-2　螺栓拧紧力矩

部位	力矩/(N·m)	备注
36 前、后端	500±50	螺栓螺纹涂齿轮油
37 前、后端	500±50	

（3）高度传感器及摆杆 [44] 的安装

摆杆工作行程最大不超过 50mm 行程范围。

注意传感器相对车身垂直或者水平安装，如图 6-14 所示。横摆杆不可弯折，防止传感器进水。当更换传感器时，纵摆杆连接件总成高度必须和先前的一样。

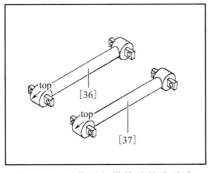

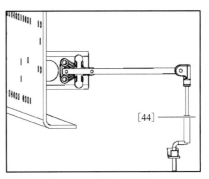

图 6-13 反作用杆带橡胶接头总成　　　图 6-14 摆杆的安装

（4）空气弹簧 ［1］［2］ 的检查和更换

① 空气弹簧的检查。

检查悬挂高度或者空气弹簧高度是否正确，其误差不大于 1/4。

在供气压力大于 6.1bar 时检查空气弹簧充气是否充足，同一桥两侧气囊的坚实程度是否一致，并检查空气弹簧有无磨损、损伤和不适当的鼓起。空气弹簧周围应留有一定的间隙。

若停车后空气弹簧不能长时间保持其高度，应检查自动空气控制系统的管路尤其是管接头，排除漏气处。空气弹簧安装位置如图 6-15 所示。

② 空气弹簧的更换。

用千斤顶或支座把车架支撑在比正常悬挂高度略高的位置。

空气弹簧放气：

a. 拆开高度阀的柔性连杆下端的接头（不要松开软管接头，以保持再装时柔性连杆长度不变）。将高度阀的控制臂向下转，放出空气弹簧内的空气。

b. 拆开空气弹簧上的进气管，步骤如下：

拆下损坏的空气弹簧。

安装新的空气弹簧。空气弹簧上缘与车架纵梁或空气弹簧上盖板应紧密贴合，如图 6-16 所示，拧紧紧固件至规定力矩：（35±5）N・m。

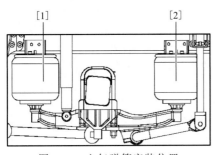

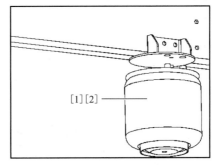

图 6-15 空气弹簧安装位置　　　图 6-16 安装空气弹簧

接通空气弹簧供气管和连接高度控制阀柔性连杆下端接头。

移去千斤顶或支座。

启动发动机使系统气压达到关闭压气机的压力，检查系统有无漏气，空气弹簧充气应正常。检查空气弹簧周围间隙和悬挂高度或者空气弹簧高度是否正确。

6.2.2 悬架故障排除

ECU 自行诊断 ECAS 各部件的电路故障，包括：高度传感器的开路，两只传感器引脚间的短路；电磁阀的开路与短路；遥控器未连接；电源电压异常；CAN 总线异常；气压传感器开路与短路。故障码通过 DM1 发送到 CAN 总线，由仪表读取显示。

当前高度的状态是否正常，通过 ASC1 报文发送到 CAN 总线，供仪表读取显示，亮黄灯。当 ECAS 遇到故障时，仪表 ECAS 故障灯点亮（红灯），由故障码判断故障原因进行排查或换件。

空气弹簧悬架常见故障排除见表 6-3。

表 6-3 空气弹簧悬架常见故障排除

故障现象	原因分析	排除方法
标定错误——高度传感器： ①系统故障警报灯闪烁。 ②诊断仪读取故障，显示相应高度传感器标定故障	标定错误：高度传感器数值不合理，或者没有标定	进行重新标定。对高度传感器进行标定时，注意横摆杆的位置应大致水平
标定错误——遥控器： 不能用遥控器对高度进行调节，但是系统故障警报灯不亮	标定错误：标定时遥控器和控制单元没有连接好	连接好遥控器后，再进行重新标定。标定时，注意检查遥控器的连接
ECU 不能识别	①指示灯灯丝断裂故障。②遥控器故障。③高度传感器横摆杆弯曲，会导致正常高度不准确，车辆会倾斜。④压力传感器故障，导致压力信号不精确	这些故障发生时 ECAS 故障灯不亮，必须通过近距离检查系统才能发现
系统无法识别——遥控器故障： ①系统气压正常，可以通过诊断软件进行升降操作，但是遥控器的操作不能实现高度的连续变化或者无法调整至正常高度。 ②遥控器上的灯不亮或者亮度很弱，但系统故障警报灯不亮	遥控器和控制单元 ECU 的连接线束存在故障或者遥控器损坏	①检查遥控器和控制单元 ECU 的连接线束。 ②如果线束没有问题，通过诊断软件对遥控器进行测试
系统无法识别——系统气压不足： ①遥控器的操作不起作用。 ②通过诊断软件进行升降操作无效。 ③故障警报灯无显示	系统气压不足，无法供气	①察看整车气压，并检查气路是否漏气。 ②等气压充足后再进行操作
系统常无反应	气路压力不够，系统不能进行正常的调节	观察气压表，等待气压值上来后再进行操作，一般建议在 9bar 以上以提供足够的气压
	用诊断设备进行诊断或标定过程中，遥控器不起作用	操作完毕，诊断设备与控制单元断开连接后，再尝试使用遥控器进行操作
空气弹簧单侧进气量少	检查左侧气路是否漏气	利用肥皂水，适量抹在各个接头处，然后观察是否有气泡。若有气泡，则气路有漏气
	管路有"死结"	理顺左侧管路

续表

故障现象	原因分析	排除方法
减振器泄漏液体	①减振器型号不对。②悬架高度不对：太高。③减振器周围间隙不够。④减振器安装不正确，如倒装、减振器上支架安装位置不对	更换。说明：减振器在高强度工作中会产生高温，从而将液压油中的少许油分子汽化蒸发并渗透于油腔之外，导致减振器外表面有油灰状附着物，此现象属正常情况，切勿随意更换
减振器安装环被拉长拉开，或减振器被拉开	①悬架高度：太高。②减振器安装不正确，如减振器上支架安装位置过高。③减振器型号不对	更换
减振器衬套损坏	①工作高度太高，即整车形式状态不对。②减振器安装不正确，安装螺栓未扭紧或松动。③减振器型号不对。④正常磨损	更换
空气弹簧磨损：侧面磨损甚至磨穿出现孔洞	①桥上下焊接盖板开焊，以致空气弹簧下部底座倾斜，拉动气囊倾斜，与轮胎等相摩擦。②减振器损坏等造成与气囊干涉摩擦	如露出布层，更换
气囊上有气泡	①内层橡胶出现了很小的裂纹，引起外层橡胶的气泡。只要气囊还不漏气，仍可继续使用。②残留在气囊中的空气所致	只要气囊还不漏气，仍可继续使用
空气弹簧爆裂	①超载严重，以致空气弹簧内部缓冲块频繁撞击活塞上的支撑板，最后缓冲块损坏落入空气弹簧内部。缓冲块碎片不断地摩擦气囊的内层橡胶，最后导致布层向内露出，之后气囊被分层，进一步引起气囊外层气泡，气囊进而爆裂，失去气密性。②由于橡胶和布层会老化，所以空气弹簧属于易损件，因此空气弹簧被长期使用后失效是正常的	更换
空气弹簧上盖板有裂纹	空气弹簧上盖板与活塞偏心，空气弹簧受力不均，产生裂纹	更换
气囊褶皱	安装气囊时上下连接扭曲	松开下部活塞连接螺栓，重新调整
气囊卷过活塞区域磨损，有波瓣状突起，甚至有孔洞	空气弹簧底座活塞外粘有砂石等尖锐物体	更换
气囊皱裂	①气囊上沾涂了油脂等，造成过早老化。②正常老化	更换

续表

故障现象	原因分析	排除方法
空气弹簧歪斜	与空气弹簧相连接的部件位置不正确,空气弹簧横纵向歪斜	调整相邻件位置,如无法调整继续使用,空气弹簧寿命会缩短
弹性下降,越来越硬	储气筒中水汽没有及时放出,空气弹簧内积聚越来越多的水	及时将储气筒水汽放出
高度传感器摆杆被拉开,横摆杆向后翻转	①高度传感器安装不正确。②摆杆长度不对。③悬架高度或减振器初始安装位置不正确,导致桥动行程超出设计要求范围	检查上述几方面,如不对请校准
车辆倾斜	①左右高度传感器调整不当。②单个高度传感器内部截流口不通	重新校准或疏通
空气弹簧充气反应迟缓	①供气压力太低。②管路脏,变形。③储气筒中水汽未及时放出,在严寒天气时因空气中有水汽,出现管路冻结。④管路或接头内径太小	对应不同现象进行检修

第7章

电控车身稳定系统

7.1 ABS系统

7.1.1 系统组成与原理

ABS（Anti-lock Braking System）是一个在制动期间监视和控制车辆速度的电子控制系统。它的主要作用是防止制动力过大造成车轮抱死（尤其是在低附着系数的路面上），从而使车辆在全制动下侧向附着力也能得到有效利用，保证了驾驶的稳定性和车辆的转向控制性以及主挂车制动调节的最佳效果。同时保证了可利用的轮胎和地面之间的制动摩擦力以及车辆减速度和制动距离的最优化。ABS通过常规制动系统起作用，可提高车辆的主动安全性。

ABS系统具有以下优点：

① 在紧急制动时保持了车辆方向的可操纵性。

② 缩短和优化了制动距离。在低附着路面上，制动距离缩短20%；在正常路面上，保持了较优的路面附着系数利用率，即最佳制动距离。

③ 减少了交通事故。

④ 减轻了司机精神负担。

⑤ 减少了轮胎磨损和维修费用。

ABS的基本配置：

二通道：2S/2M（2个传感器和2个电磁阀）。

二通道：4S/2M（4个传感器和2个电磁阀）。

四通道：4S/4M（4个传感器和4个电磁阀）。

六通道：6S/6M（6个传感器和6个电磁阀）。

八通道：8S/8M（8个传感器和8个电磁阀）。

ABS组成：ECU控制盒、电磁阀、传感器、齿圈、支架、钢衬套、弹性衬套、ABS报警灯、线束及连接插件等。以一般乘用车为例，ABS组成系统如图7-1所示。

ECU控制盒是整个ABS系统的控制核心。它运算处理车轮的转动状态，并发出控制指令。因此，它的工作是否可靠对ABS系统性能有直接影响。

电磁阀是ABS系统的执行机构，接收电子控制单元（ECU）的控制指令，控制制动压力的增加、保持和减少。电磁阀有三个接口：1口接制动阀出气口；2口接制动气室进气口；3口通大气，该口向下或与垂直方向偏角小于30°。

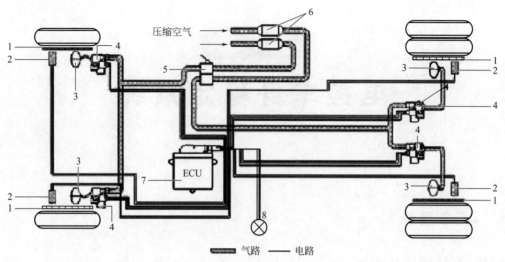

图 7-1　汽车 ABS 系统组成（4S/4M）

1—齿圈；2—传感器；3—制动气室；4—调节器；5—制动总阀；6—储气筒；7—ECU 控制盒；8—ABS 报警灯

在条件允许的情况下，越靠近制动气室越好，管接头用得越少越好，弯度不可过小，电磁阀和制动气室间的直接距离应小于 1.5m，气管内径大于 9mm；弹簧垫圈不宜放在电磁阀一侧，应放在大梁或支架一侧，其螺栓的拧紧力矩不大于 40N·m。

传感器在 ABS 系统中是非常重要的部件，它测出制动车轮在任一时刻的转速，并把车轮速度信号发送到电子控制单元（ECU）的轮速信号处理模块中。所有控制程序均以传感器的输出信号为基准进行运算。传感器的设计保证它具有国际标准和国家标准所标定的兼容性能。

前轮传感器安装：将弹性衬套、传感器依次顺畅装入钢衬套内，调整好引线方向并捆扎牢固。

后轮传感器安装：在支架安装固定前，先将弹性衬套、传感器依次顺畅装入支架，再将支架固定。调整好引线方向后，再将引线捆扎牢固。

用手推入或用榔头轻轻敲入，如有发卡现象，及时拔出传感器，取出衬套，检查支架或衬套内孔是否有杂物或其他原因造成的安装障碍；保证传感器前端中心与齿圈齿面中径对正，否则调整支架位置，并将传感器推到底。传感器与齿圈的间隙必须小于 0.7mm，如图 7-2 所示；传感器插入支架或衬套孔位中，插拔力 $F>50N$。

如图 7-3 所示齿圈应稳固地安装在各车轮的轮毂上，推荐使用基孔制 H7/S6 和 H8/S7 过盈配合。

齿圈的高温安装：在把齿圈加热至 150～200℃，保温 5～10min 后，再压入轮毂的加工面上。

常温安装：

① 用压力机安装：必须使用相应工装平稳均匀地压入轮毂的配合端面。

② 用手工安装：必须垫相应工装，用工具（木锤、橡胶锤或铜棒）沿齿圈周边均匀敲击，但用力不可过大；严禁安装时用硬物敲打齿圈，以免造成齿的表面和形状被破坏。

③ 安装为一次性安装，禁止反复安装。

④ 安装后检测：用千分表测量齿面的跳动，不大于 0.06mm 为合格，如图 7-4 所示。

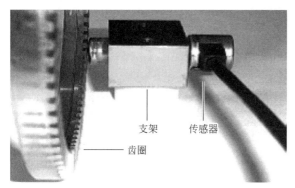

图 7-2　ABS 传感器安装位置

图 7-3　传感器齿圈安装

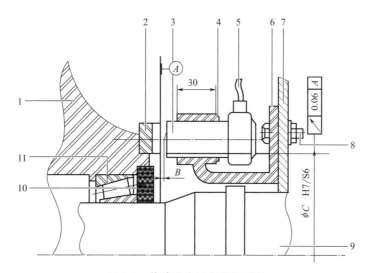

图 7-4　传感器齿圈安装剖面图

1—轮毂；2—齿圈；3—传感器；4—弹性衬套；5—引线；6—托架；7—制动底板；
8—固定螺栓；9—轴；10—油封；11—轴承；B 小于 0.75mm

安装后的检测：

a. 用传感器手持检测仪对信号进行测量；

b. 在轮毂以 30r/min 转动时，信号灯必须均匀闪烁，不应有间断现象，亮度清晰、可辨；

c. 操作方法可按手持检测仪使用说明书进行；

d. 在没有手持检测仪的情况下，可用万用表测传感器输出电压，当转速大于 30r/min 时，$U_{输}$ 应大于 0.30V。

安装注意事项：

a. 在齿圈安装前先将轮毂轴向定位面清理干净，防止杂物嵌入表面造成齿圈偏摆；

b. 检查锐角倒钝时其 R 值；

c. 保证安装时定位面贴合率应大于 75%；

d. 用千分表测量齿圈齿面的跳动量应小于 0.06mm。

ABS 的 ECU 针脚定义如图 7-5、图 7-6 所示。

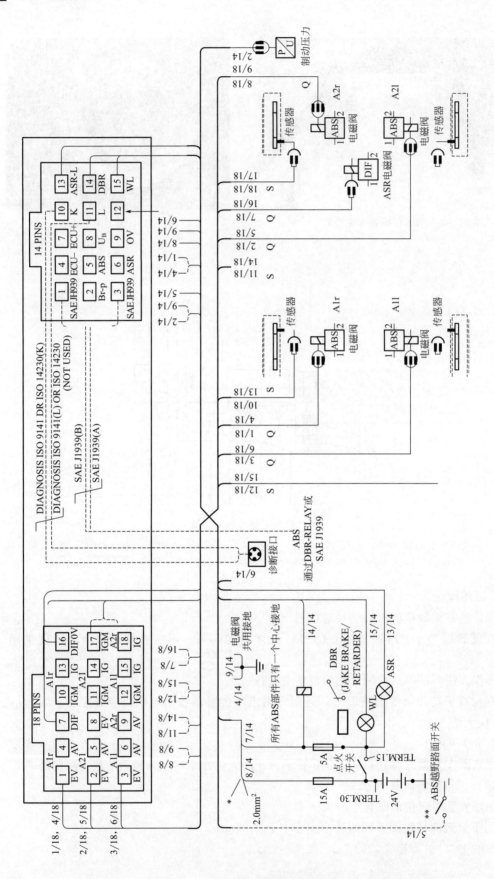

图 7-5 4S/4M 型 ECU 针脚定义

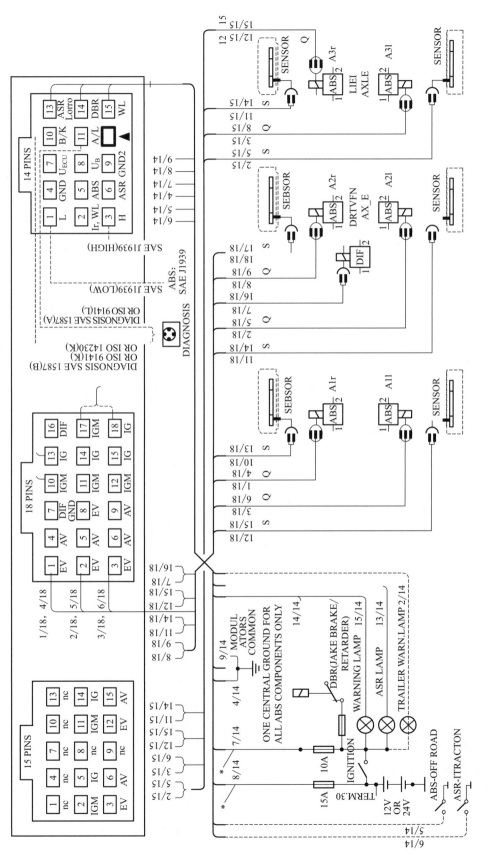

图 7-6 6S/6M 型 ECU 针脚定义

7.1.2　系统部件检测

系统安装完后，打开点火开关，首先看到仪表盘 ABS 灯点亮，随后可相应听到电磁阀有序响声（以四通道为例）：右前、左前、右后、左后共 8 声。如果踩下制动踏板就会听到最后检测的 4 次放气声。完毕后灯灭，说明静态正常。在宽阔平坦的道路上车速大于 40km/h 情况下实施紧急制动，然后观察制动痕迹，地面应无明显拖痕，即 ABS 工作正常。

（1）闪码操作

打开点火开关，ABS 报警灯会依照先后次序闪示故障码，系统将所有故障码闪示完毕后故障灯长亮。根据闪码表确定 ABS 故障类型。

（2）闪码说明

当 ECU 检测出故障时就会以故障灯闪亮的方式来报警。由灯闪亮的次数代表故障，一种故障由两组代码表示：第一组为故障类型；第二组为故障位置。

第一组闪码含义：

2 电磁阀故障；3 传感器间隙；4 传感器开/断路；5 传感器信号不均匀；7 系统故障；8 ECU 故障〔注：当闪出 ECU 故障时不能用位置来判断。其中只有 8-1 和 8-2 为外部电源电压低（$U<18V$）和外部电源电压高（$U>30V$），其余均为 ECU 内部故障〕。

第二组闪码含义：

1 右前轮；2 左前轮；3 右后轮；4 左后轮；5 右中轮；6 左中轮；7 车辆超速；8 电磁阀地线。

4S/4M 故障灯闪码说明如图 7-7 所示。

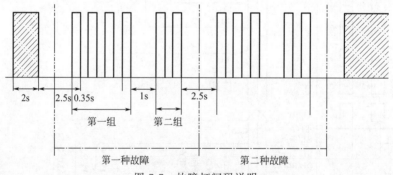

图 7-7　故障灯闪码说明

此图就显示出两种故障，为 4-2 和 3-2。

打开点火开关，故障灯长亮 2s 后灯灭，过 2.5s 后开始灯闪，灯每闪一次为 0.35s。距离下一次灯闪为 0.35s。灯闪完四次后熄灭，1s 以后继续以 0.35s 间隔闪两次。此时灯闪完一种故障为 4-2，闪完 4-2 后灯灭，过 2.5s 后开始闪 3-2，时间间隔同上。

当系统故障灯闪示完所有故障码后，故障灯长亮，ABS 退出工作。

当系统故障排除，连续上电 8 次后，指示灯在自检后应熄灭，系统恢复正常。

特殊情况：若 ABS 报警灯长亮但故障码不能读出，表明系统中的 CPU 出现故障或 ECU 内部出现故障。若每次上电，ABS 报警灯一直不亮，则应检查灯泡或电源线路。

如发现报警灯出现异常（报警灯亮但无闪码）：断开电源拔下 ECU 插头，用万用表先对ABS系统外部线路进行检测。然后再检查各个部件的连接是否正常，有无短/断路现象，且不可盲目更换 ECU。

7.1.3 系统故障诊断

（1）传感器间隙大

传感器间隙大是最常见的故障，常见形成原因：

① 用户保养车轮时不注意造成的；

② 桥厂加工传感器支架孔偏大；

③ 摩擦片的碎屑挤在传感器及齿圈之间，使传感器后退。

处理方法：调整传感器与齿圈的间隙，调整时注意传感器夹持体的松紧，同时观察传感器端部是否能露出支架超过 3mm。

传感器间隙大的故障在车钥匙关闭的情况下即变为存储故障，闪码诊断时，故障码只出现一次，容易漏判，检修此类故障时应注意：

① 车辆行驶停车后不关钥匙，此时闪码传感器间隙大故障表现为当前方式；

② 修完车后，一定要关闭钥匙，重新行车，车速大于 7km/h 后，报警灯应熄灭，否则重复上述过程。

注意：ECU 不会主动检测传感器与齿圈的间隙，检修 ABS 系统后，必须重新打开点火开关，启动车辆，使车速大于 7km/h。

（2）电路接线错误

如传感器左右或前后接错，电磁阀左右或前后接错等。故障现象为 ABS 报警灯不亮，而制动异常，断开 ABS 后制动正常。处理方式为进行电路系统检查。

（3）气路接法错误

如电磁阀进出气口接反，或后桥电磁阀接到驻车制动回路上。故障现象为 ABS 报警灯不亮，断开 ABS 后制动表现异常。处理方式为进行气路系统检查。

ABS ECU 故障码及闪码见表 7-1。

表 7-1 ABS ECU 故障码及闪码

SPN	SID	FMI	闪码	故障	原因分析	解决方法
789	1	1	3+2	传感器间隙	间隙太大,传感器的输出电压太小,车速 30km/h,输出电压低于 0.5V	检查轴承上的齿圈,把传感器往齿圈方向推点 1
789	1	2	5+2	轮胎不合适	轮胎齿圈比例不满足 WABCO 公司的要求	检查轮胎周长和齿圈的齿数
789	1	3	4+2	对电池电源短接	检查到直流电源,对电池电源短路或者存在电阻	检查传感器的接线
789	1	4	4+2	对地短路	对地短路	检查传感器接线,如有必要,更换传感器
789	1	5	4+2	断路	检查到存在断路	检查传感器接线,如有必要,更换传感器

续表

SPN	SID	FMI	闪码	故障	原因分析	解决方法
789	1	6	4+2	短路	传感器输入和输出两端短路	检查传感器接线,如有必要,更换传感器
789	1	7	6+2	不正确的齿圈	当轮速高于 10km/h 时,检查到车轮信号丢失	检查齿圈是否损坏或者丢齿,采用 WABCO 的齿圈检测仪,如果同时出现间隙过大的错误,那么调节传感器和齿圈的间隙
789	1	8	3+2	松脱	检查到 16s 内无信号,传感器松脱	调整传感器间隙,其他可能的原因:电磁阀工作不正常或者在光滑路面上齿圈在工作
789	1	9	5+2	线束错配	传感器的输入和输出错配,或者和其他线束错配	检查传感器的接线
789	1	10	3+2	速度中断	短暂丢失传感器的速度信号,传感器间隙过大,车速 30km/h,输出电压低于 0.5V	调整传感器间隙,检查传感器线束,防止断接,转动车轮,检测传感器的输出信号是否满足 WABCO 的要求
789	1	11	5+2	不正常的速度(振动)	制动时车架振动不稳定	检查传感器的安装,检查齿圈是否损坏,检测传感器的输出信号
789	1	12	5+2	频率太高	检测到的传感器信号不正常	检查传感器的线束和连接,检查制动时传感器是否振动,如果制动时不振动,而此错误重复出现,那么更换电子器件,如传感器或者 ECU
790	2	1	3+1	传感器间隙	间隙太大,传感器的输出电压太小,车速 30km/h,输出电压低于 0.5V	检查轴承上的齿圈,把传感器往齿圈方向推点1
790	2	2	5+1	轮胎不合适	轮胎齿圈比例不满足 WABCO 公司的要求	检查轮胎周长和齿圈的齿数
790	2	3	4+1	对电池电源短接	检查到直流电源,对电池电源短路或者存在电阻	检查传感器的接线
790	2	4	4+1	对地短路	对地短路	检查传感器接线,如有必要,更换传感器
790	2	5	4+1	断路	检查到存在断路	检查传感器接线,如有必要,更换传感器
790	2	6	4+1	短路	传感器输入和输出两端短路	检查传感器接线,如有必要,更换传感器
790	2	7	6+1	不正确的齿圈	当轮速高于 10km/h 时,检查到车轮信号丢失	检查齿圈是否损坏或者丢齿,采用 WABCO 的齿圈检测仪,如果同时出现间隙过大的错误,那么调节传感器和齿圈的间隙

续表

SPN	SID	FMI	闪码	故障	原因分析	解决方法
790	2	8	3+1	松脱	检查到 16s 内无信号,传感器松脱	调整传感器间隙,其他可能的原因:电磁阀工作不正常或者在光滑路面上齿圈在工作
790	2	9	5+1	线束错配	传感器的输入和输出错配,或者和其他线束错配	检查传感器的接线
790	2	10	3+1	速度中断	短暂丢失传感器的速度信号,传感器间隙过大,车速 30km/h 时输出电压低于 0.5V	调整传感器间隙,检查传感器线束,防止断接,转动车轮,检测传感器的输出信号是否满足 WABCO 的要求
790	2	11	5+1	不正常的速度(振动)	制动时车架振动不稳定	检查传感器的安装,检查齿圈是否损坏,检测传感器的输出信号
790	2	12	5+1	频率太高	检测到的传感器信号不正常	检查传感器的线束和连接,检查制动时传感器是否振动,如果制动时不振动,而此错误重复出现,那么更换电子器件,如传感器或者 ECU
791	3	1	3+4	传感器间隙	间隙太大,传感器的输出电压太小,车速 30km/h 时输出电压低于 0.5V	检查轴承上的齿圈,把传感器往齿圈方向推点1
791	3	2	5+4	轮胎不合适	轮胎齿圈比例不满足 WABCO 公司的要求	检查轮胎周长和齿圈的齿数
791	3	3	4+4	对电池电源短接	检查到直流电源,对电池电源短路或者存在电阻	检查传感器的接线
791	3	4	4+4	对地短路	对地短路	检查传感器接线,如有必要,更换传感器
791	3	5	4+4	断路	检查到存在断路	检查传感器接线,如有必要,更换传感器
791	3	6	4+4	短路	传感器输入和输出两端短路	检查传感器接线,如有必要,更换传感器
791	3	7	6+4	不正确的齿圈	当轮速高于 10km/h 时,检查到车轮信号丢失	检查齿圈是否损坏或者丢齿,采用 WABCO 的齿圈检测仪,如果同时出现间隙过大的错误,那么调节传感器和齿圈的间隙
791	3	8	3+4	松脱	检查到 16s 内无信号,传感器松脱	调整传感器间隙,其他可能的原因:电磁阀工作不正常或者在光滑路面上齿圈在工作
791	3	9	5+4	线束错配	传感器的输入和输出错配,或者和其他线束错配	检查传感器的接线

SPN	SID	FMI	闪码	故障	原因分析	解决方法
791	3	10	3+4	速度中断	短暂丢失传感器的速度信号,传感器间隙过大,车速30km/h时输出电压低于0.5V	调整传感器间隙,检查传感器线束,防止断接,转动车轮,检测传感器的输出信号是否满足WABCO的要求
791	3	11	5+4	不正常的速度(振动)	制动时车架振动不稳定	检查传感器的安装,检查齿圈是否损坏,检测传感器的输出信号
791	3	12	5+5	频率太高	检测到的传感器信号不正常	检查传感器的线束和连接,检查制动时传感器是否振动,如果制动时不振动,而此错误重复出现,那么更换电子器件,如传感器或者ECU
792	4	1	3+3	传感器间隙	间隙太大,传感器的输出电压太小,车速30km/h时输出电压低于0.5V	检查轴承上的齿圈,把传感器往齿圈方向推点1
792	4	2	5+3	轮胎不合适	轮胎齿圈比例不满足WABCO公司的要求	检查轮胎周长和齿圈的齿数
792	4	3	4+3	对电池电源短接	检查到直流电源,对电池电源短路或者存在电阻	检查传感器的接线
792	4	4	4+3	对地短路	对地短路	检查传感器接线,如有必要,更换传感器
792	4	5	4+3	断路	检查到存在断路	检查传感器接线,如有必要,更换传感器
792	4	6	4+3	短路	传感器输入和输出两端短路	检查传感器接线,如有必要,更换传感器
792	4	7	6+3	不正确的齿圈	当轮速高于10km/h时,检查到车轮信号丢失	检查齿圈是否损坏或者丢齿,采用WABCO的齿圈检测仪,如果同时出现间隙过大的错误,那么调节传感器和齿圈的间隙
792	4	8	3+3	松脱	检查到16s内无信号,传感器松脱	调整传感器间隙,其他可能的原因:电磁阀工作不正常或者在光滑路面上齿圈在工作
792	4	9	5+3	线束错配	传感器的输入和输出错配,或者和其他线束错配	检查传感器的接线
792	4	10	3+3	速度中断	短暂丢失传感器的速度信号,传感器间隙过大,车速30km/h时输出电压低于0.5V	调整传感器间隙,检查传感器线束,防止断接,转动车轮,检测传感器的输出信号是否满足WABCO的要求
792	4	11	5+3	不正常的速度(振动)	制动时车架振动不稳定	检查传感器的安装,检查齿圈是否损坏,检测传感器的输出信号

SPN	SID	FMI	闪码	故障	原因分析	解决方法
792	4	12	5+3	频率太高	检测到的传感器信号不正常	检查传感器的线束和连接,检查制动时传感器是否振动,如果制动时不振动,而此错误重复出现,那么更换电子器件,如传感器或者ECU
793	5	1	3+6	传感器间隙	间隙太大,传感器的输出电压太小,但是超过了触发值	检查轴承上的齿圈,把传感器往齿圈方向推点1
793	5	2	5+6	轮胎不合适	轮胎齿圈比例不满足WABCO公司的要求	检查轮胎周长和齿圈的齿数
793	5	3	4+6	对电池电源短接	检查到直流电源,对电池电源短路或者存在电阻	检查传感器的接线
793	5	4	4+6	对地短路	对地短路	检查传感器接线,如有必要,更换传感器
793	5	5	4+6	断路	检查到存在断路	检查传感器接线,如有必要,更换传感器
793	5	6	4+6	短路	传感器输入和输出两端短路	检查传感器接线,如有必要,更换传感器
793	5	7	6+6	不正确的齿圈	当轮速高于10km/h时,检查到车轮信号丢失	检查齿圈是否损坏或者丢齿,采用WABCO的齿圈检测仪,如果同时出现间隙过大的错误,那么调节传感器和齿圈的间隙
793	5	8	3+6	松脱	检查到16s内无信号,传感器松脱	调整传感器间隙,其他可能的原因:电磁阀工作不正常或者在光滑路面上齿圈在工作
793	5	9	5+6	线束错配	传感器的输入和输出错配,或者和其他线束错配	检查传感器的接线
793	5	10	3+6	速度中断	短暂丢失传感器的速度信号,传感器间隙过大,车速30km/h时输出电压低于0.5V	调整传感器间隙,检查传感器线束,防止断接,转动车轮,检测传感器的输出信号是否满足WABCO的要求
793	5	11	5+6	不正常的速度(振动)	制动时车架振动不稳定	检查传感器的安装,检查齿圈是否损坏,检测传感器的输出信号
793	5	12	5+6	频率太高	检测到的传感器信号不正常	检查传感器的线束和连接,检查制动时传感器是否振动,如果制动时不振动,而此错误重复出现,那么更换电子器件,如传感器或者ECU
794	6	1	3+5	传感器间隙	间隙太大,传感器的输出电压太小,车速30km/h时输出电压低于0.5V	检查轴承上的齿圈,把传感器往齿圈方向推点1
794	6	2	5+5	轮胎不合适	轮胎齿圈比例不满足WABCO公司的要求	检查轮胎周长和齿圈的齿数
794	6	3	4+5	对电池电源短接	检查到直流电源,对电池电源短路或者存在电阻	检查传感器的接线

续表

SPN	SID	FMI	闪码	故障	原因分析	解决方法
794	6	4	4+5	对地短路	对地短路	检查传感器接线,如有必要,更换传感器
794	6	5	4+5	断路	检查到存在断路	检查传感器接线,如有必要,更换传感器
794	6	6	4+5	短路	传感器输入和输出两端短路	检查传感器接线,如有必要,更换传感器
794	6	7	6+5	不正确的齿圈	当轮速高于 10km/h 时,检查到车轮信号丢失	检查齿圈是否损坏或者丢齿,采用 WABCO 的齿圈检测仪,如果同时出现间隙过大的错误,那么调节传感器和齿圈的间隙
794	6	8	3+5	松脱	检查到 16s 内无信号,传感器松脱	调整传感器间隙,其他可能的原因:电磁阀工作不正常或者在光滑路面上齿圈在工作
794	6	9	5+5	线束错配	传感器的输入和输出错配,或者和其他线束错配	检查传感器的接线
794	6	10	3+5	速度中断	短暂丢失传感器的速度信号,传感器间隙过大,车速 30km/h 时输出电压低于 0.5V	调整传感器间隙,检查传感器线束,防止断接,转动车轮,检测传感器的输出信号是否满足 WABCO 的要求
794	6	11	5+5	不正常的速度(振动)	制动时车架振动不稳定	检查传感器的安装,检查齿圈是否损坏,检测传感器的输出信号
794	6	12	5+5	频率太高	检测到的传感器信号不正常	检查传感器的线束和连接,检查制动时传感器是否振动,如果制动时不振动,而此错误重复出现,那么更换电子器件,如传感器或者 ECU
795	7	3	2+2	对电池电源短路	电磁阀进排气阀门对电源或者其他电磁阀线束短路	检查电磁阀的接线
795	7	5	2+2	开路	电磁阀的进排气阀门线束损坏	检查电磁阀的接线
795	7	6	2+2	对地短路	电磁阀的进排气阀门对地短接	检查电磁阀的接线
796	8	3	2+1	对电池电源短路	电磁阀进排气阀门对电源或者其他电磁阀线束短路	检查电磁阀的接线
796	8	5	2+1	开路	电磁阀的进排气阀门线束损坏	检查电磁阀的接线
796	8	6	2+1	对地短路	电磁阀的进排气阀门对地短接	检查电磁阀的接线
797	9	3	2+4	对电池电源短路	电磁阀进排气阀门对电源或者其他电磁阀线束短路	检查电磁阀的接线
797	9	5	2+4	开路	电磁阀的进排气阀门线束损坏	检查电磁阀的接线
797	9	6	2+4	对地短路	电磁阀的进排气阀门对地短接	检查电磁阀的接线

SPN	SID	FMI	闪码	故障	原因分析	解决方法
798	10	3	2+3	对电池电源短路	电磁阀进排气阀门对电源或者其他电磁阀线束短路	检查电磁阀的接线
798	10	5	2+3	开路	电磁阀的进排气阀门线束损坏	检查电磁阀的接线
798	10	6	2+3	对地短路	电磁阀的进排气阀门对地短接	检查电磁阀的接线
801	13	3	7+3	缓速器对电池电源短接	输出对电池电源短接	检查线束连接
801	13	5	7+3	断路	DBR 的输出端并没有连接到负载上	检查线束,如果负载不是永久的连接,那么检查参数设置
801	13	6	7+3	对地短接	DBR 的输出端对地短接	检查线束连接
802	14	4	8+1	轴一、二和差速阀上的供电电压偏低或者断路	供电电压短暂性地偏低,当偏低时,报警灯亮,发出报警信号	检查电源线的连接和保险丝
802	14	5	8+5	对地断路	和公共接地之间断路,或者存在很大的电阻	检查线束连接
802	14	7	8+3	内部继电器没有打开	内部继电器没有打开,阀类没有供电	如果这个故障重复出现,更换 ECU
803	15	3	8+5	对电源短接	输出对电源短接	检查线束连接
803	15	4	8+1	电源对阀类的供电偏低或者断路	供给的电压短暂性地偏低,报警灯长亮	检查供给电源连接和保险丝
803	15	5	8+5	高电阻	无法工作	如果这个故障重复出现,更换 ECU
803	15	6	8+5	对地短接	输出对地短接	检查线束连接
803	15	7	8+3	内部故障,内部继电器无法打开	内部继电器没有打开,阀类没有供电	如果这个故障重复出现,更换 ECU
806	18	3	7+2	差速阀对电源短接	输出和电源短接	检查线束连接
806	18	5	7+2	差速阀断路	输出线断路	检查线束
806	18	6	7+2	差速阀对地短路	输出对地短路	检查线束
807	19	3	7+6	比例阀对电源短路	输出对电源短接	检查线束
807	19	5	7+6	比例阀断路	输出信号线断接	检查线束
807	19	6	7+6	比例阀对地短路	输出对地短路	检查线束
811	23	5	7+4	报警灯	报警灯输出无负载或者对地短接	检查线束和灯泡
639	231	2	7+1	SAE J1939 VSC1 速度不合理	接收速度与 ABS 车辆速度之间的不合理性。超级版本通常不会激活	检查轮胎型号,设置相应的参数

SPN	SID	FMI	闪码	故障	原因分析	解决方法
639	231	5	7+1	SAE J1939 短路或者断路	SAE J1939 无法进行通信，SAE J1939 高电平与正极或接地短路或 SAE J1939 低电平失配/不匹配	检查线束
639	231	6	7+1	SAE J1939 无法访问	SAE J1939 无法进行通信，SAE J1939 高电平与正极或接地短路或 SAE J1939 低电平失配/不匹配	检查线束
639	231	7	7+1	SAE J1939 ERC_DR 报文超时	动力传动系统集成式缓速器发送错误消息。如果激活，则超时监视故障	检查传动系统上的缓速器和其相应的线束
639	231	8	7+1	SAE J1939 ERC_ER 报文超时	发动机集成的缓速器发送错误消息。如果激活，超时监控会检测到故障。标准是没有超时监督	检查发动机 ECU 或相应的线束
639	231	9	7+1	SAE J1939 ETC 报文超时	变速箱发送错误消息。如果激活，超时监控会检测到故障。标准是没有超时监督	检查发动机 ECU 或相应的线束
639	231	9	7+1	SAE J1939 报文超时 EEC1	发动机电子装置错误地发送了扭矩消息。超时监督检测到故障	检查发动机 ECU 或相应的线束
639	231	10	7+1	SAE J1939 ERC_EXR 报文超时	排气集成式缓速器发送错误消息。如果激活，超时监控会检测到故障。标准是没有超时监督	检查发动机 ECU 或相应的线束
639	231	12	8+3	内部故障	内部故障	如果这个故障重复出现，更换 ECU
627	251	3	8+2	供电电压过大（超过 5s）	供电电压过大（超过 6s）	检查发电机和电池
630	253	2	8+2	EBL 错误地被禁止	EBL 错误地被禁止	检查参数设置
630	253	2	8+4	参数错误	参数错误	如果这个故障重复出现，更换 ECU
630	253	12	8+4	车型参数不正确	车型参数不正确	检查参数设置
629	254	5		没有电磁阀连接	没有电磁阀连接	检查传感器和电磁阀线束连接盒
629	254	8	7+1	过度滑移	过度滑移	检查传感器间隙
629	254	9	2+1	电磁阀作用时间太长	电磁阀作用时间太长	
629	254	12	8+3	内部故障	内部故障	如果这个故障重复出现，更换 ECU

7.2　EBS 与 ESC 系统

7.2.1　系统组成与原理

电控制动系统（Electronic Braking System，EBS）是基于 ABS 系统升级而来，利用电子代替传统机械传动控制制动系统，即"电控气"，提高制动系统的反应速度。EBS 组成部件与功能如图 7-8 所示。

- 识别驾驶意图
- 制动管理
- 直接控制各部件
- 主挂数据通信
- 诊断监测

中央ECU

- 双回路后桥控制模块
- 独立ECU控制
- 减少后桥与驾驶室线束连接
- 减少零部件数量和安装时间

后桥模块

- 电回路、气回路各两条
- 两个制动开关和行程传感器
- 电回路失效时，气回路制动和常规脚阀相似

制动信号传输器

- 产生前桥备压
- 控制前桥的制动压力
- 内置比例电磁阀和压力传感器

前桥模块

- 挂车控制阀内置比例电磁阀、继动阀和压力传感器
- 可以保留备压控制

挂车控制阀

图 7-8　EBS 组成与功能

EBS 作为基础平台，在 EBS 中增加相应的模块部件，还可以拓展出其他主动安全功能，例如 ESC 系统（增加转向角传感器、ESC 模块）。车身稳定控制系统（Electronic Stability Control，ESC）功能与乘用车的 ESP 相同，主要可以实现转向稳定及防侧翻。转向稳定性主要针对低附着力路况，加装的转向角传感器及 ESC 模块检测计算对比转向角与横向角速度差距。通过 EBS 系统调整相关单独车轮制动力分配（转向不足）或限制发动机扭矩（过度转向），控制车辆按照驾驶员需要行驶，防止车辆出现转向失控，提高车辆在转弯时的稳定性。

解放 J7 豪华型车辆制动系统有两种：一种是 EBS＋ESC；一种是 EBS。ESC 系统构成如图 7-9 所示，部件名称及安装位置见表 7-2。

表 7-2　部件名称与安装位置

序号	名称	安装位置
1	单通道模块	中横梁
2	ABS 电磁阀	前纵梁
3	轮速传感器	轮端
4	脚阀传输模块	驾驶室前围
5	双通道模块	中横梁

续表

序号	名称	安装位置
6	挂车模块	龙门梁附近
7	ECU 模块	驾驶室副仪表板内
8	ESC	中横梁
9	SAS	方向盘转向柱

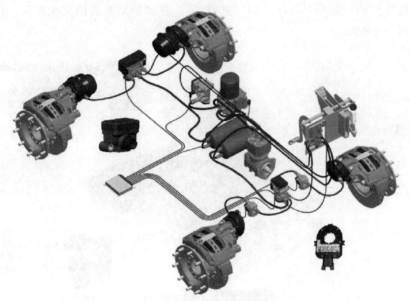

图 7-9 ESC 系统组成部件

EBS＋ESC 系统功能如表 7-3 所示。

表 7-3 EBS＋ESC 系统功能列表

序号	功能	具体说明
1	基本防抱死功能（ABS）	它的任务是防止由制动力过大造成的车轮抱死,保证即使全面制动也能维持横向牵引力,保证驾驶稳定性和车辆的转向控制性
2	驱动防滑功能（ASR）	车辆在光滑路面启动或者急加速时,检测到单侧车轮打滑,通过 ASR 电磁阀对打滑侧车轮进行间歇性制动,起到差速作用,同时通过 CAN 总线控制发动机扭矩输出,帮助车辆启动或者改善加速时的稳定性
3	坡路起步功能（HSA）	车辆在坡路起步时,当驾驶员从制动踏板切换到油门踏板时,制动力维持一段时间,保证车辆不会因为制动力消失而溜坡
4	转向控制功能（ESC 功能）	监测车辆转弯角度、横摆角速度。当车辆偏驶时,功能激活,通过发动机制动或者车轮制动,防止车辆偏驶,提高车辆稳定性
5	缓速器控制（EBI）	ECU 接收制动信号传输器（脚阀）传输的制动需求,在确保安全的前提下,优先使用辅助制动,辅助制动力不够时,再使用行车制动
6	主挂协调一致性	通过控制挂车控制阀的输出压力,实现主挂车一致性
7	外部拓展功能	可响应 ACC、AEBS 系统制动请求,实现防碰撞、自适应巡航功能
8	通信功能	CAN 总线通信,采用 SAE J1939 的通信协议,通信速率 250/500kbps 可配置
9	故障诊断	支持 UDS 诊断

7.2.2　系统部件检测

（1）EBS 控制器

EBS 控制器是 ESC 系统控制核心，根据制动踏板开度、车辆工况计算减速度需求值，根据需求值计算前后桥模块、附加桥模块、挂车模块需要的制动压力。

EBS 的 ABS 系统控制回路，通过激活 ABS 电磁阀，能够调节前桥的制动压力。通过 EBS 内部 CAN 总线，控制器可以与桥控模块和 ESC 模块通信。其他车辆部件如 SAS、发动机 ECU、缓速器 ECU、变速箱 ECU，均通过 SAE J1939 数据接口通信。控制器外观如图 7-10 所示，端子分布见图 7-11。

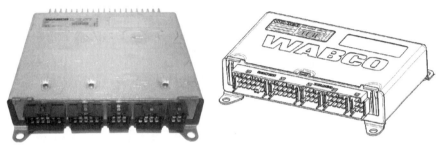

图 7-10　控制器外观图

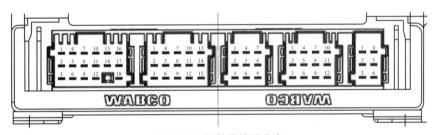

图 7-11　控制器端子分布

EBS 控制器安装在驾驶室副仪表板内，如图 7-12 所示，BCM、ABS、VCU 三个控制器共用一个支架总成，如果需要拆卸 EBS，需先拆卸固定点 1、2 紧固螺栓，将带三个控制器

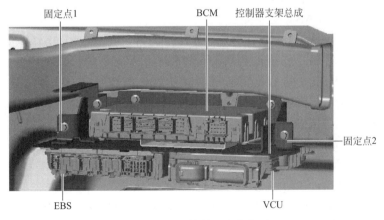

图 7-12　EBS 控制器安装位置

的控制器支架总成与车体分离，再对 EBS 进行单独拆卸。

EBS 控制器端子定义如表 7-4 所示。

表 7-4　EBS 控制器端子定义

部件	端子	定义	部件	端子	定义
X1	1	CAN_L	X3	1	挂车放气阀
	3	CAN_H		2	挂车进气阀
	7	K15		3	挂车阀地
	8	K30		4	挂车备压阀
	9	K30		7	压力传感器电源＋
	11	挂车报警灯		8	压力传感器信号
	12	电源－		9	压力传感器电源－
X2	1	2M CAN_L	X4	1	1M CAN_L
	2	ESCM CAN_L		2	SAS CAN_L
	3	2M 电源＋		3	挂车 CAN_L
	4	2M CAN_H		4	1M CAN_H
	5	ESCM CAN_H		5	SAS CAN_H
	6	ESCM 电源＋		6	挂车 CAN_H
	7	2M 电源－		7	1M 电源＋
	8	ESCM 电源－		9	SAS 电源－
	10	前桥左 ABS 放气阀		10	1M 电源－
	11	前桥左 ABS 进气阀		12	SAS 电源＋
	12	前桥左 ABS 电磁阀地	X5	1	BST 电源＋
	13	前桥右 ABS 放气阀		2	BSTPWM1
	14	前桥右 ABS 进气阀		3	BST 制动开关 1（开）
	15	前桥右 ABS 电磁阀地		4	BST 电源－
				5	BSTPWM2
				6	BST 制动开关 2（关）

如果控制器损坏，更换了新的控制器，需要进行以下操作：

① 检查新控制器硬件版本是否正确：446 135 2420。

② 根据车型配置刷写对应的生产文件。

③ 利用诊断仪进行 SAS 零位标定：

连接诊断仪→进入 SAS 标定页面→调整车轮正位超前→SAS 零位标定→成功。

④ 利用诊断仪进行 ESC 初始化学习，操作界面如图 7-13 所示：

连接诊断仪→进入 ESC 初始化页面→启动初始化指令→车速大于 20km/h 直线行驶 250m→根据提示车速大于 15km/h 转弯 180°→根据提示路边停车熄火→10s 后重新上电保存标定结果→完成。

⑤ 完成以上工作后仪表 ESC 故障灯会熄灭。

注意：EBS 控制器与发动机 ECU 类似，需要根据车型配置刷写对应的生产文件，如果文件刷错会导致系统功能下降，甚至会出现危险。

⑥ 完成生产文件刷写后需要进行 SAS 标定和 ESC 初始化，否则 ESC 系统功能不能启用。

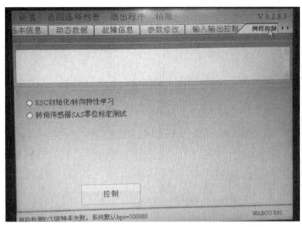

图 7-13　ESC 初始化、SAS 零位标定

EBS 控制器有以下几种失效模式，并列举可能原因，如表 7-5 所示，具体需要对照诊断仪故障码进行排查。

表 7-5　EBS 控制器故障形式与检修

故障现象	可能原因	检修方法
仪表亮 EBS 红灯，诊断仪不能连接控制器	控制器供电问题	①检查控制器供电；②检查底盘 CAN 通信是否正常；③检查 EBS 控制器软硬件版本是否正确
	控制器与底盘 CAN 通信问题	
	控制器通信速率与车辆不匹配	

（2）轮速传感器

轮速传感器作用是检测轮速，EBS 根据各轮轮速判断是否有车轮打滑和抱死情况，适时激活 ASR 或 ABS 功能。轮速传感器部件结构如图 7-14、图 7-15 所示。

安装时先将衬套涂上润滑脂，装入夹紧套直到凸缘接触夹紧套，然后将涂有润滑脂的传感器旋推入夹紧套，要将传感器推入直到接触齿圈，在轮子转动后传感器将被齿圈推开一个小于 0.7mm 的间隙。

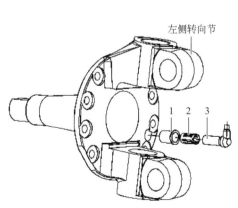

图 7-14　前轴轮速传感器

1—传感器座；2—衬套；3—传感器

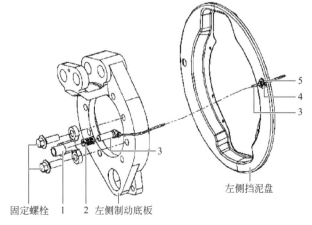

图 7-15　后轴轮速传感器

1—传感器座；2—传感器衬套；3—传感器；4—导线衬套；5—保护圈

传感器间隙过大会导致信号电压变小，系统会报故障，正常间隙范围 (0.7 ± 0.05)mm。

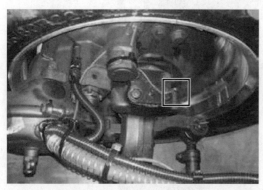

图 7-16 前轴轮速传感器位置

传感器安装正确，但信号依然不正常，需要检查齿圈是否端跳超差。

传感器信号可接收范围：

用千斤顶支起车轮，以两转每秒速度转动车轮，用万用表测量传感器输出电压，$U_{max}/U_{min}\leqslant2.0$ 或 $U_{max}/U_{min}>2.0$ 且 $U_{min}>0.6$V。

轮速传感器与前后桥模块连接，EBS 通过私有 CAN 与前后桥模块进行通信，获取轮速信息。前轴轮速传感器位置如图 7-16 所示，传感器定义见表 7-6。

表 7-6 轮速传感器定义

部件	定义	模块端子	理论电阻/Ω
前桥左轮速传感器	信号	1M:Xl-1	
	地	1M:Xl-2	
前桥右轮速传感器	信号	1M:Xl-7	
	地	1M:Xl-8	
后桥左轮速传感器	信号	2M:Xl-1	
	地	2M:Xl-2	
后桥右轮速传感器	信号	2M:Xl-7	1110~1250
	地	2M:Xl-8	
附加桥左轮速传感器	信号	附1M:Xl-1	
	地	附1M:Xl-2	
附加桥右轮速传感器	信号	附1M:Xl-7	
	地	附1M:Xl-8	

轮速传感器有以下几种失效模式，并列举可能原因，如表 7-7 所示，具体需要对照诊断仪故障码进行排查。

表 7-7 轮速传感器故障排除

故障现象	可能原因	检修方法
无信号	传感器断路或传感器内部损坏	①连接诊断仪读取相关故障码；②根据故障指示检查线束通断、部件电阻特性是否正常，如果偏差较大需要更换总成；③调整传感器安装间隙；④如果问题仍然没有解决需要检查齿圈
信号电压小	传感器与齿圈间隙过大	

（3）制动信号传输器

制动信号传输器（BST）能够产生电信号和气信号，以激活 EBS 系统。BST 与 EBS 控制器进行 CAN 通信。BST 安装在驾驶室前围，外观如图 7-17 所示。BST 带有电气双回路设计，气路接口如图 7-18 所示。电压供应和接地为单回路，电子输出信号为双回路。踩压踏板的动作与反向开关生成的 2 个电子开关信号相关联，踏板的行程通过 2 个位移传感器进行监测，信号经过脉冲宽度调制后输出。

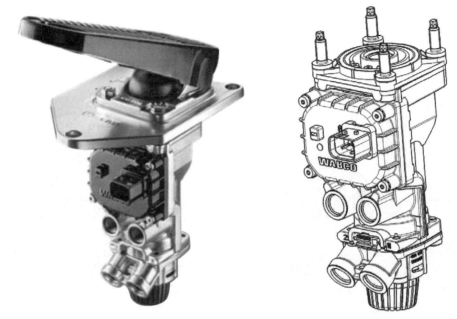

图 7-17　制动信号传输器

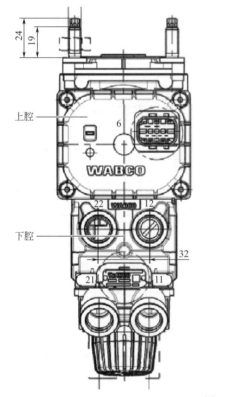

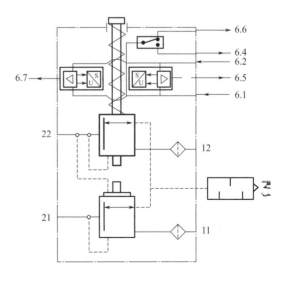

图 7-18　BST 气路接口

上腔：前桥回路。

12 为储气筒 2（前桥回路），22 为前桥模块。

下腔：后桥回路。

11 为储气筒 1（后桥回路），21 为后桥模块。

BST 包含两路开关信号、两路开度信号，电气接口件安装位置如图 7-19 所示，端子定义见表 7-8。

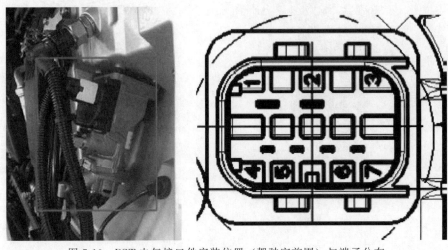

图 7-19 BST 电气接口件安装位置（驾驶室前围）与端子分布

表 7-8 BST 端子定义

部件端子	定义	对应 EBS 端子
1	地	X5-4
2	电源	X5-1
3	空	
4	开关 1	X5-3
5	PWM1	X5-2
6	开关 2	X5-6
7	PWM2	X5-5

BST 有以下几种失效模式，并列举可能原因，如表 7-9 所示，具体需要对照诊断仪故障码进行排查。

表 7-9 BST 故障形式与检修

故障现象	可能原因	检修方法
BST 功能失效	部件供电问题	①连接诊断仪读取相关故障码,读取踏板开度数据流； ②根据诊断仪提示进行故障检修
	部件信号线束问题	
	部件内部问题	

（4）单通道模块（1M）

单通道桥控模块能够控制前桥的制动压力。AM1M 由进气阀、出气阀、备压阀、继动阀和压力传感器组成。这些电磁阀和传感器由单通道桥控模块内置 ECU 控制。单通道模块与 EBS 控制器通过私有 CAN 进行通信。单通道模块外观如图 7-20 所示，气路接口如图 7-21 所示。

单通道模块也可以与双通道模块连接，将其应用于附加桥压力控制。

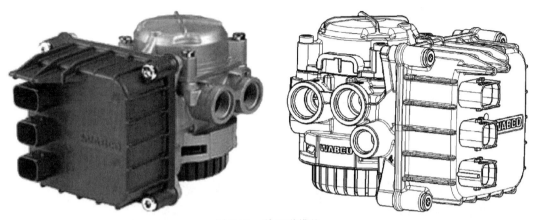

图 7-20　单通道模块

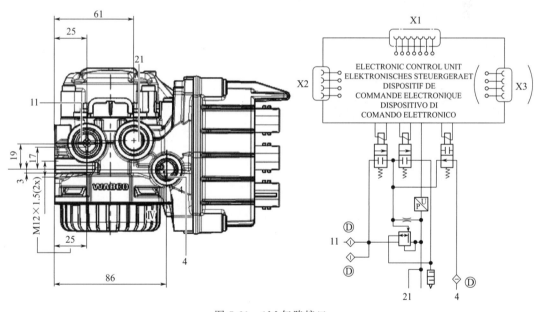

图 7-21　1M 气路接口

图 7-21 中，11 为储气筒 2（前桥回路）；21 为前桥制动回路出气，经 ABS 电磁阀到制动气室；4 为控制气，接 BST 22 口。1M 安装位置与端子分布如图 7-22 所示，端子定义见表 7-10。

表 7-10　1M 端子定义

端子号	定义	连接
X1-1	左前轮速传感器高	左前轮速传感器
X1-2	左前轮速传感器低	

端子号	定义	连接
X1-7	右前轮速传感器高	右前轮速传感器
X1-8	右前轮速传感器低	
X2-1	地	ECUX4-10
X2-2	电源	ECUX4-7
X2-3	CAN_H	ECUX4-4 作为附加桥模块使用时连接 2MX3-3
X2-4	CAN_L	ECUX4-1 作为附加桥模块使用时连接 2MX3-4

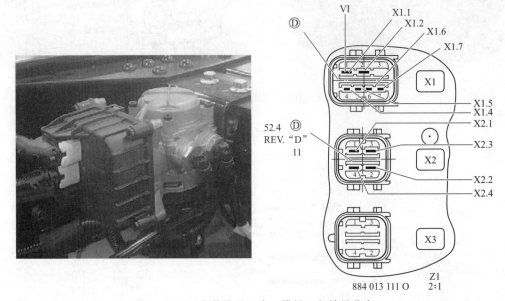

图 7-22　1M 安装位置（中一横梁）与端子分布

　　1M 有以下几种失效模式，并列举可能原因，如表 7-11 所示，具体需要对照诊断仪故障码进行排查。

表 7-11　1M 故障形式与检修

故障现象	可能原因	检修方法
1M 电气功能失效	部件供电问题	①连接诊断仪读取相关故障码；②根据诊断仪提示进行故障检修
	部件 CAN 通信问题	
	部件内部问题	
	气路问题	

　　（5）双通道模块（2M）

　　2M 双通道桥控模块能够分别控制后桥两侧的制动压力。通过调节压力大小，达到不同的制动力控制功能（如 ABS、ATC 和 ESC）。双通道模块与 EBS 控制器通过私有 CAN 进行通信。

　　双通道模块也可以与单通道模块连接，将其应用于附加桥压力控制。见图 7-23、图 7-24。

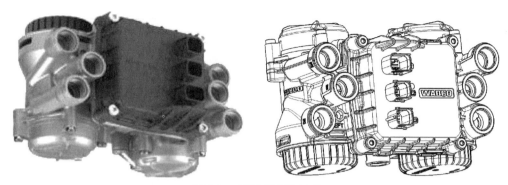

图 7-23　双通道模块外观

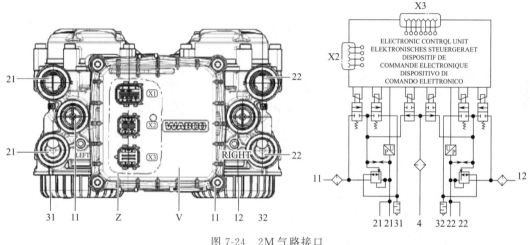

图 7-24　2M 气路接口

左侧制动：

11：后桥储气筒；

21（两路）：驱动桥左制动气室（双后桥分别接两个口，两个 21 与中桥和后桥没有对应关系）；

31：排气口；

4：控制气，接 BST 21 口。

右侧制动：

12：后桥储气筒；

22（两路）：驱动桥右制动气室（双后桥分别接两个口，两个 22 与中桥和后桥没有对应关系）；

32：排气口。

2M 电气接口安装位置与端子分布如图 7-25 所示，端子定义见表 7-12。

表 7-12　2M 端子定义

端子	定义	连接
X1-1	左后轮速传感器高	左后轮速传感器
X1-2	左后轮速传感器低	

续表

端子	定义	连接
X1-7	右后轮速传感器高	右后轮速传感器
X1-8	右后轮速传感器低	
X2-1	地	ECUX2-7
X2-2	电源	ECUX2-3
X2-3	CAN_H	ECUX2-4
X2-4	CAN_L	ECUX2-1
X3-3	CAN_H	附加 1M X3-3 选装,带提升桥时连接
X2-3	CAN_L	附加 1M X2-4 选装,带提升桥时连接

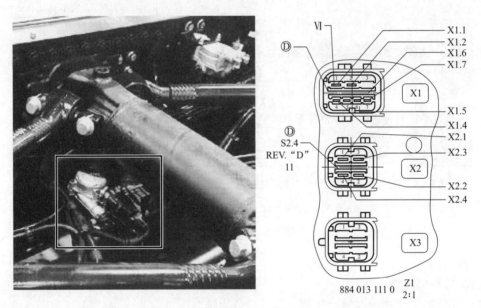

图 7-25　2M 电气接口安装位置（中二横梁）与端子分布

　　2M 有以下几种失效模式,并列举可能原因,如表 7-13 所示,具体需要对照诊断仪故障码进行排查。

表 7-13　2M 故障形式与检修

故障现象	可能原因	检修方法
2M 电气功能失效	部件供电问题	①连接诊断仪读取相关故障码;
	部件 CAN 通信问题	②根据诊断仪提示进行故障检修
	部件内部问题	
	气路问题	

　　（6）挂车控制阀（TCV）

　　挂车控制阀（TCV）用来控制挂车制动压力。挂车控制阀实物如图 7-26 所示,气路接口如图 7-27 所示,电气接口安装位置与端子分布如图 7-28 所示,端子定义见表 7-14。

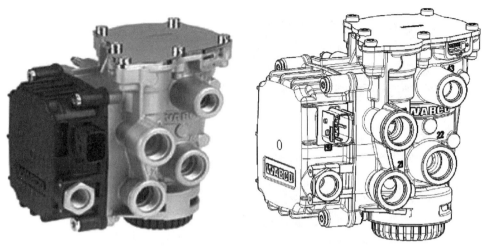

图 7-26　挂车控制阀

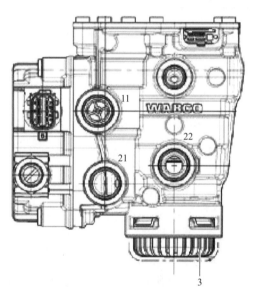

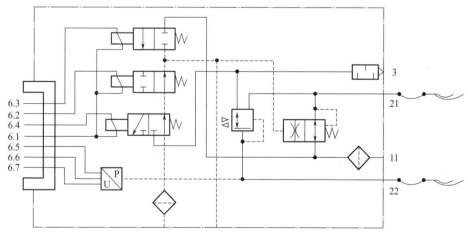

图 7-27　挂车控制阀气路接口

11—接 APU23；21—挂车供气（红）；22—挂车控制气（黄）；3—排气口

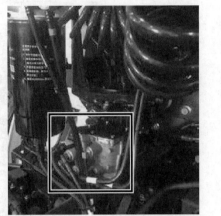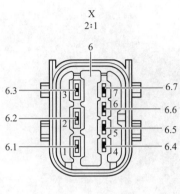

图 7-28　TCV 电气接口安装位置（龙门梁附近）与端子分布

表 7-14　TCV 端子定义

端子	定义	连接
6.1	地	ECUX3-3
6.2	排气阀	ECUX3-1
6.3	进气阀	ECUX3-2
6.4	备压阀	ECUX3-4
6.5	压力传感器电源	ECUX3-7
6.6	压力传感器信号	ECUX3-8
6.7	压力传感器地	ECUX3-9

（7）ABS 电磁阀

ABS 电磁阀安装在左前轮和右前轮制动管路，用于防抱死控制；还可配合 1M 进行前桥单轮制动。ABS 电磁阀气路接口如图 7-29 所示，电气端子分布如图 7-30 所示。

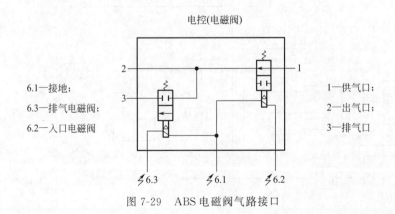

图 7-29　ABS 电磁阀气路接口

ABS 电磁阀有以下几种失效模式，并列举可能原因，如表 7-15 所示，具体需要对照诊断仪故障码进行排查。

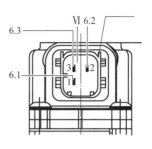

图 7-30　ABS 电磁阀安装位置与端子分布

表 7-15　ABS 电磁阀故障形式与检修

故障现象	可能原因	检修方法
ABS 电气功能失效	部件供电问题	①连接诊断仪读取相关故障码；②根据诊断仪提示进行故障检修
	部件 CAN 通信问题	
	部件内部问题	
	气路问题	

（8）ESC 模块

ESC 模块用来测量车辆侧向加速度、横摆角速度。ESC 模块实物如图 7-31 所示。

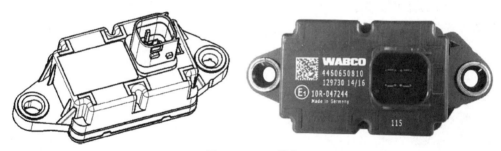

图 7-31　ESC 模块

ESC 模块安装于中一横梁，传感器安装有方向要求，箭头方向朝上，如图 7-32 所示。不可以装倒，否则系统会报故障。

ESC 模块端子分布如图 7-33 所示，端子定义见表 7-16。

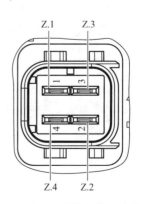

图 7-32　ESC 模块安装方向　　　　图 7-33　ESC 模块端子分布

表 7-16 ESC 模块端子定义

端子号	定义	连接
Z.1	地	ECUX2-8
Z.2	电源	ECUX2-6
Z.3	CAN_H	ECUX2-5
Z.4	CAN_L	ECUX2-2

ESC 模块有以下几种失效模式，并列举可能原因，如表 7-17 所示，具体需要对照诊断仪故障码进行排查。

表 7-17 ESC 模块故障形式与检修

故障现象	可能原因	检修方法
ESC 模块功能失效	部件供电问题	①连接诊断仪读取相关故障码；②根据诊断仪提示进行故障检修
	线束连接问题	
	部件内部问题	
初始化不成功	安装倒了	检查安装方向

（9）方向盘转角传感器（SAS）

转角传感器安装于方向盘转向柱，用于检测方向盘转动角度。SAS 部件实物如图 7-34 所示。

SAS 安装有方向要求，按照固定位置，接插件朝下，如图 7-35 所示，否则信号会反向，系统报故障。

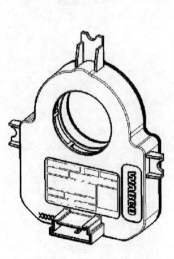

图 7-34 SAS 部件实物

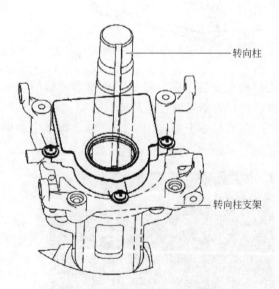

图 7-35 SAS 安装方向（接插件朝下）

SAS 电气连接件端子分布如图 7-36 所示，端子定义见表 7-18。

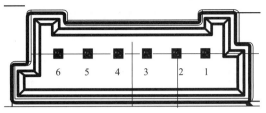

图 7-36　SAS 端子分布

表 7-18　SAS 端子定义

端子号	定义	连接
1	CAN_L	ECU X4-2
2	与 3 连接	
3	与 2 连接	
4	CAN_H	ECU X4-5
5	电源	ECU X4-12
6	地	ECU X4-9

SAS 有以下几种失效模式，并列举可能原因，如表 7-19 所示，具体需要对照诊断仪故障码进行排查。

表 7-19　SAS 故障形式与检修

故障现象	可能原因	检修方法
SAS 无信号	部件供电问题	①连接诊断仪读取相关故障码； ②根据诊断仪提示进行故障检修
	线束连接问题	
	部件内部问题	
	传感器凸舌未安装到转向柱凹槽	
信号反向，初始化不成功	安装倒了	①读取数据流，逆时针为正向； ②检查安装方向，接插件应该朝下

7.2.3　系统故障诊断

EBS 或 ESC 系统出现故障后，会点亮相应的指示灯，提示驾驶员及时维修。维修主要根据诊断仪故障码和维修建议进行。

相关指示灯含义如表 7-20 所示。

表 7-20　仪表指示灯含义

指示灯符号	颜色	含义
(EBS)	红色	点亮：总线故障或者 EBS 系统严重故障
(EBS)	黄色	点亮：总线故障或者 EBS 系统一般故障
(ASR)	黄色	点亮：ASR 功能取消；闪烁：ASR 功能正在激活

续表

指示灯符号	颜色	含 义
	黄色	点亮:ESC 功能故障;闪烁:ESC 功能正在激活
 OFF	黄色	点亮:ESC 功能取消
	黄色	点亮:坡起辅助功能激活,正在施加制动力;闪烁:坡起辅助制动力即将释放
	黄色	点亮:挂车 ABS 故障

电控系统故障排查应按照以下步骤进行:

① 启动车辆,确定故障指示灯自检正常(即 ON 挡故障指示灯点亮,2s 后熄灭或熄灭后再点亮为正常);

② 连接诊断仪,确定整车数据无误后读取并记录故障码;

③ 对照故障码表中提示信息检查相关部件或线束;

④ 对故障件进行更换或对线束进行修复;

⑤ 如果故障指示灯不再点亮且诊断仪无当前故障,车辆修复完成,待实际运行验证。

第 8 章

电液转向系统

8.1 转向柱与转向器

8.1.1 系统组成

（1）转向系统的组成

以陕汽德龙 F3000 为例，该车采用整体式液压常流动力转向系统。其转向机采用循环球螺母式，因此又称之为"循环球螺母整体式动力转向系统"。

见图 8-1，卡车转向系统由两部分组成：转向机械部分和转向助力部分。转向机械部分由方向盘、转向机、转向拐臂、横拉杆、直拉杆和转向节等组成。转向助力部分由四部分组成：动力源（包括转向泵、安全阀、流量控制阀）、操纵装置（包括安置在转向机内的方向控制阀、定心装置）、执行机构（安置在转向机内的油缸活塞以及外部辅助动力油缸）和辅

图 8-1 重卡转向系统的组成

助装置（包括转向油壶、滤清器和管线）。

（2）转向助力泵（转子叶片泵）

转向助力泵为转向助力提供动力源。陕汽重卡汽车一般配套德国 ZF7672、ZF7673 和 ZF7674 三种型号转子叶片泵。国产化后部分采用国产泵，转向助力泵安装在柴油机正时齿轮室上，由凸轮轴正时齿轮带动助力泵驱动齿轮旋转。

转子叶片泵部件分解如图 8-2 所示，内部结构见图 8-3，它主要是由泵壳 1、转子轴 15、转子叶片 13 和转子 14 以及转子外圈 16 组成。为了确保转子叶片泵的输出排量基本稳定（不随转速变化而变化），以及限定输出压力的最大值，在泵的输出端还安装有流量控制阀 3 和安全阀 4。

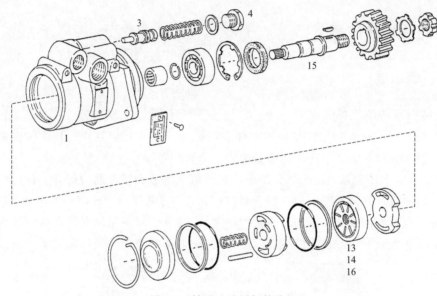

图 8-2 转子叶片泵部件分解

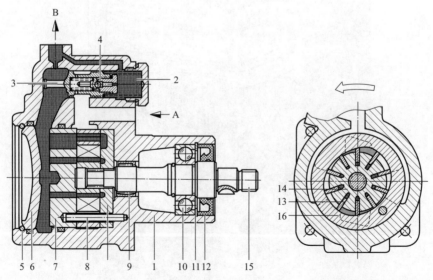

图 8-3 转子叶片泵内部结构

1—泵壳；2—弹簧；3—流量控制阀；4—安全阀；5—端盖卡簧；6—端盖；7—分油盘；8—定位销；9—滚针轴承；10—轴承；11—轴承卡簧；12—油封；13—转子叶片；14—转子；15—转子轴；16—转子外圈；A—进油口（低压）；B—出油口（高压）

转子叶片泵安装在发动机正时齿轮壳上，由凸轮轴齿轮带动泵驱动齿轮旋转。

当柴油机工作时，转子叶片泵旋转，泵体内安装于转子槽内的叶片，在离心力和油压作用下，紧贴泵体内曲面运动。叶片与叶片之间形成密封工作腔。密封工作腔容积逐渐缩小的区域形成压油腔，密封腔容积逐渐增大的区域形成吸油腔。泵每旋转一周，完成吸油压油动作两次，由于吸油腔与压油腔是对称分布的，作用在轴上的液压径向力平衡。泵的排量是由转子叶片的宽度和转速决定的。泵的输出压力是由转向系统的阻力决定的。为限定最高泵压，在泵体内设置有安全阀 4，当转向系统外部负荷增大到使泵压达 150bar（15MPa）时，安全阀打开卸荷。为保证泵排量基本恒定，泵体内设置流量控制机构，它是由节流孔和流量控制阀 3 组成。泵转速较低时，阀 3 在回位弹簧作用下保持在图 8-3 所示位置，此时阀 3 将出油腔与进油腔封闭。随泵转速提高泵排量也增大，由于节流孔的节流作用，使阀 3 的前、后油腔 C 和 D 形成压力差 $\Delta p = p_C - p_D$，该压差随泵排量的增大而增大。当泵转速增大到设定转速，即泵排量达到一定数值时，C、D 两腔形成的压差 Δp 足以克服回位弹簧的预紧力，此时在压差的作用下阀 3 将向右移动，从而打开出油腔与进油腔的通道，部分排量形成内部循环，泵排量越大，压差 Δp 越大，阀 3 的开度就越大，内部卸流量就越大，从而保证输出的排量基本恒定。

（3）转向机

陕汽重卡 X3000 汽车采用整体式动力转向机构，因此转向助力油缸、分配阀与转向机构成一体，结构较为复杂。下面分别介绍 ZF8098 型转向器的工作原理和使用维修。

ZF8098 型转向机结构如图 8-4 所示。

图 8-4　ZF8098 型转向机

ZF8098 型转向机由控制阀、动力油缸和转向机械部分组成。

转向机所需的压力油由发动机驱动的转向泵供应，油罐接收由转向机流回的低压油，同时向转向泵供油。油路循环回路如图 8-5 所示。

壳体（A）和活塞（B）组成一个油缸，活塞将转向轴转阀（C）的旋转运动转换为直线运动，同时使摇臂扇齿轴（F）旋转。通过一圈钢球，活塞（B）和阀套蜗杆（D）相应运动，当蜗杆旋转，钢球依次进入蜗杆面，通过循环管，钢球在蜗杆上可以循环往复。控制阀由转向轴转阀（C）和阀套蜗杆（D）组成，它们在圆柱面上分别开有 6 条沟槽。扭力杆（E）通过固定销分别与转阀和阀套连接，在方向盘不动时，使控制阀处于中位。安全阀

（G）可限制转向机的异常油压。充油阀（H）在转向机工作而转向泵不工作时，通过回油管向转向机内补油。

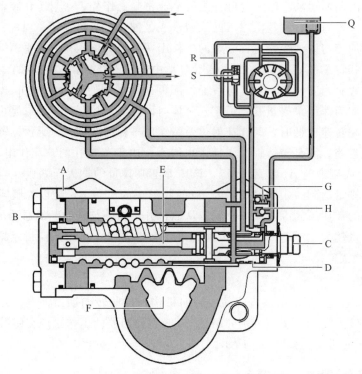

图 8-5 油路循环回路（空挡位置）

A—壳体；B—活塞；C—转向轴转阀；D—阀套蜗杆；E—扭力杆；F—摇臂扇齿轴；

G—安全阀；H—充油阀；Q—油罐；R—转向泵；S—恒流阀

与固定速比的转向机相比，可变速比的转向机在中位附近的速比较小，保证此时转向的灵敏度。在停车大角度转向时，转向机的速比较大，可使摇臂扇齿轴获得更大的液压助力。

当液压助力失效时，打方向的力较固定速比的转向机要小。

当转向轴和阀套之间传递扭力时，扭力杆发生弹性扭转，在控制阀的转子和阀套间产生扭转力，使阀套偏离原来的中间位置。

当方向盘不动时，扭力杆使控制阀回到中位。通过转向机壳体上的油道，油液进入阀套的年轮状沟槽，经过 3 个对称的径向孔到达转轴的弧形控制槽。

转子上的控制槽和阀套上的控制槽间的位置相对，油液经过进油缝（J 和 K），流到阀套上的转向槽（N 和 O），然后油液即可通过轴向油道到达助力活塞的一端或两端。

当控制阀处于中位，油液到达助力活塞的两端时，经过转子上的 3 个回油槽（P）返回油罐。

如图 8-6，向右打方向时，方向盘向右转，控制阀转子上的控制沟槽顺时针偏转，进油缝（K）打开较大，让油液通过，另一进油缝（J）关闭，阻止油液流到阀套上的转向槽（O）。这样油液只能从进油缝（K）流到阀套上的转向槽（N），经过钢球滚道，至活塞左端。同时关闭另一个进油缝（J），防止油液回流到油罐，从而压力升高。

此时活塞右端的油液被排出，经过打开的回油缝（M）和回油槽（P），通过转子内的油道回油罐。活塞左端油腔压力升高，右端油腔卸荷，从而液压油推动活塞向右移动。

如图 8-7，当方向盘向左转时，控制阀转子上的控制沟槽逆时针偏转，油液通过进油缝

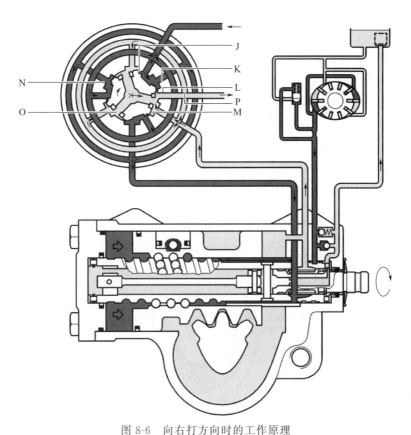

图 8-6　向右打方向时的工作原理

J—进油缝；K—进油缝；L—回油缝；M—回油缝；N—转向槽；O—转向槽；P—回油槽

（J）和转向槽（O），至活塞右端。

活塞左端的油液通过回油槽（P）、钢球滚道和回油缝（L），再经过转子内的油道回油罐。

活塞右端压力大，活塞将向左移动，从而实现助力。

在打方向时，液压就像上述过程产生助力作用。一旦方向盘停止转动，开始时高压腔的油压仍然继续推动活塞向低压腔方向移动，由于转阀与转向轴是一体的，在活塞继续向低压腔移动和扭力杆回位作用下，与蜗杆对应的阀套回到与转阀对中的卸荷位置，从而使活塞左、右腔同时与回油相通，液压助力随即停止，从而体现了"方向打多少，助力多少；方向盘停止，助力立即消失"的随动作用。

如图 8-8，在转向机内安装有左、右两个转向限位阀。转向限位阀防止以最大工作压力将转向机转到极限位置，从而保护转向机和转向泵，不致因高压而损坏机件和防止油温过高。

双作用的液压转向限位阀由 2 个有弹簧的阀芯（T 和 U）构成，安装在活塞上，两端突出活塞。

当活塞右移到接近极限位置，右侧阀芯（T）被右侧调节螺钉（X）顶入活塞，左侧阀芯（U）在压力作用下被推入活塞，活塞左腔的油液经过限位阀孔减压后至活塞右腔与低压油路接通，产生卸荷。当活塞左移到接近极限位置时，同样两个阀芯都被打开而卸荷，从而保证在极限位置机件的安全。

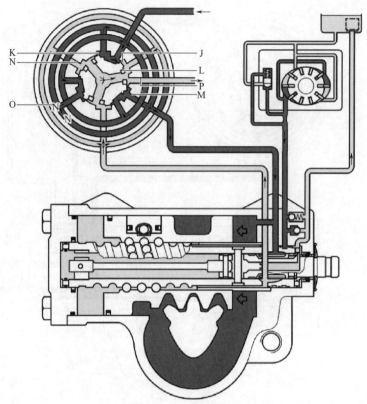

图 8-7 向左打方向时的工作原理

J—进油缝；K—进油缝；L—回油缝；M—回油缝；N—转向槽；O—转向槽；P—回油槽

当液压转向限位阀打开时，转向机仍然可向外打，但由于液压助力作用大为下降，方向盘上所需的转向力增大，直到到达转向的机械极限位置。

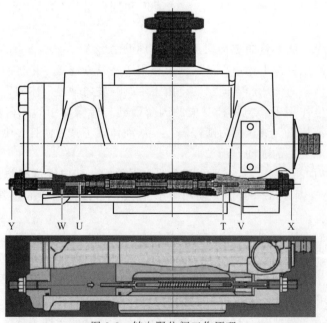

图 8-8 转向限位阀工作原理

T—右侧阀芯；U—左侧阀芯；V—活塞右腔；W—活塞左腔；X—右侧调节螺钉；Y—左侧调节螺钉

8.1.2 故障排除

动力转向器的故障分析与排除可参考表 8-1 进行。

表 8-1 动力转向器故障诊断与排除

故障现象	原因分析	排除方法
转向器发出嘶嘶声	动力转向系统有嘶嘶声是正常的,停车时最明显。这种声音和转向性能无关,当方向盘处于极限位置时或原地慢慢转动方向盘会出现这种嘶嘶声	轻微的嘶嘶声是正常的,不影响转向性能
转向器有咯喇和咯咯声	转向器与支架有松动	检查转向器安装螺栓,用规定的紧固力矩拧紧螺栓
	转向传动杆系有松动	检查拉杆接头有无磨损,需要时更换
	压力软管碰车辆其它部件	调整软管位置
	转向摇臂轴调整过松	调整摇臂轴。注:转向时可能发出轻微的咯咯声,这是正常的,特别是在原地启动和打到两边极限时更为明显,不应将转向器的间隙调整到规定的范围以外,来消除这种轻微的咯咯声
	转向摇臂松动	按规定拧紧摇臂螺母
转向或回正时,转向器发出尖叫声,方向盘回正性能差	杆系球销润滑不足	润滑杆系接头
	中间轴万向节和转向器端面摩擦	松开夹紧螺栓,正确安装
	方向盘与外罩摩擦	把外罩对中
	中间传动轴轴承过紧或卡滞	更换轴承
	转向器调整过紧	从车上取下转向器按要求检查调整
	前桥定位松动	检修前桥
	转向器阀内有异物或损坏	检修转向器
车辆偏驶	前轮定位未校正	按规定调整
	阀不对中。在偏驶方向上用的转向力很轻,而在相反方向上是正常用力或用力大些	更换转阀组件或转向器
转方向盘时转向力瞬时增大	油面低	按要求加动力转向液
	油泵带打滑	张紧或更换带
	油泵内泄漏量过大	检查泵的流量(需做压力试验)
	转向器内泄漏量过大	修理转向器
	干涉	检查出干涉部位后检修
发动机工作时转向,特别是原地转向时方向盘颤动或振动	油面低	按要求加油
	油泵的带松	按规定调整张力
	在极限位置时,转向杆系碰发动机底壳	校正间隙
	油泵压力不足	检查泵压(需做压力试验),如果卸压阀损坏,将其更换
	油泵的流量控制阀卡住	检查油泵流量控制阀是否卡住,必要时更换油泵
方向盘回正过分或转向松旷	转向器中有空气	向油泵的油箱加油,然后进行转向操作排出空气。检查软管接头紧固力矩是否合适,需要时加以调整
	转向杆系过度磨损而松动	更换松动接头
	扇齿啮合间隙过大	从车上取下转向器按规定进行调整
	转向器松动	按规定的紧固力矩拧紧螺栓

故障现象	原因分析	排除方法
转向器漏油	油压过高	更换油泵
	转向器泄漏	修理转向器
	连接头压伤	更换连接头
	油罐滤芯未及时更换（此项会造成输入端外漏）	更换油罐滤芯
转向液产生乳状泡沫	油中混入空气	排气
	油罐到油泵油管接头未拧紧	拧紧接头或更换油管
	混油	换油
油温过高	超载严重	减少载货量
	油路不畅	检修油路
	系统散热不好	尽量采用钢管及铁油罐
	泵流量过大	更换小流量泵
	原地打方向时间过长	减少原地打方向时间
转向发卡	转向系统连接部件损坏	检修连接部件
	转向系统运动部位摩擦增大	加注黄油
	转向器内部进入脏、异物	拆解转向器清除脏、异物
	转向器内部零件损坏	检修转向器

8.2 转向控制系统

8.2.1 系统原理

斯堪尼亚重卡转向控制系统组成部件如图 8-9～图 8-11 所示，部件名称见表 8-2。

EST（电液曳引轴转向系统）和 ESTA（附加电液曳引轴转向系统）都是电动液压式转向系统，可使用来自方向盘转角传感器和车速传感器的电信号控制液压泵和附带阀组件的液压作用缸。

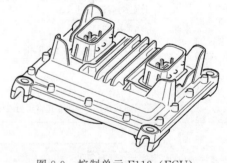

图 8-9 控制单元 E112（ECU）

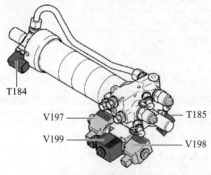

图 8-10 配备附带阀组件和位置
传感器的液压作用缸（CVU）

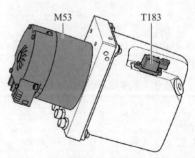

图 8-11 带内置式液压液箱（MPU）和
液压液位传感器的电动液压单元

表 8-2 控制系统部件名称

EST 的部件/系统	ESTA 的部件/系统	名称
M53	M1003	液压元件 MPU—电机泵装置
E112	E1003	控制单元 EST—电动液压曳引轴转向系统
V197	V1000	工作模式电磁阀 NMS—正常模式电磁阀,OMV—工作模式阀
V198	V1001	降级阀机械解锁电磁阀 DVL—降级阀锁闩,DLS—降级锁闩电磁阀
V199	V1002	降级模式电磁阀 CDS—脚轮降级电磁阀,DMV—降级模式阀
T183	T1000	液压液位传感器 FLS—液位传感器
T184	T1001	活塞位置传感器 CPS—作用缸位置传感器
T185	T1002	阀位置传感器 VPS
液压作用缸,EST 和 ESTA	液压作用缸,EST 和 ESTA	液压作用缸,后转向轴

　　该系统可提供舒适、安全且适应相关情况的转向效果,同时能够缩小转弯半径并降低轮胎磨损。

　　控制单元将多种参数纳入考虑,从而以最佳的方式操纵曳引轴。为了计算所需的曳引轴转向角,控制单元收集有关方向盘位置和车速的信息。与此同时,控制单元还持续接收有关实际曳引轴转向角的信息。控制系统对比所需转向角和实际转向角,然后操纵曳引轴上的车轮转向正确角度。系统功能简图见图 8-12。

　　带电动液压泵储液罐的液压单元产生可影响控制缸的液压流量。控制缸阀组会将压力引导至作用缸的 2 个分泵之一,如此可调节车轮的转向角。

　　当启动钥匙转至行驶位置时,EST 系统执行自测。测试范围取决于控制单元是否接收到系统有故障的指示。如果未指示故障,则执行较短的测试。如果车辆指示了之前的故障并设置成故障模式,则会执行较长的测试,来确保系统正常运行。在自测期间,曳引轴车轮会在测试液压装置时稍微转动,这是正常现象。

　　电子转向系统控制原理示意图如图 8-13 所示。

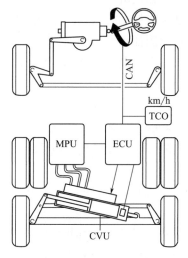

图 8-12　系统功能简图

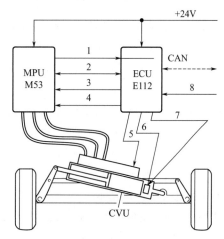

图 8-13　系统控制原理图

1—液位;2—发动机信号 CAN;3—激活信号;
4—启动;5—气门导管;6—CAN 传感器信号;
7—传感器的电源;8—钥匙电源

如图 8-14、图 8-15 所示，无论曳引轴位于驱动轴前面还是后面，后转向轴系统均称作 TSS，配置的名称为 EST1。

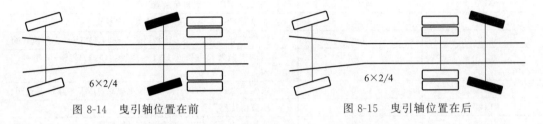

图 8-14　曳引轴位置在前　　　　图 8-15　曳引轴位置在后

如果驱动轴前后均有转向轴，车辆将会有两个完全相同的系统，如图 8-16 所示，只是名称不同：TSS（曳引轴转向系统）和 TSA（附加曳引轴转向系统）。

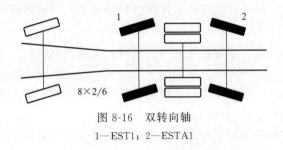

图 8-16　双转向轴
1—EST1；2—ESTA1

TSA 配置称为 ESTA1。ESTA1 仅安装在带双转向轴的车辆上。那么，车辆既有 EST1 又有 ESTA1。在这些车辆配置中，EST1 位于驱动轴前面，ESTA1 位于驱动轴后面。

该系统有 2 种工作模式：正常工作模式和故障处理模式。

当车速不超过 30km/h 时，曳引轴转向。工作模式阀 V197（OMV）接通电源并且处于关闭位置。降级模式阀 V199（DMV）处于平行转向、打开位置（脚轮转向）。

当车辆转弯并请求左转车轮来转向时，液压泵工作，作用缸正压侧的压力增加。这使得活塞杆向外移动。正压侧的压力将会通过控制管路打开负压侧的平衡阀，使负压侧的机油排入机油箱。然后，活塞杆向上移动。此模式下的原理示意图如图 8-17 所示。

车速低于 30km/h，曳引轴车轮左转。在升起后，无论车速为多少，曳引轴都不会转向。当车速超过 30km/h 时，曳引轴固定。工作模式阀 V197 接通电源，阀（OMV）处于关闭位置。

电磁阀 V198 和 V199 已经接通电源并改变了降级模式阀（DMV）的模式，后者现在处于固定模式（关闭）。当车辆转弯时，液压泵不工作。由于平衡阀 CBV1 和 CBV2 关闭，作用缸仍保持原来的位置，如图 8-18 所示。

固定模式，以液压方式锁定，如图 8-19 所示。图中，V199 为 DMV 降级模式阀，V198 为 DVL 降级阀机械解锁电磁阀。

当车速超过 30km/h 时，曳引轴不转向，但处于正前位置，并且以固定曳引轴的方式工作。

在转弯并加快速度时，曳引轴的车轮偏转角度将随着速度增加而降低。如果在车辆静止时使方向盘朝一个方向转动至全锁位置，则曳引轴车轮将处于最大偏转角。当车速在方向盘位置保持不变的条件下升高时，曳引轴车轮将以 20km/h 开始朝着中间移动，直到它们在 30km/h 时到达中间。

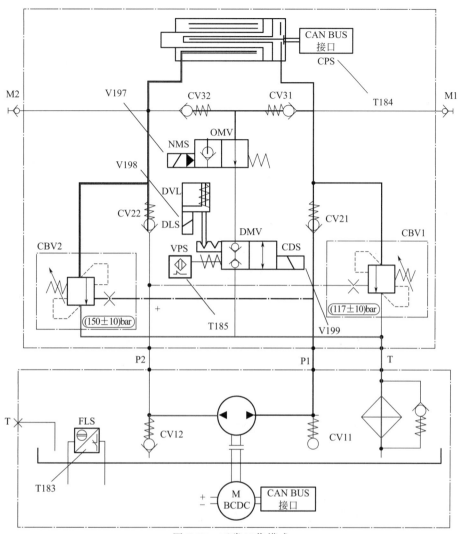

图 8-17　正常工作模式

V197—OMV 工作模式阀；V198—DVL 降级阀机械解锁电磁阀；V199—DMV 降级模式阀

降级模式阀（DMV）会根据车速切换模式，但不影响正常工作模式下的功能。当工作模式阀（OMV）未接通电源时，降级模式阀会决定激活哪个降级模式并切换模式。

在配备 8×4/4 三轴悬吊架的车辆上，曳引轴转向时的速度间隔更高并且集中在 40km/h 左右。

任何故障既可能是机械故障也可能是电气故障。系统试图以确保车辆始终保持安全行驶的方式显示所有警告。这导致曳引轴升起时警告也不会被关闭。

关于失效安全模式，系统有 2 种主要原理：脚轮转向和固定曳引轴。由降级模式阀（DMV）所处的模式决定并通过机械方式实现。在出现故障时，系统会进入哪个模式主要取决于车速和故障类型。

当出现某些类型的故障时，系统会在轴到达中间位置时将其锁定。例如，当橙色 CAN 总线故障时，系统将轴居中并以液压方式将其锁定。当电动马达不工作时，系统可在轴通过中间位置时将轴锁定。一旦居中，轴将保持固定模式。当舵角传感器有故障时，转向系统保持固定模式。

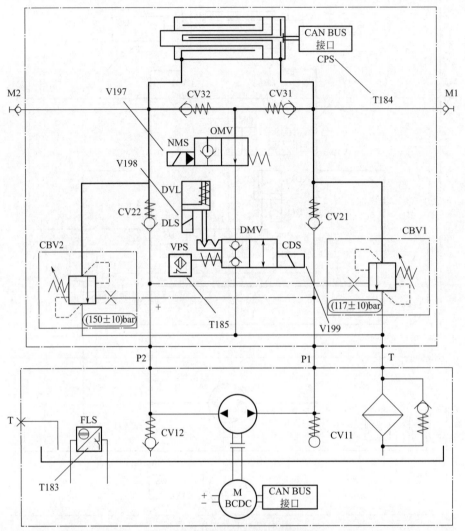

图 8-18 作用缸仍保持原来的位置

V197—OMV 工作模式阀；V198—DVL 降级阀机械解锁电磁阀；V199—DMV 降级模式阀

如果在不超过 30km/h 的车速下检测到故障，故障处理的主要原理是将曳引轴设置至脚轮转向并让车轮沿着车辆行驶方向，即，也在外部因素的影响下转向。如果发动机在运转，则会点亮红色警告灯并发出警告音。

当车速增加时，轴仍会被设置至脚轮转向，车辆在此模式下的稳定性下降，仪表板上的红色警告灯仍点亮。

如果在超过 30km/h 的车速下检测到故障，故障处理的主要原理是将轴固定在正前位置，直至下次车辆熄火。根据故障类型，会点亮红色或黄色警告灯。如果在出现故障时，车辆仍能安全行驶，则会点亮黄色警告灯。在此模式下车辆处于稳定状态，但是车速较低时将发生转向不足。

这会导致仪表板中的黄色警告灯点亮等情况。系统启动时会执行较短的功能测试。根据是否有故障，会点亮红色或黄色警告灯。如果出现红色警告，在车辆启动时一定会执行较长的功能测试。

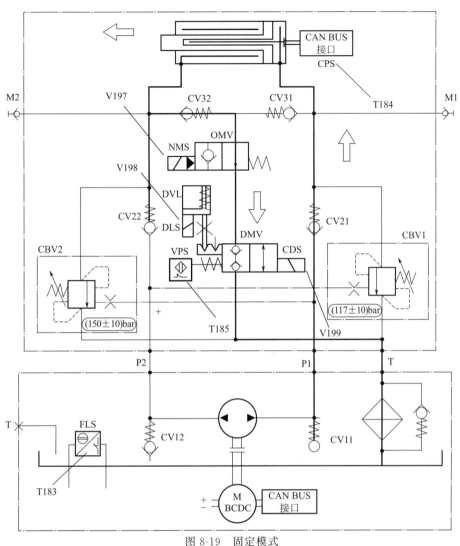

图 8-19 固定模式

V197—OMV 工作模式阀；V198—DVL 降级阀机械解锁电磁阀；V199—DMV 降级模式阀

工作模式阀（OMV）在未接通电源时打开。根据降级模式阀的模式，系统可能处于脚轮降级模式或故障固定模式。

如果出现红色警告，系统可以进入缓行返回模式，以便将曳引轴居中，如图 8-20 所示。当曳引轴居中后，红色警告灯变为黄色。

对于亮起红色警告灯的车辆，为了进入缓行返回模式，必须重新启动车辆。重新启动可以激活自测，从而开始故障排除。在执行故障排除时，要求车辆静止并应用手制动。当发现故障时，曳引轴居中。曳引轴居中后，警告灯亮起黄色。故障排除需要 1～2min。

如果有软管破裂并出现泄漏，根据泄漏的严重程度以及系统是否已启动，会点亮红色或黄色警告灯。如果出现机油液位偏低警告，黄色警告灯会点亮，泵会试图将轴居中。如果机油箱已空，则会触发合理性故障，原因是作用缸不会按预期移动。这会触发红色警告灯和脚轮。

如果泵不工作，则会显示 MPU 故障的故障码以及红色警告灯并启动脚轮。

如果控制单元不工作，COO8 会点亮仪表板中的红色警告灯。车速决定系统是进入脚轮

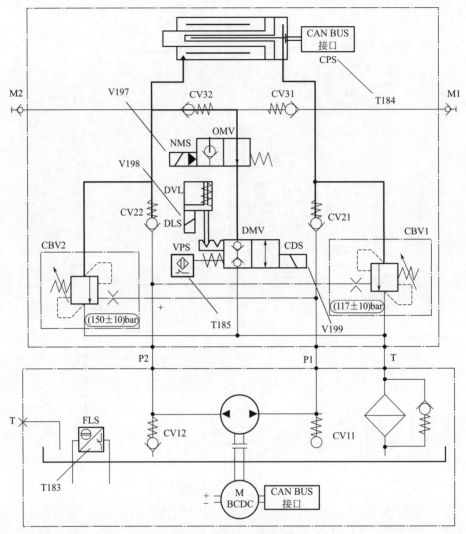

图 8-20　缓行返回模式

V197—OMV 工作模式阀；V198—DVL 降级阀机械解锁电磁阀；V199—DMV 降级模式阀

模式（低速）还是固定模式（高速）。如果子 CAN 信号未到达泵或作用缸，系统也会进入脚轮/固定模式，但是会转而点亮 EST 中的红色警告灯。这时需要重新启动车辆，然后会执行自测。

如图 8-21 所示，EST 系统控制单元利用来自舵角传感器（SAS T100）的信息 1 和车速以及轴距 3，双轴悬吊架间隔和转向几何形状 2、4 等几何测量结果来计算曳引轴角度（液压作用缸内活塞的位置）。计算的参考值用作电动马达的马达转速调节输入数据。位于液压作用缸装置（CVU）内的活塞位置传感器 T184（CPS）会将实际的曳引轴角度反馈至 EST 系统控制单元。

当液压作用缸内的活塞位置传感器 T184 检测到活塞杆的位置时，会对控制缸活塞冲程进行限制。如此，活塞位置传感器控制液压，使活塞杆的活塞冲程受限，将车轮转至完全锁止状态。在正常情况下，当后转向轴上的车轮完全锁止时，机械止动件和调节螺钉的距离应为 4mm。

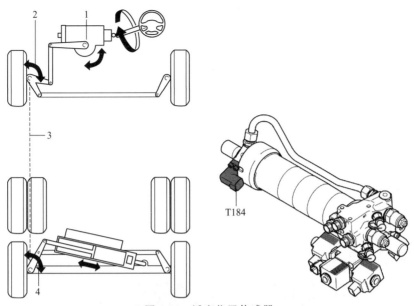

图 8-21　活塞位置传感器

8.2.2　故障诊断

8.2.2.1　电液辅助转向的转向回路加注/排气

以奔驰重卡 963、964 车型为例，电控液压转向系统转向机油加注/排气方法如下。

① 固定好车辆，以防其滑行。

② 将前轮转到正前位置，使点火开关保持打开状态。

③ 在前轴处升起车辆，直至车轮可以自由转动，然后用千斤顶顶起车辆。

④ 将转向主动轴或从动轴的车轮定位到转盘中央。

⑤ 打开检修盖。

⑥ 倾斜驾驶室。

⑦ 将转向机油注入储油罐（1），直到达到转向机油液位开关（S33）的"最高"标记（A）以上 20mm（a）处。注意车辆的转向机油温度必须约为 20℃，转向机油加注容量约为 4.5L。

⑧ 使用发动机启动和发动机停止按钮（S600）启动发动机并怠速运转约 1min。注意储油罐（1）中的转向机油液位，如有必要，则注满转向机油。储油罐（1）中的转向机油液位不得降至"最低"标记以下，否则会吸入空气。

⑨ 关闭发动机。

以下为排气步骤：

⑩ 降下驾驶室，不要密封储油罐（1）。

⑪ 启动发动机，并使其怠速运转。

⑫ 将方向盘在左右机械极限位置之间转动足够的次数，直至储油罐（1）内没有气泡。注意储油罐（1）中的转向机油液位，如有必要，则注满转向机油。储油罐（1）中的转向机油液位不得降至"最低"标记以下，否则会吸入空气。

⑬ 关闭发动机。关闭发动机后，储油罐（1）中的转向机油液位可能会升高最多 2cm。如果储油罐（1）中的转向机油液位升高超过 2cm，则意味着系统中仍存在空气。必须重复排气步骤。

⑭ 升起前轴，拆下支承架，然后降下车辆。

⑮ 提起转向主动轴或从动轴，移走转盘，然后再将主动轴或从动轴降到地面上。

⑯ 倾斜驾驶室。

⑰ 检查储油罐（1）中的转向机油液位，如有必要，则进行校正。转向机油温度为 20℃ 时，转向机油液位必须位于转向机油液位开关（S33）上"最高"标记（A）以上 20mm（a）处。

⑱ 密封储油罐（1）。

⑲ 降下驾驶室。

⑳ 关闭检修盖。

以上操作涉及部件及标记点如图 8-22 所示。

图 8-22 储油罐转向机油液位标记

1—储油罐；S33—转向机油液位开关；A—"最高"标记；a—20mm

8.2.2.2 电液辅助转向控制单元中转向角传感器的学习

学习转向角传感器的操作步骤如下：

① 将所有转向轴的车轮置于转盘的中央。

② 将定位桥置于车轮（未处于转盘上）下方。

③ 锁止制动踏板。

④ 将车轮定位系统的必要部件安装到车辆上。

⑤ 将电子液压转向助力器控制单元（A909）从支架上分开。

⑥ 启动发动机，并使其怠速运转。

⑦ 调用诊断菜单。为此，按住回车键（4）至少 1s。

⑧ 用加号键（3）和减号键（2）选择菜单项"访问代码"（access code）。

⑨ 通过按下回车键（4）调用"访问代码"（access code）菜单。任何时候都可通过按下退出键（1）退出菜单。

⑩ 通过输入代码"7101"对访问进行初始化。可使用加号键（3）和减号键（2）更改数值。可通过按下回车键（4）确认各条目。确认上一个数值后，访问初始化即成功。

⑪ 用加号键（3）和减号键（2）选择菜单项"对正"（alignment）。

⑫ 通过按下回车键（4）调用"对正"（alignment）菜单。各种学习模式显示在显示屏中。任何时候都可通过按下退出键（1）退出菜单。

⑬ 用加号键（3）和减号键（2）选择"M1：车轴间校准"（calibration axile by axile）并通过按下回车键（4）确认。

⑭ 用加号键（3）和减号键（2）选择要学习转向角传感器的车轴，并通过按下回车键（4）确认。车轴从前向后以升序方式编号。如果车轴上没有安装转向角传感器，则通过在相应的车轴左侧显示字符"♯"标明。

更换或拆卸/安装转向角传感器后，只需要学习更换或拆卸/重新安装后的转向角传感器。不必学习所有转向角传感器。学习过程可在任何时候通过按下退出键（1）或关闭发动机或关闭点火开关取消。

⑮ 通过车轮定位系统将相应的车轴移至正前位置。通过方向盘对正前轴。用加号键（3）和减号键（2）对正转向主动轴和从动轴。

⑯ 检查数值是否在公差范围内（2.5V±150mV）。只有数值位于公差范围内（2.5V±150mV）时，正前位置的学习流程才完成。

如果所有的数值超出公差范围（2.5V±150mV）：调节前轴转向角传感器（B945）、主动轴转向角传感器（B947）或从动轴转向角传感器（B946）的连杆，直至数值处于公差范围或前轴转向角传感器（B64）处的螺栓松动，然后相应地转动转向角传感器。

⑰ 按下回车键（4），完成正前位置的学习流程。

⑱ 将相应车轴的车轮转动至左转向锁止位置。通过方向盘转动前轴的车轮。用加号键（3）和减号键（2）转动转向主动轴和从动轴的车轮。

⑲ 按下回车键（4）确认左转向锁止位置。

⑳ 将相应车轴的车轮转动至右转向锁止位置。通过方向盘转动前轴的车轮。用加号键（3）和减号键（2）转动转向主动轴和从动轴的车轮。

㉑ 按下回车键（4）确认右转向锁止位置。确认完成转向角传感器的学习流程，车轴选择重新显示。

㉒ 学习下一个转向角传感器，仅在需要学习其他转向角传感器的情况下。为此，重复操作步骤⑭至㉑。

㉓ 通过按下退出键（1）退出菜单"对正"（alignment）。

㉔ 通过方向盘将转向机构完全转至左侧或右侧一次，然后再完全转至另一侧，最终转至正前位置。最晚当转向机构回到正前位置时，转向主动轴或从动轴的车轮进行转向。

㉕ 停止发动机并关闭点火开关。

㉖ 将电子液压转向助力器控制单元（A909）安装到支架上。

㉗ 将车轮定位系统的所需部件从车辆上分开。

㉘ 拆下制动踏板撑杆。

㉙ 拆下定位桥。

㉚ 拆下所有转盘。控制单元操作按键分布如图 8-23 所示。

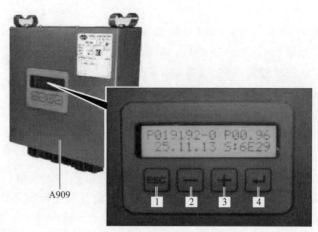

图 8-23 电子液压转向助力器控制单元（A909）的按键分配

退出键（1）功能：离开当前菜单；退出且不保存；切换至上一条目字段。

减号键（2）功能：移至上一选项；将数值减小 1。

加号键（3）功能：移至下一选项；将数值增大 1。

回车键（4）功能：激活所选菜单；确认数值；存储数值；切换至下一条目字段。

菜单结构如图 8-24 所示。

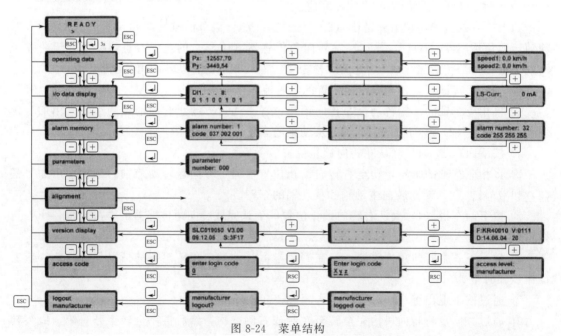

图 8-24 菜单结构

"operating data"显示运行数据，例如转向角、车速等；"i/o data display"显示数字输入和输出，模拟输入等；"alarm memory"显示存储的故障；"parameters"显示和更改参数；"alignment"学习转向角传感器的菜单；"version display"显示软件版本；"access code"需要访问代码条目以清除事件记忆或学习转向角传感器。

控制单元与转向角传感器安装位置如图8-25～图8-27所示。

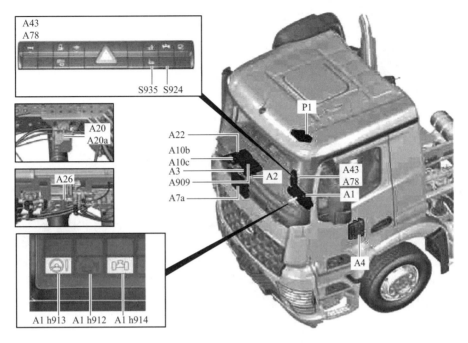

图8-25 电液辅助转向系统部件分布

A1—仪表盘（ICUC）控制单元；A1 h912—警告灯（红色）；A1 h913—警告灯（黄色）；A1 h914—车轴对中指示灯（不适用于6×2/4从动轴）；A2—中央网关（CGW）控制单元；A3—行驶控制［共用传动系控制器（CPC）］控制单元；A4—发动机管理（MCM）控制单元；A7a—单信号采集及促动控制模组（SCH）控制单元；A10b—电子制动控制系统（EBS）控制单元（WABCO）；A10c—电子制动控制系统（EBS）控制单元（Knorr）；A20—前轴车轴调节器（WABCO）；A20a—前轴车轴调节器（Knorr）；A22—可参数化专用模块（PSM）控制单元；A26—水平高度控制（CLCS）单元；A43—组合开关板（MSF）控制单元；A78—闪烁报警装置开关模块；A909—电子液压转向助力器控制单元；P1—行驶记录仪（TCO）；S924—对中辅助转向按钮；S935—升高/降低辅助车轴与起步辅助组合按钮

图8-26 6×2/4、6×4/4从动轴（图示为6×2/4从动轴）部件分布

1—储压罐；2—转向油缸；3—阀门装置；4—液压油滤清器；5—动力转向泵；B64—前轴转向角传感器；B183—定心液压回路压力开关；B946—从动轴转向角传感器；Y903 y1—从动轴比例阀；Y903 y3—隔离阀；Y905 y4—中心阀

图 8-27　8×2/6、8×4/4、10×4/6、10×6/6、10×8/6 从动轴（图示为 10×4/6）部件分布

1—储压罐；2—转向油缸；3—阀门装置；4—液压油滤清器；5—动力转向泵；B183—定心液压回路压力开关；B945—前轴转向角传感器；B946—从动轴转向角传感器；Y903 y1—从动轴比例阀；Y903 y3—隔离阀

下 篇

车身电气系统

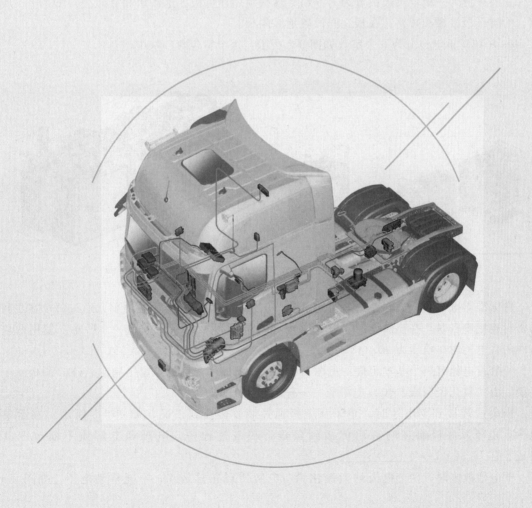

第 9 章

电 源 系 统

9.1 蓄电池

9.1.1 结构与原理

蓄电池由多块电池组成。电池包含通过连接器分组焊接在一起的负极板和正极板。

正极板分为一组，负极板分为另一组。这些组用作电极。这些组相互重叠，如图 9-1 所示。为防止板接触和短路，在板之间设置绝缘隔板。

一块 12V 蓄电池分为 6 个室，如图 9-2 所示。每个室包含一块电池。

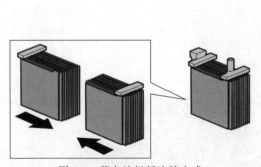

图 9-1　蓄电池极板连接方式

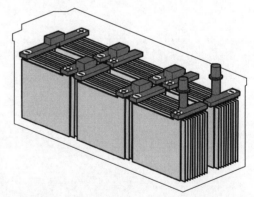

图 9-2　12V 蓄电池

在标准蓄电池上，充满电时，每块电池的电压为 2.12V。当蓄电池单元通过每个室之间的密封连接串联时，在充满电时，整块蓄电池的电压为 12.72V，如图 9-3 所示。使用两块串联的蓄电池时，电压为 25.44V。

铅酸蓄电池有三个基本组件，见图 9-4：（A）阳极——负极，由铅制成。（B）阴极——正极，由二氧化铅制成。（C）电解质——硫酸和水。

当负载连接到蓄电池时，电子从负极通过装置传播到正极，如图 9-5 所示。在蓄电池中，电子从正极通过电解质传播到负极。在该过程中，电极和电解质不断改变其组成。

蓄电池放电时，两个电极均为硫化铅。电解质现在只是水，不能移动电子，如图 9-6 所示。

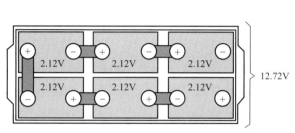

图 9-3　蓄电池的串联方式

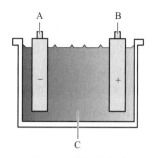

图 9-4　蓄电池组成

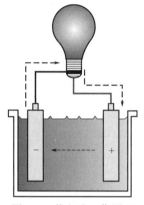

图 9-5　蓄电池工作原理

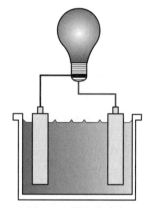

图 9-6　蓄电池放电

9.1.2　保养与维护

（1）使用及维护注意事项
- 维修任何电气部件时，都要在拆卸前断开蓄电池的负极搭铁线。
- 发动机运行期间，不可使蓄电池连接线断开。
- 汽车上进行焊接时，必须断开蓄电池的连接线。
- 拆卸蓄电池时应注意安全。
- 充电时产生的氢气很容易爆炸，充电时室内通风应良好。
- 蓄电池的电解液温度达到 45℃时应停止充电。
- 充电现场要远离明火。
- 严禁对冻结的蓄电池进行充电，否则会引起爆炸，冻结的蓄电池必须完全解冻后方可进行充电。

（2）蓄电池维护须知
- 定期检查蓄电池外壳是否变形、渗液及破损，检查蓄电池极柱端子是否存在渗液及熔损，发生上述现象更换蓄电池。
- 每月检查蓄电池连接电线及蓄电池固定件是否出现松动，及时紧固松动的电线及固定件。
- 蓄电池使用或存放时，应经常检查排气孔是否畅通，以防电池变形或炸裂。

- 汽车每正常行驶 2 个月，应检查蓄电池状态显示器。显示器显示绿色，蓄电池状态良好；显示器显示黑色，蓄电池需补充电；显示器显示白色，需更换蓄电池。
- 蓄电池补充电：蓄电池未发生过度亏电时可以使用恒压充电机充电。
- 最大充电电压：16.0V。
- 最大充电电流：25A。
- 充电时间：依据蓄电池的亏电程度，一般为 4～16h。
- 充电终止条件：蓄电池状态显示器呈绿色。
- 在充电使用过程中应注意蓄电池排气孔的通畅，避免火焰、火花及明火的靠近，防止爆炸等意外事故的发生。

（3）常见故障排除

蓄电池常见故障排除见表 9-1。

表 9-1　蓄电池故障排除

故障现象	原因分析	排除方法
爆炸	蓄电池外部短路	检查蓄电池连接电线是否短路，若是则更换电线
	过充电	检查并解决车辆充电电压过高
	蓄电池排气阀堵塞或失效	更换
渗液	外力致使极柱端子松动或损坏	更换
	极柱端子焊接不良	更换
断路	极柱端子或极群组间熔接不良	更换
	极板与极群组间焊接不良	更换
短路	隔板损坏	更换
	极板与极群组间焊接不良	更换
亏电	充电系统电压过低或充电异常	检查并排除充电系统故障
	整车静态电流过大	确保静态电流在合理范围
	蓄电池自放电严重	更换
	蓄电池连接电线接触不良	检查并紧固连接电线束
	起动机故障	检查并排除起动机故障
	车辆停放时间过长，其间缺少蓄电池维护保养，深度亏电	停放车辆 1 个月须维护，定期补充电

9.2　线束与连接器

9.2.1　线束分布

整车线束结构分为驾驶室线束和底盘线束。

驾驶室线束分为：仪表台线束总成、左右车门线束总成、左右顶棚线束总成、左右前部线束总成、地板线束总成等内容。

底盘线束分为：车架线束总成、发动机线束总成、起动机线束总成、尾部线束（尾灯线、轮轴差线等）。

以陕汽德龙 X3000 车型为例，该车驾驶室线束结构布置如图 9-7 所示。

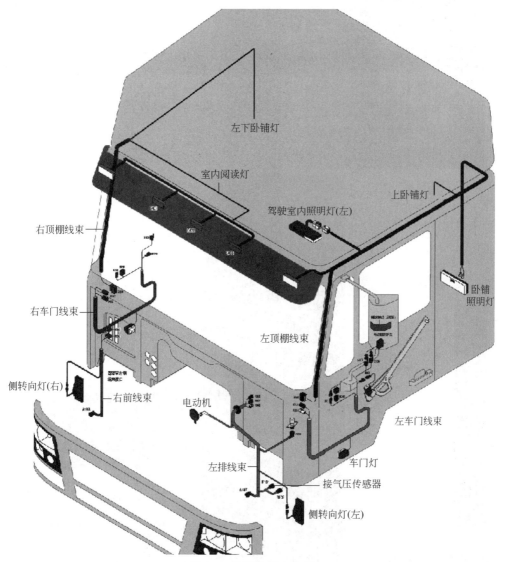

左下卧铺灯

室内阅读灯

上卧铺灯

驾驶室内照明灯(左)

右顶棚线束

卧铺照明灯

右车门线束

左顶棚线束

侧转向灯(右)

右前线束

电动机

左车门线束

车门灯

左排线束

接气压传感器

侧转向灯(左)

图 9-7　驾驶室线束布置

仪表台线束主要是连接仪表、翘板开关、空调控制器、点烟器、装置板、左右前部、左右车门、左右顶棚等线束。结构布置如图 9-8 所示。

车门线束分为左车门与右车门两个分支。

左车门线束主要是连接驾驶室线束总成、主车门控制模块、左车门锁、左扬声器、左门窗电机、左踏步灯、左后视镜等电器件的线束，结构布置如图 9-9 所示。

右车门线束主要是连接驾驶室线束总成、副车门控制模块、右车门锁、右扬声器、右门窗电机、右踏步灯、右后视镜等电器件的线束，结构布置如图 9-10 所示。

前部线束也分为左前与右前两个分支。

左前部线束主要是连接电喇叭、排气制动按钮开关、气压报警开关、左侧转向灯、干燥罐等电器件的线束，结构布置如图 9-11 所示。

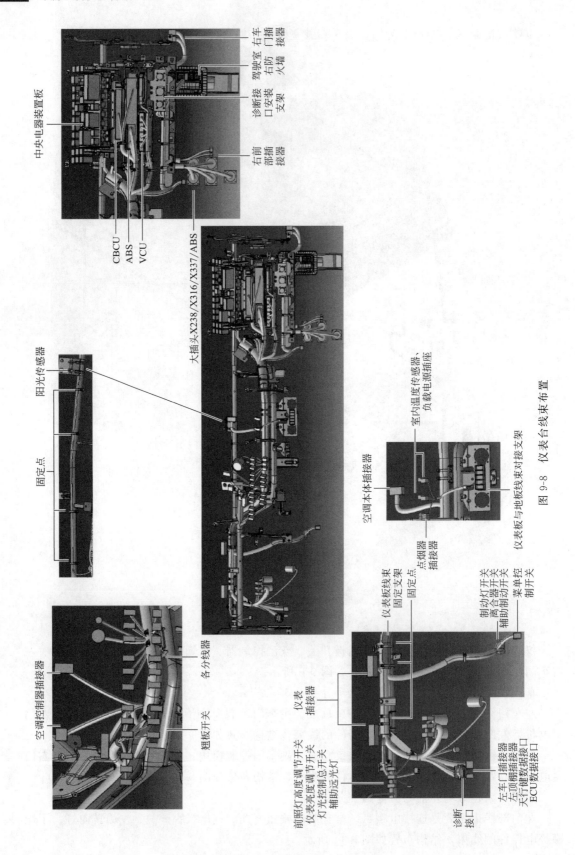

中央电器装置板

CBCU
ABS
VCU

右车门插接器
驾驶室右防火墙接器
诊断接口安装支架
右前部插接器

大插头X238/X316/X337/ABS

阳光传感器

固定点

空调控制器插接器

各分线器

翘板开关

前照灯高度调节开关
仪表亮度调节开关
灯光控制总开关
辅助远光灯

仪表板线束固定支架

仪表插接器

固定点
烟器插接器

诊断接口

左车门插接器
左车顶棚插接器
天行健数据接口
ECU数据接口

制动灯开关
离合器开关
辅助制动开关
菜单控制开关

空调本体插接器

室内温度传感器、负载电源插座

仪表板线束与地板线束对接支架

图9-8　仪表台线束布置

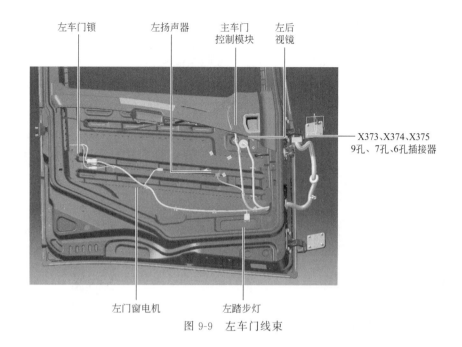

图 9-9　左车门线束

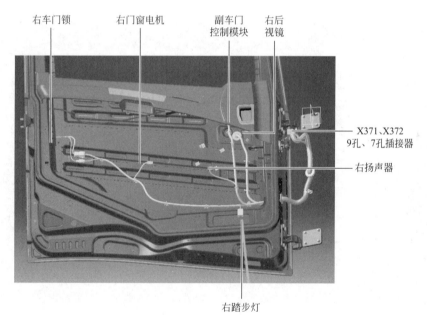

图 9-10　右车门线束

右前部线束主要是连接右侧转向灯等电器件的线束，结构布置如图 9-12 所示。

逆变电源布置在卧铺右下方，其相应线束通过驾驶室地板接到用电器，结构布置如图 9-13 所示。

底盘线束包括车架、发动机、起动机与尾部线束。

车架线束主要是连接驾驶室插接器 X316 与驾驶室锁止机构、侧标志灯、挂车插座、油量传感器、电磁阀（轮差、轴差、排气制动）、后围分线盒等电器件，结构布置如图 9-14 所示。

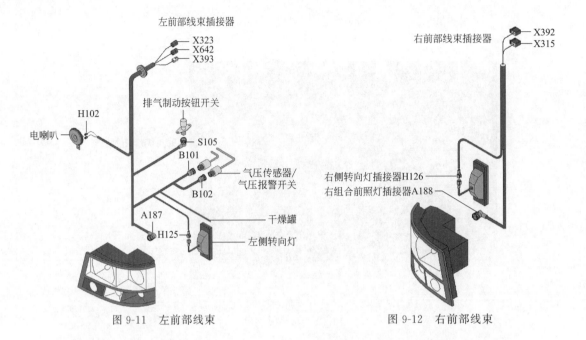

左前部线束插接器

X323
X642
X393

右前部线束插接器

X392
X315

排气制动按钮开关

H102

电喇叭

S105

B101

气压传感器/
气压报警开关

B102

右侧转向灯插接器H126

右组合前照灯插接器A188

A187

干燥罐

H125

左侧转向灯

图 9-11　左前部线束

图 9-12　右前部线束

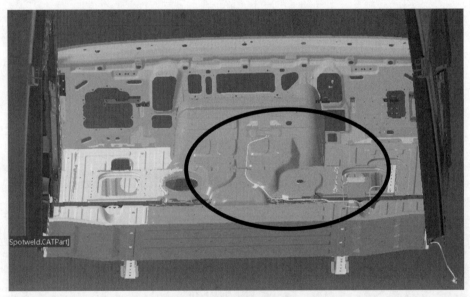

图 9-13　逆变电源布置

　　发动机线束主要是连接驾驶室插接器 X238、X337 与底盘发动机上的接口（包括发动机 ECU、水温油压传感器、油中有水传感器、变速箱、车下启动熄火装置等电器件），结构布置如图 9-15 所示。

　　起动机线束主要是连接变速箱及电源总开关等电器件，结构布置如图 9-16 所示。

　　尾部线束包括尾灯线束、倒车蜂鸣器线束、轮轴差线束与后分线盒的连接，结构布置如图 9-17 所示。

　　若出现电器故障，则可根据整车原理图明确故障原因。若原因确定为线束问题，则可根据以上线束结构与布置确定线束故障位置，以解决线束故障问题。

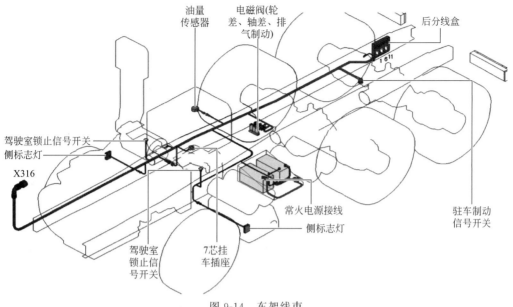

图 9-14　车架线束

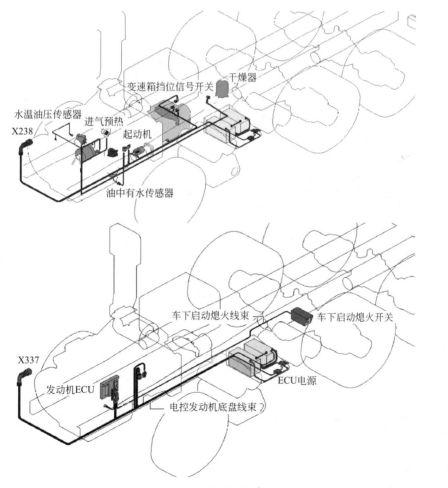

图 9-15　发动机线束

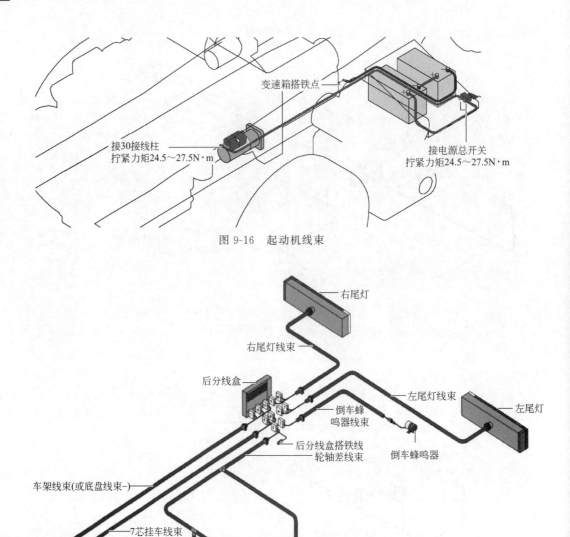

图 9-16 起动机线束

图 9-17 尾部线束

9.2.2 连接器位置

以重汽豪沃汕德卡为例,电器线束与连接器分布如下所述。

(1)底盘电器线束接插件

① 尾灯线束从车架孔(1)穿出,使用拉带(2)捆扎在挡泥板支架上,在(3)处与尾灯接插件对接,如图 9-18 所示。

② 气囊高度调节阀接插件位置如图 9-19 所示。

③ 车辆后模块接插件及连接线束如图 9-20 所示。安装时要求线束接头捆扎牢固,线束不得交叉。

图 9-18　尾灯线束

图 9-19　高度调节阀接插件　　　　　　图 9-20　后模块接插件

④ 后桥气囊高度调节阀（1）与 ABS 线束接插件（2）位置，如图 9-21 所示。

图 9-21　后桥气囊高度调节阀

⑤ 差速锁传感器接插件位置如图 9-22 所示。

⑥ 后桥 ABS 电磁阀接插件位置如图 9-23 所示。

⑦ ECAS 电磁阀线束接插件连接位置如图 9-24 所示。

⑧ 中桥 ABS 电磁阀接插件位置如图 9-25 所示。

⑨ 制动磨损报警线束接插件位置如图 9-26 所示。

⑩ ABS 线束接插件位置如图 9-27 所示。

图 9-22 差速锁传感器接插件

 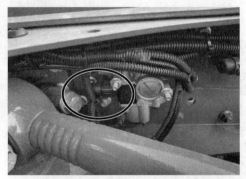

图 9-23 后桥 ABS 电磁阀接插件

 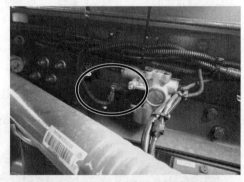

图 9-24 ECAS 电磁阀线束接插件 图 9-25 中桥 ABS 电磁阀接插件

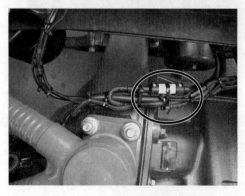 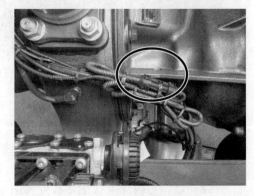

图 9-26 制动磨损报警线束接插件 图 9-27 ABS 线束接插件

⑪ 差速锁接插件位置如图 9-28 所示。

⑫ ASR 电磁阀接插件位置如图 9-29 所示。

图 9-28　差速锁接插件　　　　　　　　图 9-29　ASR 电磁阀接插件

⑬ 油位传感器接插件位置如图 9-30 所示。

⑭ 轮差与轴差电磁阀接插件位置如图 9-31 所示，白色为轮差电磁阀接头，红色为轴差电磁阀接头，绿色为轴差电磁阀接头。

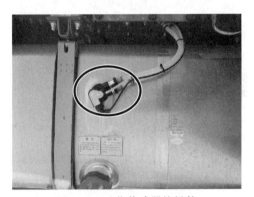

图 9-30　油位传感器接插件　　　　　　图 9-31　轮差与轴差电磁阀接插件

⑮ 缓速器线束接插件位置如图 9-32 所示。

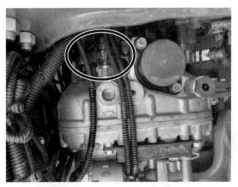

图 9-32　缓速器线束接插件

⑯ 变速器挡位线束接插件位置如图 9-33 所示。

⑰ 挂车接头位置如图 9-34 所示。

图 9-33   变速器挡位线束接插件   图 9-34   挂车接头

⑱ 燃油粗滤器油水分离附加线束接插件（1）与电加热附加线束接插件（2）安装位置如图 9-35 所示。

⑲ 尿素箱液位传感器线束接插件位置如图 9-36 所示。

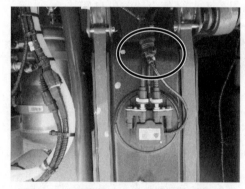

图 9-35   燃油粗滤器油水分离附加线束接插件   图 9-36   尿素箱液位传感器线束接插件

⑳ 蓄电池负极线（1）、正极线（2），预热继电器（3），10A、25A 熔断器（4）与电磁式电源总开关（5）位置如图 9-37 所示。

㉑ 油箱侧标志灯位置如图 9-38 所示，侧标志灯线束穿过车架孔，使用扎带固定在油箱拉带上。

图 9-37   蓄电池相关连接部件   图 9-38   油箱侧标志灯

㉒ 右转弯报警器附加线束接插件位置如图 9-39 所示。右转弯报警器附加线束，从车架孔穿出，使用扎带沿右侧翼子板支架固定右转弯报警器，使用螺栓固定在右侧翼子板上。

㉓ 前桥 ABS 电磁阀接插件位置如图 9-40 所示，前桥左侧 ABS 电磁阀接插件（1），从车架孔穿出，与电磁阀对插；前桥右侧 ABS 电磁阀接插件（2），从车架孔穿出，与电磁阀对插。

㉔ ABS 线束接插件位置如图 9-41 所示。

㉕ 制动磨损报警接插件位置如图 9-42 所示。

图 9-39　右转弯报警器附加线束接插件

图 9-40　前桥 ABS 电磁阀接插件

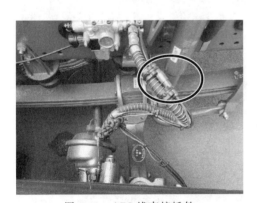

图 9-41　ABS 线束接插件　　　　　图 9-42　制动磨损报警接插件

㉖ 保险杠大灯接插件位置如图 9-43 所示。前照灯接插件为（1），前照组合灯接插件为（2）。

㉗ 气压传感器接插件位置如图 9-44 所示。

㉘ 左侧液压锁开关报警线束（1）与右侧液压锁开关报警线束（2）如图 9-45 所示。

㉙ 后处理温度传感器接插件位置如图 9-46 所示。

㉚ 挂车插座线束接插件（1）、车架线束接插件（2）（3）位置如图 9-47 所示。

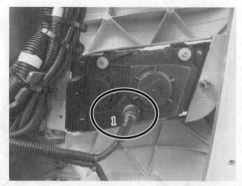

图 9-43　保险杠大灯接插件

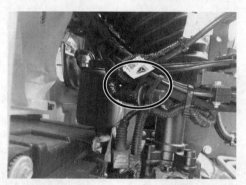

图 9-44　气压传感器接插件

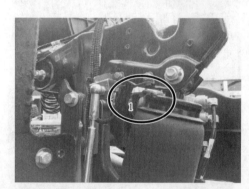

图 9-45　液压锁开关报警线束

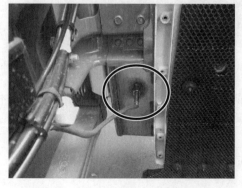

图 9-46　后处理温度传感器接插件　　　　图 9-47　挂车插座线束接插件与车架线束接插件

㉛ 发动机 SCR 线束接插件（1）与发动机自带线束接头（2）位置如图 9-48 所示。

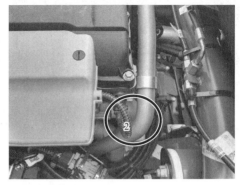

图 9-48 发动机 SCR 线束接头

㉜ 进气预热装置接插件位置如图 9-49 所示。

㉝ 空滤器报警线束接插件位置如图 9-50 所示。

图 9-49 进气预热装置接插件　　　　图 9-50 空滤器报警线束接插件

㉞ 发电机线束接插件位置如图 9-51 所示。

㉟ 分线盒安装位置如图 9-52 所示。分线盒安装在车架后端左纵梁内侧（1），螺栓由车架内侧向外侧（2）穿出。

㊱ 电喇叭线束使用扎带（1）沿踏板框支架固定，与电喇叭线束对插，电喇叭使用螺栓（2）固定在电喇叭支架上，如图 9-53 所示。

㊲ ABS 底盘线束铺设如图 9-54 所示。接头编号或接头处标签：B601，代表左前；B602，代表右前；B603，代表左后；B604，代表右后。或者接头标签写有：左前，左后，右前，右后

图 9-51 发电机线束接插件

（1）。桥传感线束与 ABS 传感线束接头用拉带固定在主干路上或支架上（2），预留好弧度，限位块到桥上翼面之间垂直距离的 1~2 倍，为线束预留余量长度。

（2）驾驶室电器线束接插件

① 卧铺照明灯安装方向：开关朝下，如图 9-55 所示。

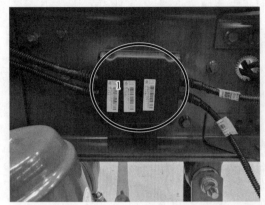
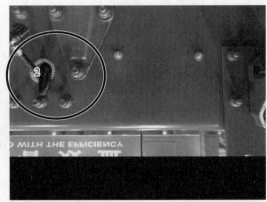

图 9-52　分线盒

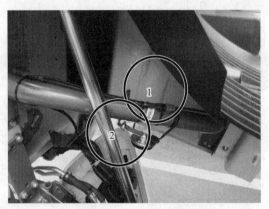

图 9-53　电喇叭线束

图 9-54　ABS 底盘线束铺设

② 顶棚线束沿 A 立柱理顺到位后粘接，粘接时避让挡风玻璃识别孔，如图 9-56 所示。

③ 左工具箱线束每隔 10cm 需用布基胶带固定，如图 9-57 所示。

④ USB 线束每隔 10cm 需用布基胶带固定，装配线束时，前方线预留出 6cm，目的为

保证安装仪表台时便于连接，如图 9-58 所示。

图 9-55　卧铺照明灯

图 9-56　顶棚线束

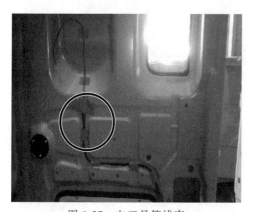

图 9-57　左工具箱线束

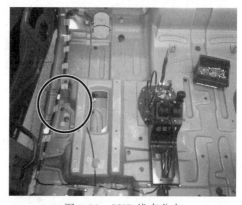

图 9-58　USB 线束分布

⑤ 车门扬声器：安装左车门线束（与右车门一致）（1），线束在理顺时要捋直。安装左车门扬声器（2），使用自攻钉固定在螺母座上，如图 9-59 所示。安装左车门扬声器，接插件要安装到位，并将多余的线用胶带固定，避免在玻璃升降时异响。

⑥ 车门线束使用异型扎带固定在车门主体上，如图 9-60 所示。

⑦ 车门控制器使用自攻钉固定在玻璃升降器上，如图 9-61 所示。

图 9-59　车门扬声器

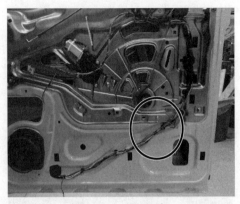

图 9-60　车门线束　　　　　　　　　　图 9-61　车门控制器

⑧ ECAS 控制单元（2）通过固定支架（1）安装，如图 9-62 所示。

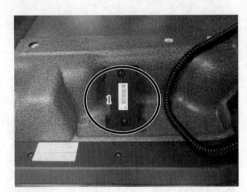

图 9-62　ECAS 控制单元

⑨ 中央配电装置：保险装置（1）通过卡槽固定在配电装置旁边，中央配电装置通过支架（2）固定在仪表台本体上，NanoBCU（3）固定在配电装置背面，如图 9-63 所示。

图 9-63　中央配电装置

⑩ ABS 控制单元通过螺栓固定在 VCU 安装箱中，如图 9-64 所示。

⑪ VCU 控制单元通过卡槽固定在 VCU 安装箱中，如图 9-65 所示。

图 9-64 ABS 控制单元

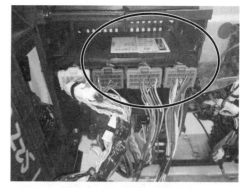

图 9-65 VCU 控制单元

⑫ 仪表台右侧过线盒如图 9-66 所示，驾驶室线束接插件通过卡槽固定在过线盒上。

⑬ 智能通主机通过自攻钉（1）固定在仪表盖板上。线束接插件（2）与智能通连接时，接插到位，确认不脱落。天线（3）与智能通 A 板连接时应用开口扳手紧固，如图 9-67 所示。

⑭ 转向管柱电线束位置如图 9-68 所示，接插件严格按照颜色接插，注意接插到位。

图 9-66 驾驶室线束接插件

图 9-67 智能通

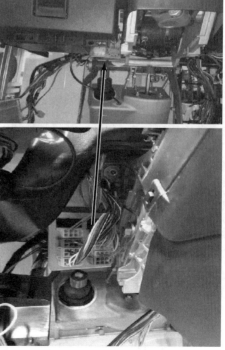

图 9-68 转向管柱电线束

⑮ GPS 天线先粘接在风道上，然后使用扎带固定，如图 9-69 所示。

⑯ GPRS 天线粘接在仪表台左端上，如图 9-70 所示。

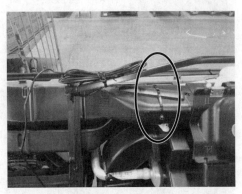

图 9-69 GPS 天线

图 9-70 GPRS 天线

⑰ 空调控制器卡接在开关面板（1）上，空调控制器接插件（2）接插牢固，如图 9-71 所示。

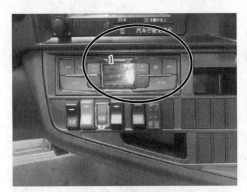

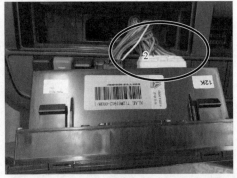

图 9-71 空调控制器

图 9-72 行车记录仪

⑱ 行车记录仪卡接在下杂物箱上，如图 9-72 所示。

⑲ 前示廓灯接插件对接牢固，灯背面使用玻璃胶密封（1），使用自攻钉（2）固定在顶盖上，如图 9-73 所示。

⑳ 后示廓灯使用自攻钉固定在顶盖上，电线防水堵塞安装到位，如图 9-74 所示。

㉑ 中间杂物箱照明开关固定在上杂物箱内部，装配前检查开关是否正常回弹，装配后，需要做电检进行功能检查，如图 9-75 所示。

㉒ 组合仪表通过自攻钉（1）固定在仪表板上，组合仪表接插件按照标记（2）对插，如图 9-76 所示。

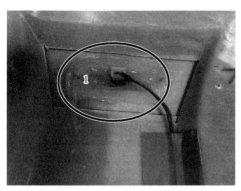

图 9-73 前示廓灯

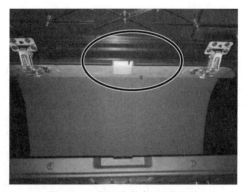

图 9-74 后示廓灯　　　　　　　图 9-75 中间杂物箱照明开关

图 9-76 组合仪表

第 10 章

照 明 系 统

10.1 前照灯与后尾灯

10.1.1 灯具安装位置与结构

以陕汽德龙 X5000 车型为例，前照灯为组合整体式前照灯，主要功能有近光灯、远光灯、位置灯、转向灯、前雾灯和辅助远光灯，均为 LED 光源，各功能的划分如图 10-1 所示。

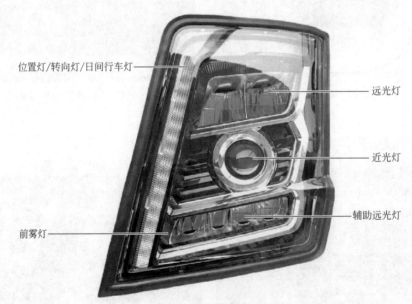

图 10-1　前照灯功能布局

前照灯总成后部结构如图 10-2 所示。前照灯总成连接器端子功能如表 10-1 所示。

表 10-1　前照灯总成连接器端子功能

端子	端子功能
1	近光灯正极
2	远光灯正极
3	雾灯正极
4	辅助远光灯正极

端子	端子功能
5	近光灯、远光灯、雾灯、辅助远光灯负极
8	流水装饰灯正极
9	昼行灯、前转向灯、前位置灯、流水装饰灯负极
10	昼行灯正极
11	前转向灯正极
12	前位置灯正极
13	转向反馈信号
14	电调信号
15	电调正极
16	电调接地

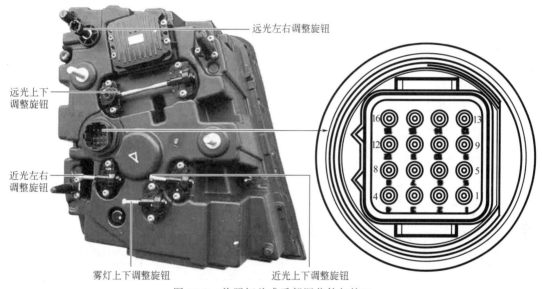

图 10-2　前照灯总成后部调节件与接口

后组合尾灯安装在后轮挡泥板上方的尾灯支架上，左右对称。

后组合尾灯由后示廓灯、后转向灯、制动灯、后位置灯、后雾灯、倒车灯、后回复反射器组成，各功能划分如图 10-3 所示。

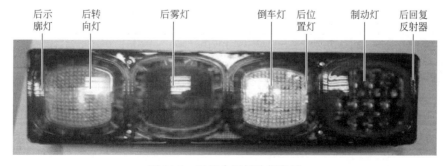

图 10-3　后组合尾灯功能布局

10.1.2　车外灯故障排除

（1）各功能灯不亮

检查灯具供电电源是否正常，若电源正常则灯具内部故障，更换灯具；若无电源输入，应仔细检查电路，排除故障。对大灯外围结构进行目视检查（灯具面罩是否异常、污损、有水汽等，装饰框漆面亮度、调光结构是否完好，插接器处是否缩针），如果有异常，及时更换处理。

（2）灯具进雾气

灯具进雾气属于正常现象，灯具进雾气后，可通过下述方法处理：

① 将所有功能灯点亮，以 60km/h 的车速行车 0.5h；

② 干燥天气时，将所有防尘盖打开，点亮所有功能灯，待雾气散去后安装好防尘盖。

（3）灯具无法点亮（LED 光源）

检查灯具供电电源是否正常，若电源正常则灯具内部故障，更换灯具；若无电源输入，应仔细检查电路，排除故障。

（4）灯具无法点亮（灯泡）

拆下灯具，打开灯具外壳，取出灯泡，检查灯泡是否损坏，若已损坏更换灯泡；若灯泡完好应检查线路。更换灯泡功率如下：倒车灯——24V P21W 5AB；后雾灯——24V P21W 5AB；后转向灯——24V P21W 5AB。

以重汽 HOWO 车型为例，当车辆近光灯失效时，可按图 10-4、表 10-2 所示流程进行排查。

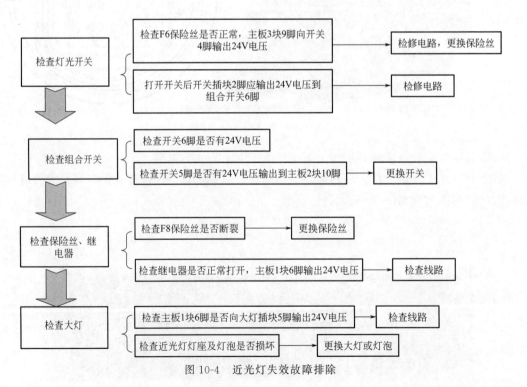

图 10-4　近光灯失效故障排除

表 10-2　近光灯失效故障排除步骤

步骤	检验内容	正常状态	异常的处理	
			检修	更换件
1	检查灯光开关	开关 4 脚应有 24V 电压,打开开关后 3 脚应有 24V 电压 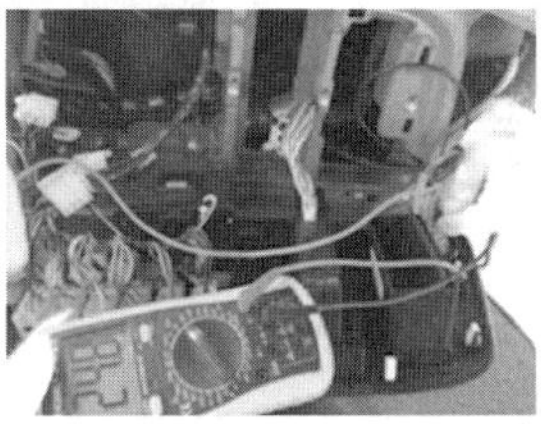 	检查 F6 保险丝是否正常,主板 3 块 9 脚向开关 4 脚输出 24V 电压,检查线路	更换开关
2	检查组合开关	开关 6 脚应有 24V 电压,打开开关,开关 5 脚有 24V 电压 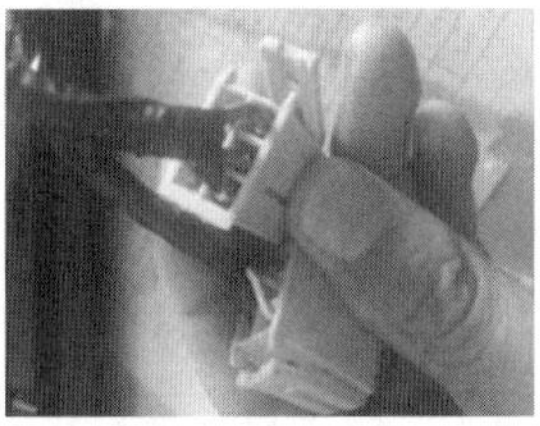 	检查开关 6 脚线路	更换开关
3	检查保险丝、继电器	继电器正常打开,主板 1 块 6 脚输出 24V 电压  	检修主板	更换保险丝、继电器
4	检查大灯	大灯插块 5 脚应有 24V 电压,灯泡能够正常点亮 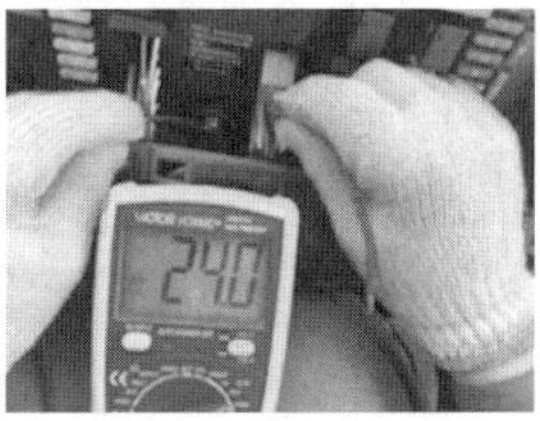 	检查主板 1 块 6 脚至大灯插块 5 脚线路是否断裂	更换灯泡

10.2　车内照明灯

10.2.1　车内灯安装位置

以陕汽德龙 X5000 车型为例,阅读灯装配在高架箱下方中间部位,以 3 颗自攻螺钉进行固定,撬开灯镜,便可看见安装孔。卧铺灯安装在驾驶室卧铺后围内衬上,用卡扣固定。迎宾灯安装在车门内防护板下侧位置,左右车门各安装一个。杂物箱照明灯安装在高架箱内,三个高架箱各安装一个。车内灯布置如图 10-5 所示。

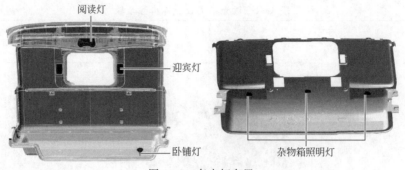

图 10-5　车内灯布置

10.2.2　车内灯故障排除

车内灯常见故障为灯具无法点亮，此时需要检查灯具插接器正负极是否接反，若没有接反则检查灯具供电电源是否正常，若电源正常则灯具内部故障，更换灯具；若无电源输入，应仔细检查电路，排除故障。

以联合卡车为例，驾驶室内部照明部件故障排除流程如图 10-6 所示。

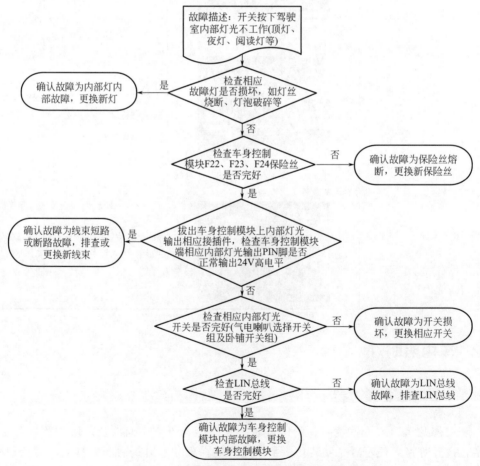

图 10-6　驾驶室照明部件故障排除流程图

第 11 章

仪表总线系统

11.1 组合仪表

11.1.1 系统工作原理

组合仪表安装在汽车驾驶室内方向盘前的仪表台面板中，是驾驶员与汽车主要的交互界面，为驾驶员提供所需的汽车运行参数、故障、里程等信息，并通过驾驶员在其界面中的操作来控制部分整车功能。仪表系统电路原理简图如图 11-1 所示。

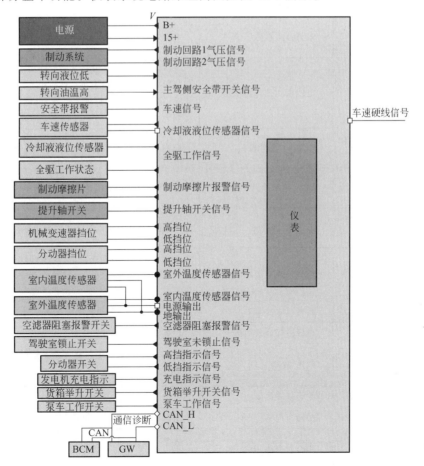

图 11-1　仪表系统电路原理简图

11.1.2　系统故障诊断

解放卡车仪表故障排除如表 11-1 所示。

表 11-1　仪表故障排除

故障现象	原因分析	排除方法
各仪表均不工作	保险丝(F17、F8)熔断	查找短路处,更换相同容量保险丝
	组合仪表故障	更换组合仪表总成
各仪表工作异常	搭铁不良	检查仪表搭铁状态并保证搭铁良好
	组合仪表故障	更换组合仪表总成
关闭点火开关后,仪表指针不回位	保险丝熔断	查找短路处,更换相同容量保险丝
	组合仪表电源(或搭铁)故障	检查组合仪表电源线、搭铁并保证连接良好
	组合仪表故障	更换组合仪表总成
车辆行驶,各仪表指针归零位	保险丝熔断	查找短路处,更换相同容量保险丝
	组合仪表电源(或搭铁)故障	检查组合仪表电源线、搭铁并保证连接良好
	组合仪表故障	更换组合仪表总成
点火开关至 ON 挡,电压表无指示,燃油表正常	组合仪表故障	更换组合仪表总成
启动发动机,油压表无指示	电线束断开;触点损坏	用诊断仪检测电控系统是否有油压传感器故障信息;用一块确认良好的仪表进行替换检查,观察油压表是否正常;检查车辆电控系统及电线束;更换燃油表传感器总成
转速表、机油压力表和水温表均无指示	ECU 信息故障	检查 ECU 连接的端子并保证牢固连接
故障灯长亮,机油压力表无指示	ECU 信息故障	用诊断仪检测 ECU 是否为最新版本,并及时更新
点火开关至 ON 挡,辅助制动灯微亮	ECU 信息故障	用诊断仪检测 ECU 是否为最新版本,并及时更新
指示灯、报警灯均不亮	电线束或电源故障	将开关处线束两端连接,给仪表灯供电或接地(按仪表端子定义),若灯点亮,则继续检查线束、开关及相关系统等
	组合仪表故障	检查时若灯未亮,更换组合仪表总成
点火开关至 ON 挡,ECU 自检时,发动机故障灯不亮	电线束接插件故障	检查仪表端接插件并保证牢固连接
	ECU 故障	用万用表测试 ECU 输出,并保证输出正确或更换 ECU
	组合仪表故障	更换组合仪表总成
点火开关至 ON 挡,ECU 自检完毕,发动机故障灯不熄灭	故障车况	用诊断仪检测是否有故障信息,并及时排除
	组合仪表故障	故障排除,故障信息消除后发动机故障灯仍未熄灭,更换组合仪表总成

续表

故障现象	原因分析	排除方法
车速表无指示,里程计数无变化	霍尔式车速传感器故障	快速转动霍尔式车速传感器的销轴,若车速表摆动,更换车速传感器;若车速表不摆动,继续检查车速信号控制器
	车速信号控制器故障	将控制器的线束的车速信号输入端和车速信号输出端连接,快速转动霍尔式车速传感器的销轴,若指针摆动,则更换控制器;若不摆动,继续检查电线束
	电线束故障	检查组合仪表到传感器的电线束是否正常,组合仪表提供给车速传感器的电源电压范围为 $6\sim12V$
	车速里程表故障	更换组合仪表总成
车速表有指示,里程不计数或乱码	车速里程表故障	更换组合仪表总成
车速表无指示,里程计数	车速里程表故障	更换组合仪表总成
启动发动机,转速无指示	电控系统故障	检查电控系统(见电控系统部分维修)
	组合仪表故障	更换组合仪表总成
点火开关至 ON 挡,水温表无指示,实际水温升高	电控系统故障	用诊断仪检测电控系统是否有水温传感器故障信息,并保证信息准确
	组合仪表故障	更换组合仪表总成
点火开关至 ON 挡,燃油表无指示	燃油传感器故障	用万用表测试燃油传感器输出电阻值,若异常则更换燃油传感器总成
	电线束故障	检查电线束并保证良好
	组合仪表故障	更换组合仪表总成

11.2 总线网络

11.2.1 系统工作原理

汽车技术领域中电子技术正在飞速发展,汽车电器日趋复杂,高度集成的多功能,使汽车工程师们必须寻求更快速有效的信息传输方式。

总线技术及车载网络的出现,使汽车更多更强的功能成为现实。为了既能保证各种汽车电子设备通信顺畅,又能节省空间,应将各个独立的电子设备连接成网络。为了保证信号传递的准确性和可靠性,应将原来的模拟信号转换为数字信号,如图 11-2 所示。

CAN 为 Controller Area Network 的缩写,意为控制器局域网络;CAN 总线系统是双线系统,双线同时工作,可靠性很高;最大稳定传输速率可达 1000kbit/s（1Mbit/s）。CAN 总线特征如图 11-3 所示,系统构件如图 11-4 所示。

11.2.2 网关功能与故障排除

以陕汽德龙 X5000 车型为例,该车网关模块具备以下功能:

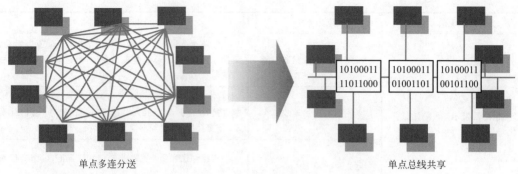

单点多连分送　　　　　　　　　　　　　　　　单点总线共享

图 11-2　车载网络进化

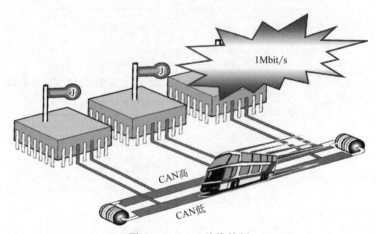

图 11-3　CAN 总线特征

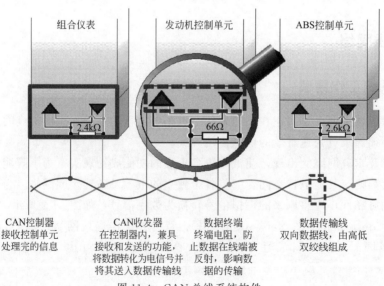

组合仪表　　　　　　　发动机控制单元　　　　　　ABS控制单元

CAN控制器
接收控制单元
处理完的信息

CAN收发器
在控制器内，兼具
接收和发送的功能，
将数据转化为电信号并
将其送入数据传输线

数据终端
终端电阻，防
止数据在线端被
反射，影响数
据的传输

数据传输线
双向数据线，由高低
双绞线组成

图 11-4　CAN 总线系统构件

① 开关信号采集：采集 9 个信号，并且转化为 CAN 总线信号。

② 路由功能：不同网段之间进行报文、信号路由转发。

③ 网关自诊断功能：对自身及相关网络节点的故障进行诊断记录。

④ 快照记录：对其他节点的 A 类故障进行快照记录（最多 100 条）。

⑤ 远程认证功能：与 TXJ 终端完成认证，实现远程认证。

⑥ 车辆启动功能：支持车辆的正常启动。

⑦ 远程驻车空调控制：可以通过网关对空调实现远程控制。

网关模块电气连接如图 11-5 所示。

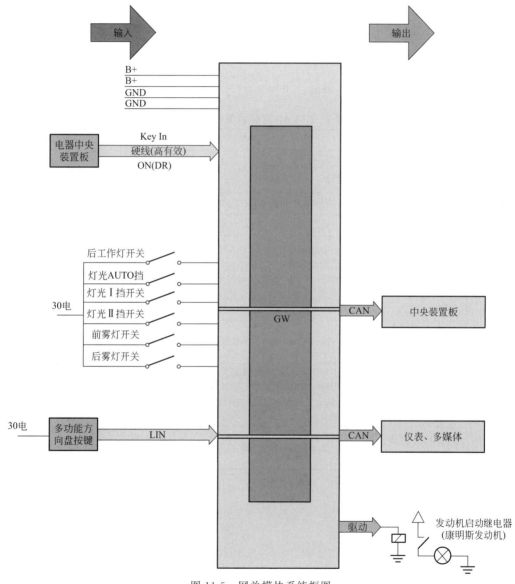

图 11-5　网关模块系统框图

① 小灯开关。网关硬线采集小灯开关转换硬线信号为 CAN 信号，发给中央装置板（CPD），从而控制灯光。硬线信号为高有效。故障发生时，打开开关，可用万用表测量其电压。

② 接插件松动。在接插件或端子松动时造成网关功能失效或异常，需要排查网关端子

是否正常，观察端子孔径是否变形异常。

③ 启动。康明斯车辆为硬线启动方式，网关的启动继电器针脚在空挡和 Start 电有效时，输出 24V 电压。车辆无法启动时，可测量网关 Start（24V）及启动继电器输出脚（24V）。

④ 配有诊断仪情况下，通过诊断仪可读取网关存储故障，方便问题排查。

⑤ 远程锁车，一般为网关与天行健 PIN 不一致导致。另由更换网关或发动机导致认证失败引起，可在更换后启动前，利用诊断仪从后台下发数据，刷写网关 PIN 及发动机认证参数。

11.2.3　总线网络故障诊断

当 CAN 总线系统出现通信故障时，可按表 11-2 所示进行故障排查。

表 11-2　CAN 网络通信故障诊断

故障现象	原因分析	检修方法	排除方法
CAN 线路故障	CAN_H 与 CAN_L 之间短路	用万用表检测 CAN_H 与 CAN_L 之间导通情况	修复电路
	CAN_L 线对地短路	用万用表检测 CAN_L 线对地电压	修复电路
	CAN_H 线对地短路	用万用表检测 CAN_H 线对地电压	修复电路
	CAN 线断路	用万用表测量 CAN_L 与 CAN_H 各分支节点的通断情况	修复电路
CAN 网络模块故障	CAN 网络中各电器故障	更换电器看问题是否解决	更换电器
	CAN 网络中各电器接地不良	检查 CAN 网络中各电器接地线是否良好	增加各电器接地线路
	CAN 网络多终端电阻	SAE J1939 协议规定 CAN 网络只需 2 个 120Ω 的终端电阻，用万用表测量 CAN_H 与 CAN_L 之间电阻值是否为 60Ω，小于 60Ω 为终端电阻过多	去除多余终端电阻
	CAN 网络缺少终端电阻	增加终端电阻看问题是否解决	增加终端电阻

第 12 章

电 动 装 置

12.1 电动门窗

12.1.1 控制器电路功能

以陕汽德龙 X5000 为例，门窗控制器实现门锁的开闭锁控制、门锁电机热保护、中控门锁反馈信号输出、自动落锁控制、门窗玻璃的升降控制、门窗电机热保护、后视镜的调节、后视镜热保护、后视镜除霜、门灯及踏步灯控制功能，遥控与门窗控制器匹配后，实现遥控开闭锁、升降窗功能。门窗控制器系统框图如图 12-1 所示。

12.1.2 控制器端子定义

门窗控制器端子分布如图 12-2 所示。门窗控制器端子定义见表 12-1。

表 12-1 门窗控制器端子定义

端子	定义	端子	定义
X1-1	接地 2	X2-19	副驾驶侧门开关状态
X1-2	电源 2(门锁电源)	X2-20	副驾驶侧门窗模拟开关
X1-3	后视镜除霜器驱动和除霜状态指示灯驱动	X2-21	副驾驶侧后视镜公共端
X1-4	门锁电机驱动输出(正转)	X2-22	副驾驶侧后视镜左右调节驱动
X1-5	接地 1	X2-23	踏步灯 1
X1-6	电源 1(门窗电源)	X2-24	踏步灯 2
X1-7	副驾驶侧车窗电机驱动输出(反转)	X2-25	驾驶员侧后视镜上下调节驱动
X1-8	驾驶员侧车窗电机驱动输出(反转)	X2-26	副驾驶侧后视镜上下调节驱动
X1-9	副驾驶侧车窗电机驱动输出(正转)	X2-27	LIN
X1-10	驾驶员侧车窗电机驱动输出(正转)	X2-28	CAN_L
X2-1	副门锁电机驱动输出(正转)	X2-29	驾驶员侧后视镜公共端
X2-7	点火开关 ON	X2-31	副驾驶侧门窗模拟开关回地
X2-9	驾驶员侧门开关状态	X2-32	驾驶员侧门锁状态
X2-10	副驾驶侧门锁状态	X2-33	驾驶员侧后视镜左右调节驱动
X2-11	副门锁电机驱动输出(反转)	X2-35	遥控器天线
X2-12	门锁电机驱动输出(反转)	X2-36	CAN_H

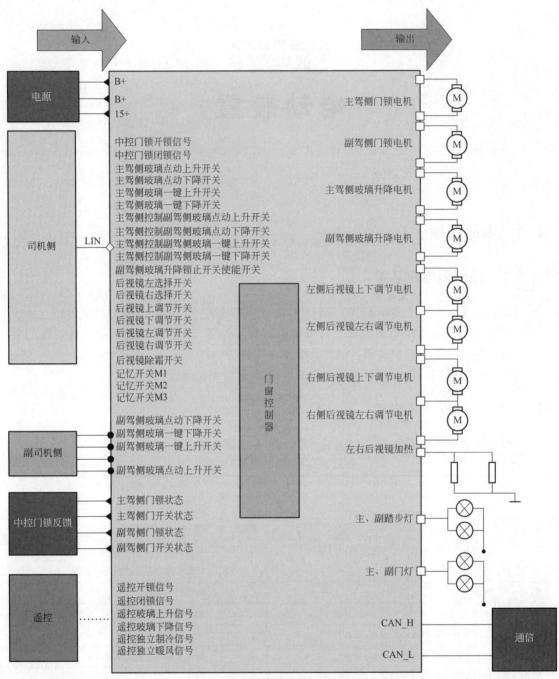

图 12-1 门窗控制器系统框图

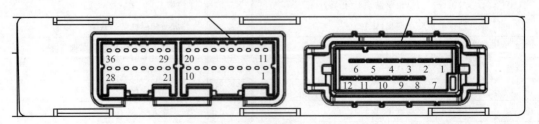

图 12-2 门窗控制器端子分布

12.1.3　电动门窗故障排除

（1）遥控功能失效

先确认使用条件：拔出钥匙状态下整车断电、左右车门关闭（门灯不亮），再次尝试使用遥控。若遥控无效，使用诊断仪匹配遥控。若遥控匹配未成功，建议更换新遥控进行匹配。

（2）门控开关功能失效

大灯开关打开后，若门控开关背光灯不亮，使用多媒体控制门窗，若门控开关功能恢复正常，则对门窗控制器进行刷写程序处理；若使用多媒体操作后，门控开关功能没有恢复，查看门控开关。

（3）门窗升降困难、卡滞

检查门窗的胶条、导轨的装配。

12.1.4　中控门锁故障排除

当中控门锁不工作时，可按表 12-2 所示方法进行排除。

表 12-2　中控门锁不工作故障排除

故障现象	原因分析	检修方法	故障排除
车门闭锁器故障	—	用替换法确定是否解决问题	更换车门闭锁器总成
	—	用替换法确定是否解决问题	更换控制单元
控制单元线路故障	接插件连接不正确	目视检查接插件是否插到位	正确连接接插件
	电源线路故障	用万用表检查线路的导通和电压	针对故障问题修复电路
	继电器故障	执行闭锁或开锁操作瞬间,继电器是否有吸合声音	更换继电器
	接地断路	用万用表检查线路的导通和电压	针对故障问题修复电路
	保险丝熔断	目视检查保险丝是否熔断	更换保险丝

12.2　雨刮器与洗涤器

12.2.1　结构原理

雨刮器由电动机驱动，大部分由雨刷臂、刮片、雨刷总成、橡胶刷、刷握、雨刷臂主轴、雨刷底板、电动机、减速机构、驱动杆系统、驱动杆铰链、雨刷开关和雨刷开关旋钮等组成。雨刮器工作时，上下刮片被雨刷臂压在挡风玻璃的外表面层上，电机带动减速机构转动，并通过驱动杆系统做往复运动，驱动雨刷臂和刮片上下摆动刮擦挡风玻璃。

风窗洗涤器主要由储液罐、洗涤泵、输液软管、喷嘴等组成。储液罐由塑料制成，内装有洗涤液。洗涤泵俗称喷水电动机，由直流电动机和离心泵组成，其作用是将清洗液加压，通过输液软管和喷嘴喷洒到风窗玻璃表面，当风窗玻璃上有灰尘或者污物时，先开动洗涤泵，将洗涤液喷到刮片的上部，湿润玻璃，然后开动雨刮器，将玻璃上灰尘或者污物刮掉。

12.2.2 故障诊断与排除

雨刮器与洗涤器常见故障排除如表 12-3 所示。

表 12-3 雨刮器与洗涤器故障排除

故障现象	原因分析	诊断方法
雨刮器在任何挡位都不工作	①保险丝	更换保险丝
	②组合开关	检修线路及相关部件
	③雨刮电机	
	④线束	
	⑤组合仪表	
	⑥CBCU	
电机转动但雨刷臂不动或运动缓慢	①雨刷臂松动	紧固或更换雨刷臂
	②雨刷连杆松脱或变形	更换雨刷连杆
	③电机轴承或减速器齿轮润滑不良	更换雨刷电机
刮水效果不好	①玻璃脏污	清洁玻璃
	②雨刷胶条损坏	更换雨刷胶条
	③雨刷臂损坏	更换雨刷臂
雨刮器无法停止	①组合开关	检修线路及相关部件
	②线束	
	③组合仪表	
	④CBCU	
雨刮器在间歇挡不工作	①组合开关	检修线路及相关部件
	②线束	
	③组合仪表	
	④CBCU	
雨刮器在低速挡不工作	①组合开关	检修线路及相关部件
	②线束	
	③组合仪表	
	④CBCU	
雨刮器在高速挡不工作	①组合开关	检修线路及相关部件
	②线束	
	③组合仪表	
	④CBCU	
雨刮器不回位	①组合开关	检修线路及相关部件
	②线束	
	③组合仪表	

续表

故障现象	原因分析	诊断方法
洗涤器不工作	①洗涤液	添加洗涤液
	②喷嘴	疏通或更换喷嘴
	③软管	疏通或更换软管
	④组合开关	检修线路及相关部件
	⑤洗涤电机	
	⑥组合仪表	
	⑦CBCU	
	⑧线束	

12.3　驾驶室电动翻转装置

12.3.1　功能原理

卡车驾驶室的液压升降系统主要由举升油缸、手（电）动泵、液压锁和管路等几个部件组成。其工作原理是以手（电）动泵作为系统的动力单元，以举升油缸作为系统的执行单元，借助举升油缸上下支点和底盘实现与驾驶室的连接，然后，集成手动换向阀，实现对系统的上升/下降操作，同时，用液压锁来确保卡车驾驶室在行车工作时可以有效锁紧。

重汽 HOWO 卡车驾驶室举升系统结构如图 12-3 所示。

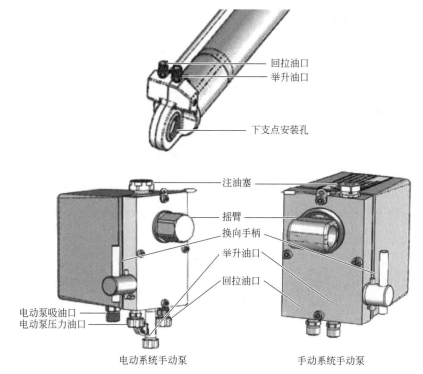

图 12-3　举升系统部件结构

12.3.2　驾驶室翻转电路

福田欧曼 GTL 电动举升系统电路如图 12-4 所示。

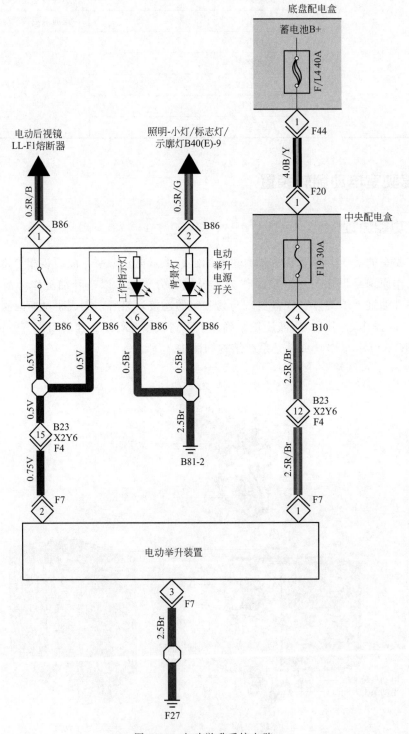

图 12-4　电动举升系统电路

12.3.3 电动举升装置故障排除

电动举升装置故障排除流程如图 12-5 所示。

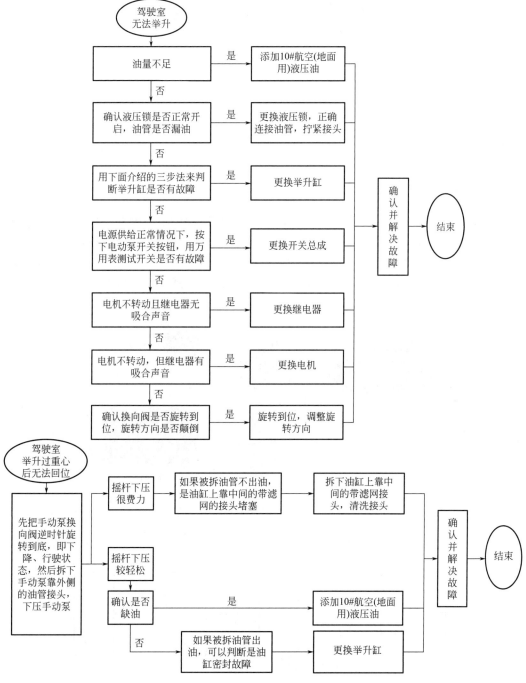

图 12-5 电动举升装置故障排除流程

第13章

驾驶辅助系统

13.1 胎压监测系统

13.1.1 组成与原理

胎压监测系统是一种直接式无线监测装置，实时监测轮胎内部压力、温度，发射器内电压，轮胎位置等信息。当轮胎压力或温度异常、传感器电池电压低于推荐的标准压力值时进行报警，监测并警示慢漏气、快速漏气、刺穿等轮胎异常情况，系统故障轮胎是否有丢失的情况，并指示发生故障轮胎的位置。胎压监测系统由胎压传感器、中继器、集线器与显示器等部件组成，系统原理框图如图 13-1 所示。

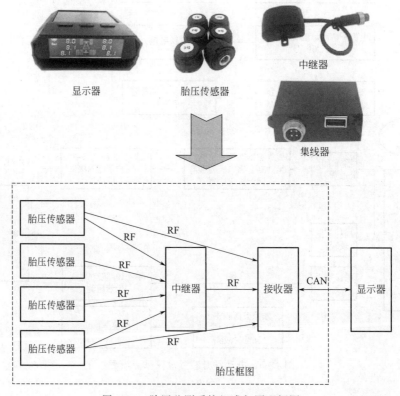

图 13-1 胎压监测系统组成与原理框图

13.1.2 维修匹配

更换胎压监测器后，胎压匹配有三种模式：初始模式、正常模式和4S店匹配模式。在匹配胎压监测器时，需要将检测器与设置器匹配。

更换胎压监测器后的匹配方法：

① 初始模式。在BCM获知任何胎压传感器信息之前，BCM不会接收和处理任何传感器信息，并将记录"胎压传感器未获知"的故障代码。

② 正常模式。BCM学习传感器后进入正常模式。在这种模式下，在收到有效的轮胎压力传感器信息后，BCM将在控制器中提取并存储信息中的轮胎压力和温度信号，并在点火开关打开时定期将它们发送到仪器，并相应地显示它们。

③ 4S店匹配模式。通过诊断命令可以独立学习一个胎压传感器，通过诊断命令可以进行轮胎换位等操作。匹配传感器时，探测器和设置器需要配合。请参见以下匹配方法的步骤：

a. 将诊断仪器连接到CAN-BUS H诊断接口，通过诊断接口指示BCM进入传感器学习状态。

b. 选择要学习的传感器的轮胎位置。

c. 诊断仪器进入学习等待状态。

d. 用设置器接近更换传感器的轮胎气门嘴，按下更换传感器轮胎位置的按钮，该位置的指示灯闪烁（指示灯闪烁时，保持设置器在距离传感器50cm范围内）。

e. 当指示灯停止闪烁时，检查诊断仪器是否收到传感器学习的信息，如果收到传感器学习的信息，确认成功。

13.2 自动紧急制动系统

13.2.1 组成与原理

自动紧急制动系统（AEBS）通过远距离雷达与（或）前视摄像头监测卡车前方道路状况，当车辆遇到碰撞危险时，系统会通过声音信号等发出警报，提醒驾驶员注意道路状况。若距离过近，驾驶员仍未采取任何措施，系统会自动辅助驾驶员紧急制动，从而避免发生碰撞事故。AEBS系统中前方碰撞报警始终处于激活状态，向驾驶员提供声音、灯光以及动态振动等警告方式，对于移动和减速停止中的目标能够实现全制动，对于静态的目标实现部分制动。系统由若干传感器（包括摄像头与雷达）、前后桥模块及EBS控制器组成，系统原理框图如图13-2所示。

13.2.2 控制器端子

控制器端子分布如图13-3所示，端子功能定义见表13-1。

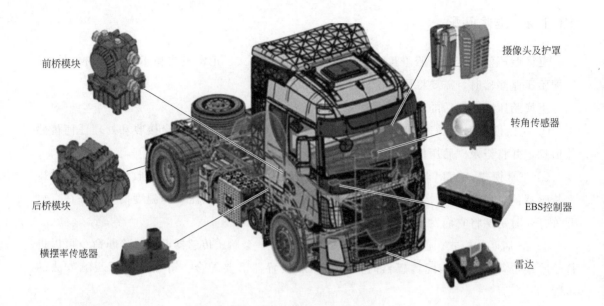

前桥模块

摄像头及护罩

转角传感器

后桥模块

EBS控制器

横摆率传感器

雷达

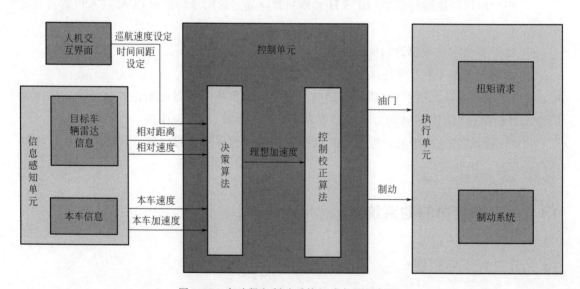

图 13-2　自动紧急制动系统组成与原理框图

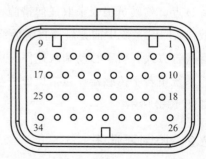

图 13-3　控制器端子分布

表 13-1　端子定义

端子	定义	端子	定义	端子	定义
1	电源(15)	13	雷达 CAN_L	25	电源(30)
2	前轴压力传感器信号	14	预留	26	前轴 ASR 备用信号
3	后轴压力传感器信号	15	FCW 开关	27	前轴 ASR 控制信号
4	雷达 CAN_H	16	雷达地	28	预留
5	预留	17	电源(30)	29	预留
6	预留	18	后轴 ASR 控制信号	30	预留
7	AEBS 开关	19	预留	31	CAN 屏蔽地
8	预留	20	预留	32	整车 CAN_L
9	雷达供电电源	21	预留	33	地
10	后轴 ASR 备用信号	22	IEC 开关	34	地
11	前轴压力传感器信号地	23	预留		
12	后轴压力传感器信号地	24	整车 CAN_H		

13.3　环境监控系统

13.3.1　组成与原理

　　环境监控系统是由主车前部摄像头、主车左前/左后摄像头、主车右前/右后摄像头、倒车后部摄像头、挂车结合（主车后）摄像头、货厢内监控摄像头、左右侧毫米波雷达及超声波雷达组成。摄像头监控各重点部位的情况，通过影音系统上的按键对各路视频进行切换。通过毫米波雷达监测后方来车距离，通过超声波雷达监测车身附近行人及障碍物。环境监控控制器将相应视频处理后，发送给影音系统进行显示，并将雷达的报警信号发送给天行健终端报警。主要功能包括：行驶时视野增强、倒车时视野增强、挂车可视倒车、挂车结合监视、货厢内部监视、360°环视、转向自动切换、视频存储和回放、雷达监测（侧向变道提示）。系统原理框图如图 13-4 所示。

　　陕汽德龙 X5000 环境监控系统主机安装在副驾位置前仪表板下控制器安装支架第三层，如图 13-5 所示。

　　前摄像头安装在驾驶室左侧遮阳罩支架处，后摄像头安装在驾驶室顶盖后部中上方位置处，左右侧摄像头安装在外后视镜支座下方，摄像头安装位置如图 13-6 所示。

13.3.2　控制器端子

　　控制器端子分布如图 13-7 所示，端子功能见表 13-2。

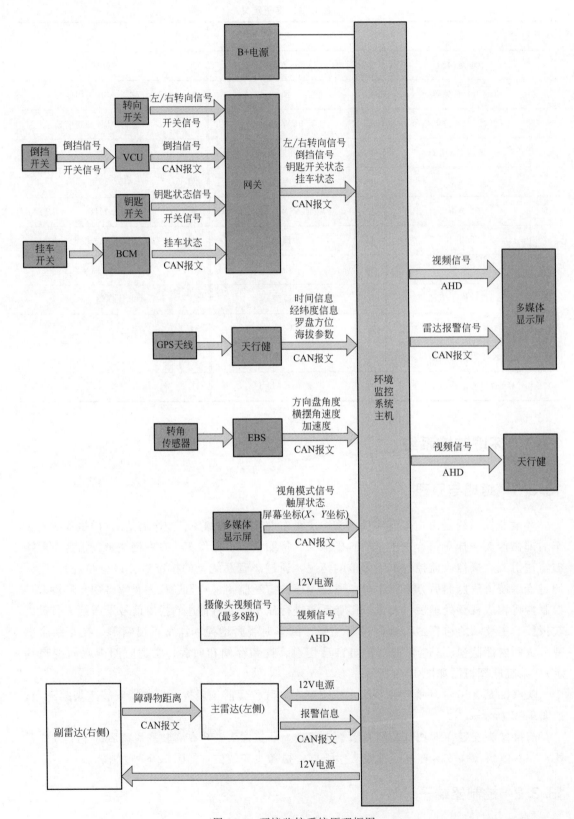

图 13-4 环境监控系统原理框图

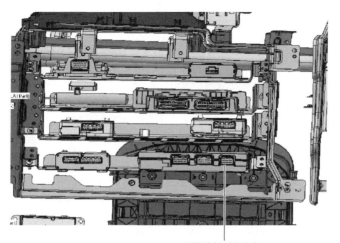

环境监控系统主机

图 13-5 控制器安装位置

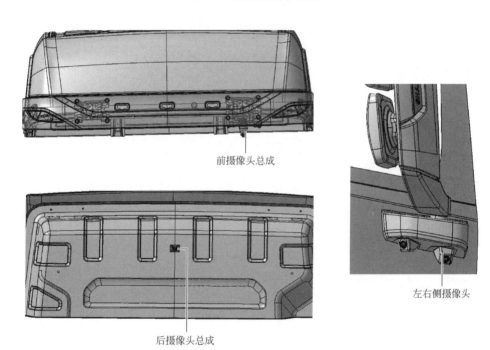

前摄像头总成

左右侧摄像头

后摄像头总成

图 13-6 摄像头安装位置

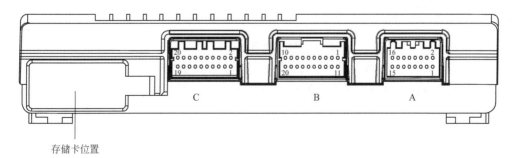

存储卡位置

图 13-7 控制器端子分布

表 13-2　控制器端子功能

端子	端子功能	端子	端子功能
A1	B+	B15	左侧后拍摄像头+12V 电源
A2	GND	B16	左侧后拍摄像头视频输入
A3	货厢门开关预留(ON:24V;OFF:floating)	B17	货厢内摄像头+12V 电源
A4	右转预留(ON:24V;OFF:floating)	B18	货厢内摄像头视频输入
A5	左转预留(ON:24V;OFF:floating)	C1	提供前向摄像头+12V 电源
A6	钥匙开关 ON 挡	C2	前向摄像头地线
A7	总线 CAN+	C3	前向摄像头视频输入
A8	总线 CAN−	C4	前向摄像头视频地
A11	接左雷达地信号	C5	主车右摄像头+12V 电源
A12	提供左雷达+12V 电源	C6	主车右摄像头地线
A13	接右雷达地信号	C7	主车右摄像头视频
A14	提供右雷达+12V 电源	C8	主车右摄像头视频地
A15	雷达 CAN_H	C9	主车后摄像头+12V 电源
B1	右侧后拍摄像头地线	C10	主车后摄像头地线
B2	右侧后拍摄像头视频地输入	C11	主车后摄像头视频输入
B3	倒车摄像头地线	C12	主车后摄像头视频地输入
B4	倒车摄像头视频地输入	C13	主车左摄像头+12V 电源
B5	左侧后拍摄像头地线	C14	主车左摄像头地线
B6	左侧后拍摄像头视频地输入	C15	主车左摄像头视频输入
B7	货厢内摄像头地线	C16	主车左摄像头视频地输入
B8	货厢内摄像头视频地输入	C17	输出至 MP5CVBS 视频
B11	右侧后拍摄像头+12V 电源	C18	MP5 地信号
B12	右侧后拍摄像头视频输入	C19	输出至天行健 CVBS 视频
B13	倒车摄像头+12V 电源	C20	天行健地信号
B14	倒车摄像头视频输入		

13.4　行为监测系统

13.4.1　组成与原理

　　驾驶员身份识别及行为监测系统由两路摄像头和一个主机组成：一路摄像头布置于驾驶室左侧 A 柱，主要采集驾驶员脸部范围图像，用于人脸识别、驾驶员分神提醒、打哈欠、抽烟、打电话等不良驾驶行为报警；另一路摄像头布置于驾驶室左上方，主要采集安全带、方向盘、驾驶员双手、副驾驶员信息等，用于双手脱离方向盘、未系安全带、行驶时玩手机等不良驾驶行为的监测及驾驶舱的监控。当检测到驾驶员存在不良驾驶行为后，输出报警信号 SPN 524078，并将从 CAN 总线获取的实时信息，包括车速、里程、车辆行驶方向、高程、纬度、经度、时间等信息，叠加在视频输出信号上。系统原理框图如图 13-8 所示。

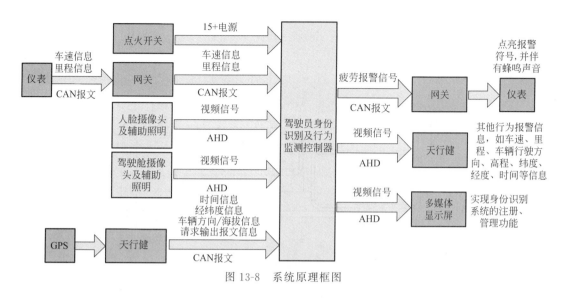

图 13-8　系统原理框图

陕汽德龙 X5000 行为监控主机安装在仪表板下方控制器安装支架第二层位置处，如图 13-9 所示。

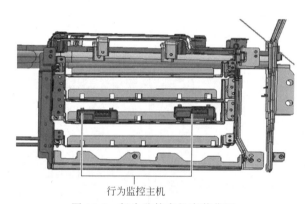

图 13-9　行为监控主机安装位置

人脸识别摄像头安装于左 A 柱护板内侧。驾驶舱监控摄像头安装于左侧护板储物盒盖总成内部，如图 13-10 所示。

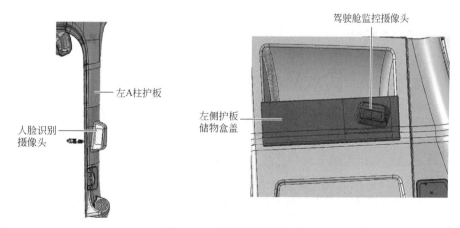

图 13-10　摄像头安装位置

13.4.2   控制器端子

控制器端子分布如图 13-11 所示，端子功能描述见表 13-3。

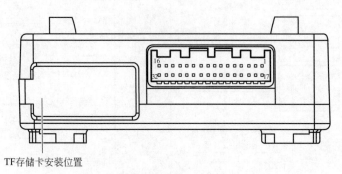

TF存储卡安装位置

图 13-11   控制器端子分布

表 13-3   控制器端子功能

端子	端子功能	端子	端子功能
1	DC 24V/30+	17	GND
2	15+	20	人脸摄像头 GND
4	人脸摄像头+	21	驾驶室摄像头 GND
5	驾驶室摄像头+	22	CAN_L
6	CAN_H	23	人脸摄像头视频屏蔽地
7	人脸摄像头视频输入	24	驾驶室摄像头视频屏蔽地
8	驾驶室摄像头视频输入	27	显示屏视频输出屏蔽地
11	显示屏视频输出	28	天行健视频输出信号地
12	显示屏视频输出信号地	29	天行健视频输出屏蔽地
13	天行健视频输出	30	天行健音频输出屏蔽地
14	天行健音频输出	31	音频地
15	音频输入	32	扬声器 GND(预留)
16	扬声器+(预留)		

13.5   车载终端系统

13.5.1   系统功能

以陕汽重卡装用的"天行健"系统为例，该车载终端具有以下功能：

① 显示车辆基本信息。包括车牌号码、车牌分类、车辆识别代号、驾驶员代码、驾驶证号码、速度状态、超时驾驶记录等信息。

② 显示车辆运行信息。可查看车速及转速脉冲信息、定位信息、GPRS 信息、状态信号、CAN 信息、AD 信息、摄像头状态等；选择状态信息，可查看车辆开关状态，包括制动、手制动、转向灯、远光灯等开关量；选择 CAN 信息，可查看当前 CAN 信息数据，包

括 CAN 车速、CAN 转速、冷却剂温度、机油压力、大气压力、发动机运行时间、DM 故障码等信息。

③ 打印功能。可以打印车牌号码、车牌分类、车辆识别代号、驾驶员代码、驾驶证号码、速度状态、超时驾驶记录等信息。

④ 数据导出。插入 U 盘，终端将行车记录数据导出到 U 盘。

⑤ 定位状态显示。可查看 GPS 系统和北斗系统定位信息，如经度、纬度、车速等。

⑥ 重卡专用导航。插入匹配 SD 导航卡，可实现重卡导航功能。

⑦ 视频监控功能。可实时查看视频信息，共三路视频，其中一路固定为倒车视频。

⑧ 影音娱乐功能。具有收放机、音频播放器、视频播放器 3 个娱乐功能。

⑨ 系统设置界面下，可实现车型配置、注册配置、行驶记录打印、屏幕校准、背光设置、系统自检、蓝牙等功能。

⑩ 其他功能。可查看油耗信息、装载状态、消息管理、故障信息等。

13.5.2　端子定义

车载终端连接器分布如图 13-12 所示，端子定义见表 13-4。

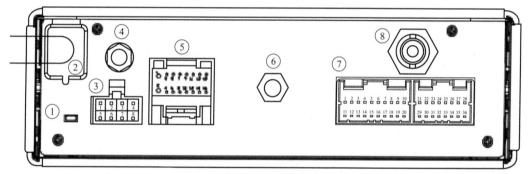

图 13-12　车载终端连接器分布

图中，①为内置电池开关，②为主机连接显示屏线束，③为摄像头接口，④为 GPRS 天线接口，⑤为电源线接口，⑥为 M6 紧固件安装位置，⑦为信号接口，⑧为北斗 GPS 天线接口。

表 13-4　车载终端端子定义

接口名称	端子	定义
摄像头接口	1	5V 电源
	2	485A
	3	485B
	4	地
	5	5V 电源
	6	485A
	7	485B
	8	地

续表

接口名称	端子	定义
电源接口 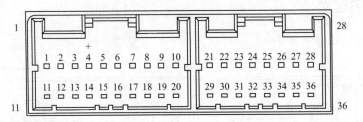	1	电源负极
	2	电源正极
	4	ACC 电源
	14	限速信号
	16	锁车信号

信号接口

端子	定义	端子	定义
1	远光灯信号	17	取力器空挡
2	手制动信号	18	空调
3	倒车信号	19	车速信号输入
4	排气制动开关	20	发动机转速
5	驾驶室翻转	21	车身 CAN_H
6	T_15 电	22	车身 CAN_L
7	取力器开关	23	车速信号输出
8	空滤报警	24	制动回路气压 1 地
9	动力 CAN_H	25	制动回路气压 1 输入
10	动力 CAN_L	27	燃油防盗脉冲信号
11	制动信号	31	防拆电源输出
12	离合器信号	32	制动回路气压 2 地
13	左转向信号	33	制动回路气压 2 输入
14	翻斗未回位报警	34	机油压力地线
15	右转向信号	35	机油压力输入
16	近光灯信号		

续表

接口名称	端子	定义
车载显示屏接口		

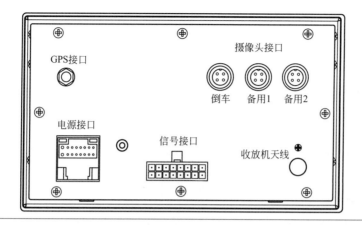

摄像头接口

电源接口		

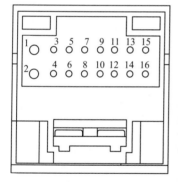

	1	电源负极
	2	电源正极
	4	ACC 电源
	5	左前扬声器＋
	6	左后扬声器＋
	7	左后扬声器－
	8	左前扬声器－
	9	右后扬声器－
	10	右前扬声器－
	11	右前扬声器＋
	12	右后扬声器＋
信号接口	1	RS232（TXD1）
	2	RS232（RXD1）
	3	RS232 地
	6	CAN_H
	7	CAN_L
	8	CAN 地
	9	RS232（TXD2）
	10	RS232（RXD2）
	11	RS232 地
	12	倒车信号
	13	线控 1
	14	线控 1 地
	15	线控 2
	16	线控 2 地

13.5.3　常见故障排除

（1）车辆出现误锁

车辆行驶过程中出现锁车现象。

① 网上检查车辆是否下发锁车指令。

② 检查终端 T15 信号是否正常。

③ 检查终端 CAN 信息是否正常，9、10 号黄绿线电压、电阻（正常情况下，黄线电压为 3.5V 左右，绿线电压为 1.5V 左右，黄绿线之间电阻为 60Ω）。（常见为天然气 CAN 变送器故障影响总线电压。）

④ 终端 T15 信号是否和仪表同步（正常情况下终端 T15 信号在仪表启动时亮）。（常见为新 M3000 终端 T15 电在钥匙一挡时亮，会导致间歇性锁车。）

网站出现解锁/锁车异常。

① 检查终端零件号和软件版本号是否对应（DZ95189586540—1.191，DZ95189586578—1.192/1.193）；如不对应，需对终端进行升级。

② 如检查终端版本正确，网站一直异常，可参考后面步骤检修。

（2）车辆联网异常

终端采集车辆数据，通过 GPRS 网络上传至平台，如果车辆联网异常，将会导致车辆网上数据异常或者车辆锁车/解锁异常。同时，天行健开机并且 10×24h 未向平台上报数据会导致车辆锁车。

终端联网在终端本身上主要表现为信号强度和联网灯，如图 13-13 所示。

图 13-13　终端联网状态标识

终端联网正常情况下，液晶屏下方的联网灯会长亮，出现闪烁或者不亮的情况均属于未联网。

如出现联网故障，应从以下几方面进行检查：

① 检查 GPRS 天线是否正常。

② 检查 SIM 卡是否正常（欠费或者无效）。

③ 检查终端 SIM 卡托是否正常。

（3）无法定位

要实现对车辆的实时监控，必须保证车辆 GPS 连接正常，也就是车辆定位正常。车辆定位在终端上主要表现如图 13-14。

DM 上的图标代表终端定位状态："！"代表天线未插接或者天线损坏，需要插好天线或

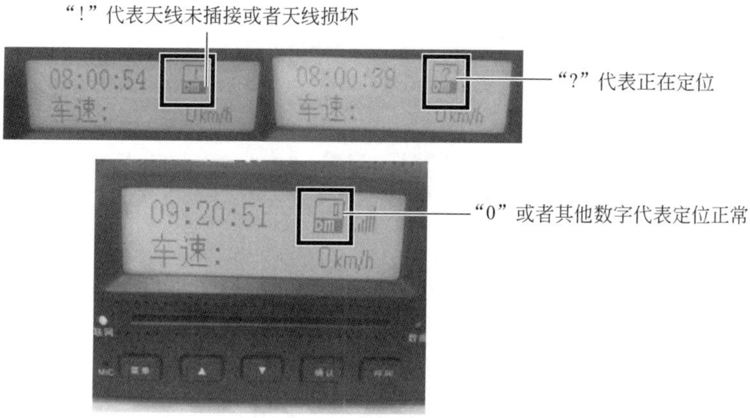

图 13-14 定位状态标识

者更换天线；"?"代表正在定位；"0"或者其他数字代表定位正常，数字代表 GPS 车速。

如出现"！"导致不定位，需检查 GPS 天线是否插接，必要时更换天线。

如出现"?"导致不定位，需将天线拆掉后观察终端 DM 指示状态：如果为"！"，需更换天线；如果持续为"?"，需更换终端。

（4）导航无法使用

① 检查是否插入 SD 导航卡。

② 检查 GPS 信号是否异常，点击终端主界面的"行驶方向"图标 ，查看 GPS 信号强度，并检查 GPS 天线是否完好，接口是否接牢。

③ 选择重卡专用导航界面。

第14章

空调系统

14.1 制冷系统

14.1.1 系统组成与原理

空调压缩机将气态的制冷剂压缩为高温高压的气态，并送至冷凝器（室外机）进行冷却，经冷却后变成中温高压的液态制冷剂进入干燥瓶进行过滤与去湿，中温液态的制冷剂经膨胀阀（节流部件）节流降压，变成低温低压的气液混合体（液体多），经过蒸发器（室内机）吸收空气中的热量而汽化，变成气态，然后再回到压缩机继续压缩，继续循环进行制冷。制热的时候有一个四通阀使氟利昂在冷凝器与蒸发器的流动方向与制冷时相反，所以制热的时候室外机吹的是冷风，室内机吹的是热风。空调制冷工作循环如图 14-1 所示。

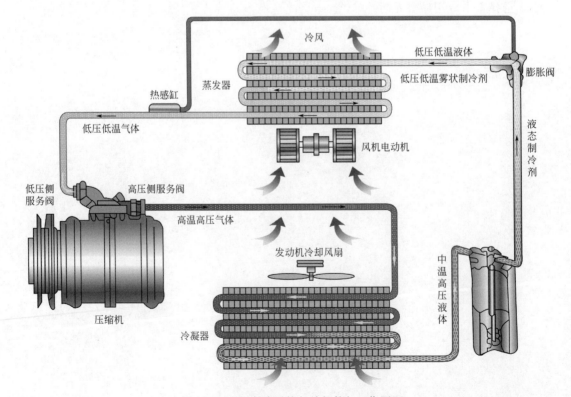

图 14-1　空调制冷系统相关部件与工作原理

14.1.2　控制器功能

陕汽德龙 X5000 车型空调系统为冷暖一体式自动空调，可选配驻车空调、新风系统。空调控制器控制整个空调系统的运行情况，系统的操控界面在仪表台多媒体显示屏上。空调控制器安装在空调箱本体总成的左侧（靠近驾驶员侧），如图 14-2 所示。

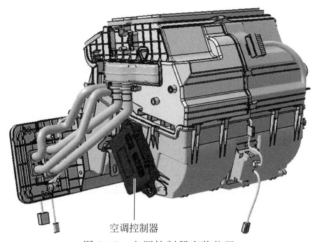

空调控制器

图 14-2　空调控制器安装位置

空调控制器直接驱动冷暖混合电机、模式风门电机、水阀电机、除霜风门电机、内外循环电机以及压缩机工作。空调控制器采集蒸发器温度传感器、驾驶室室外温度传感器、驾驶室室内温度传感器、阳光传感器的信号，并将驾驶室室内/外温度传感器的温度值以 CAN 报文的形式发送到 CAN 总线上。

空调控制器为负离子发生器、PM2.5 传感器提供电源，PM2.5 传感器监测到的 PM2.5 值通过 CAN 报文的形式发送给空调控制器。

空调控制器通过 CAN 总线采集车速信号、发动机转速信号、手制动开关信号、空挡信号，用于空调系统的运行控制。空调控制系统原理框图如图 14-3 所示。

空调控制器端子分布如图 14-4 所示，端子定义见表 14-1。

表 14-1　空调控制器端子定义

端子	定义	端子	定义
A1	30＋,16～32V	A11	蒸发器温度传感器＋
A2	接地	A15	CAN_H
A3	ACC 24V	A16	CAN_L
A4	中压信号	A18	鼓风机调速模块控制信号
A5	高压/低压信号	A20	粉尘传感器电源＋12V PM2.5 传感器
A6	信号地各传感器地	A23	负离子发生器＋12V
A7	阳光传感器＋	A25	LIN 卧铺处驻车空调开关
A8	室内温度传感器＋	A26	鼓风机反馈
A9	室外温度传感器＋	A27	＋5V 电源
A10	吹脚温度传感器＋	A28	负离子发生器 GND

续表

端子	定义	端子	定义
A29	电动压缩机调速信号	B9	内外循环—
A30	冷凝风扇调速信号 PWM 信号，幅值 12V	B10	内外循环+
A31	驻车电动压缩机使能信号低有效	B13	空调识别信号 1 高为双模空调（带驻车空调配置），其余情况为常规空调
B1	模式电机—		
B2	模式电机+	B14	压缩机离合信号
B3	水阀电机反馈	B15	鼓风机继电器控制信号
B4	水阀电机—	B17	除霜电机反馈
B5	水阀电机+	B18	除霜电机—
B6	冷暖电机反馈	B19	除霜电机+
B7	冷暖电机—	B20	模式电机反馈信号
B8	冷暖电机+		

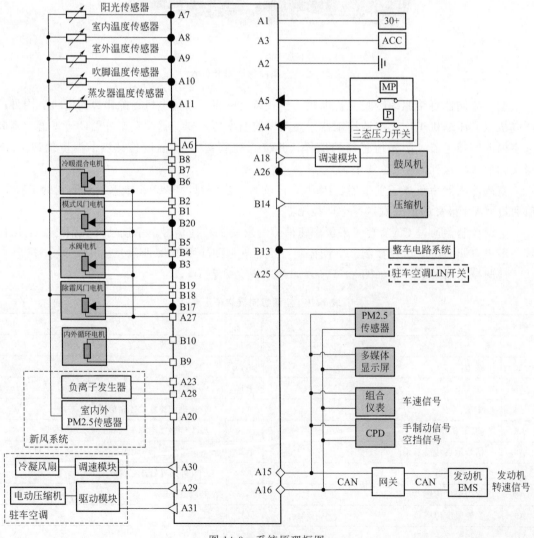

图 14-3　系统原理框图

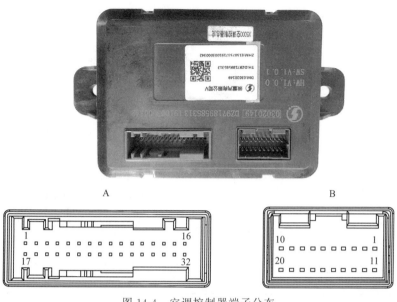

图 14-4　空调控制器端子分布

重汽汕德卡 C7H 空调控制面板端子分布与定义见表 14-2。

表 14-2　空调控制面板端子分布与定义

序号	示意图（进线端）	标记	型号	功能	孔位	颜色	线径	端子定义
1					1	灰红	0.75	背光电源
2					2	黑紫	0.75	15 电源
3					3	棕绿黑	0.75	风机反馈
4					6	浅蓝红	0.75	循环电机＋/－
5					7	浅蓝黑	0.75	循环电机－/＋
6					12	黄	1.5	压缩机控制输出
7					13	绿	1.5	空调 30 电源
8					14	棕	1.5	地线
9		A201/1	WM26C0	空调控制面板插件 1	15	棕紫	0.75	传感器地线
10					16	浅蓝绿	0.75	风机控制
11					17	棕浅蓝	0.75	步进电机地线
12					18	白红	0.75	步进电机电源 5V 输出
13					19	绿黑	0.75	蒸发器温度传感器
14					20	绿红	0.75	室内温度传感器
15					21	绿白	0.75	室外温度传感器
16					22	浅蓝	0.75	D＋信号
17					23	深蓝	0.75	压缩机请求信号输出（请求升转速）

序号	示意图(进线端)	标记	型号	功能	孔位	颜色	线径	端子定义
27					1	紫绿	0.75	模式电机2＋(M202)
28					2	棕绿	0.75	模式电机2－(M202)
29					3	紫红	0.75	正除霜电机＋(M204)
30					4	棕灰	0.75	正除霜电机－(M204)
31					5	灰	0.75	模式电机2反馈
32		A201/2	AM29	空调控制面板插件2	6	橙红	0.75	正除霜电机反馈
33					7	灰绿	0.75	水阀电机＋(M206)
34					8	黄绿	0.75	水阀电机－(M206)
35					9	黄红	0.75	混合电机＋(M205)
36					10	棕白	0.75	混合电机－(M205)
37					11	白绿	0.75	水阀电机反馈
38					12	橙黑	0.75	混合电机反馈

空调控制面板自检方法：

① 自检条件。温度设定为28℃后3s内，MODE按键及AUTO按键同时按3次，3s后控制面板进入自检程序。

② 自检内容。自动运行一遍各个执行机构后显示故障信息。

执行机构运行按以下顺序：先显示全屏（即所有需要的符号）；吹面、内循环一挡；吹面脚、外循环风速从一挡升到三挡；吹脚、外循环风速升到最大挡；显示故障码；自动退出自检程序。

每项内容的显示时间不低于1.5s，要求显示速度均匀一致，便于观察。

③ 故障码显示方式。温度显示位将显示故障代码，若为多个故障，其代码以2s间隔的速度循环显示，单个故障码时间间隔为2s，2个故障时间为4s，依次类推。显示结束后系统自动退出。

④ 强制自检自动退出方式。显示结束后自动退出；车辆重新启动或按OFF开关；退出后的工作界面设定温度为25℃，在AUTO模式下运行。

⑤ 故障代码定义。00正常；01车内温度传感器错误（短、断路）；02车外温度传感器错误（短、断路）；03 CAN通信错误；04无定义；05模式电机2错误（断路）；06混合电机错误（断路）；07蒸发器温度传感器错误（短、断路）；08水阀电机错误（断路）；09模式电机1错误（断路）。

14.1.3　常见故障排除

汽车空调系统常见故障为电器故障和制冷系统故障两类，主要有压缩机故障、制冷故障和电路故障等几种情况。

（1）压缩机常见故障及解决方法

① 压缩机异响。先看空调带调节螺栓是否松动（紧固螺栓），带是否有油（清理干净），带是否磨损（如磨损需要更换），如无此三种现象，可能是电磁离合器有问题，就需要检查

电磁离合器，甚至更换压缩机。

② 压缩机不通电。原因及判断：用万用表先检查电磁离合器的线圈，看是否能够导通。若能导通，再拔下高低压切断开关的电源头，测压力开关接头，看高低压两组触点是否导通。若能导通，测量电源插头是否有电。最后检查空调系统电源的起始点有无电压、接触是否可靠等。通过电路检查，压缩机不转的故障一般均可解决。

③ 压缩机失效。现象：压缩机内部咬死。判断：带无法驱动压缩机时会因打滑过热导致冒烟，最终造成带断裂。解决措施：更换储液干燥罐，更换压缩机。

④ 泄漏。现象：制冷剂与冷冻油有减少现象或泄漏。判断：压缩机进、排口是否有油。解决措施：检查进、排气管的 O 形圈，重新连接管路，解决接口处泄漏。

（2）制冷故障及解决方法

空调系统的故障可以用压力表组来确诊，方法是将压力表组的高低压接头分别连接在空调的高低压充气阀上（当发动机处于怠速运转时，正常的高压压力应为 1.3～1.7MPa，正常的低压压力应在 0.1～0.25MPa）。观察压力表组，主要有以下几种情况：

① 高低压值均低，则说明制冷剂不足，应首先检查泄漏处，检查的方法有两种。

a. 目测检验，观察各连接处是否有油污。

b. 用肥皂水涂刷接头处检漏。

② 高压高，低压正常，则说明冷凝条件不好。应先检查冷凝器翅片是否被脏物堵塞，冷凝器翅片是否倾倒变形，若有此现象将影响流过冷凝器的空气流量，导致冷凝效果差。应将冷凝器用水冲洗干净，扶正变形散热翅片，同时检查冷却风扇转速是否过低。

③ 高压高，低压低，则说明系统有堵塞。最易出现故障的部位是储液器和膨胀阀，在这种情况下，应先回收制冷剂，再拆开系统进行检修，解决后再充入制冷剂。

④ 高压高，低压高，则说明系统中制冷剂充注过量，应回收后，按规定充入。

⑤ 高压正常，低压高，则说明膨胀阀开启度过大，容易造成压缩机"液冲"，此时需要更换膨胀阀。

⑥ 高压低，低压高，则说明压缩机串腔。此时需要更换压缩机。

⑦ 高压正常，低压低，则说明蒸发器结霜，是由于表面结满灰尘（清洗蒸发器）、蒸发器表面翅片碰倒（扶正翅片）、温度传感器失灵（更换温度传感器）、鼓风机风量小（调高风量）。如果蒸发器磕碰严重，需要更换蒸发器。注意：更换蒸发器时要往系统内加注 30～50mL 与压缩机内牌号一样的冷冻油。

⑧ 高压正常，低压为负值，则说明系统内堵，是由于系统内清洁度差，导致储液器、膨胀阀或毛细管堵塞，系统内有水分会导致膨胀阀冰堵，此时需要更换储液器和膨胀阀。再按规定抽真空加注规定量的制冷剂。

⑨ 制冷系统中冷气断断续续。故障原因是电路开关、风机开关电路连接不牢靠，压缩机线圈和电磁阀短路或接地不良，温度传感器安插位置错误，使蒸发器结冰，系统内有水分引起膨胀阀间断冰堵。解决方法是先检查空调电路接插件是否牢固，压缩机离合器是否打滑，温度传感器位置是否正确，如果系统内有水分需要重新充注制冷剂。

（3）空调电器故障的诊断及解决方法

① 冷凝器风机不转。对冷凝器风机熔断器、冷凝器风机继电器、冷凝器风机的接插件以及搭铁进行检查，如果以上几项都正常，则需要更换冷凝器风机。

② 制冷时出风口有热风吹出。故障原因是电控水阀没有关或没有关严。检查电控水阀接插

件的连接情况和电控水阀供电接插件的连接情况，如果连接正常，则需要更换电控水阀。

③ 蒸发器风机不转。对蒸发器风机熔断器、继电器、蒸发器风机和暖风控制单元接插件连接情况和供电电压进行逐一检查，如果这几项都正常，则需要更换暖风电控单元。

（4）制冷出风故障的诊断及解决方法

① 断断续续有冷风流出。

首先查看视液镜中有没有气泡，如果是清晰，没有气泡，同时高低压侧压力都过高，就可以判定为制冷剂过多，可以从低压阀处释放制冷剂；如果是偶尔有气泡出现，而低压侧压力有时变真空，有时正常，或者有时膨胀阀结霜，那么多是系统中有水分，则需要更换储液器，并反复抽真空，重新加制冷剂。

排除制冷剂过多和系统里有水分之外，还有可能是：

a. 电磁离合器打滑，需要检查离合器工作情况。

b. 膨胀阀冰堵或者脏堵，如果膨胀阀堵塞，则压缩机进气压力会较低。

② 只有高速时才有冷气。

首先查看冷凝器表面是否有阻塞，如有阻塞，需要清理冷凝器表面。其次检查压缩机带，看带是否打滑，如果带打滑，需要调整带张紧力。排除上述原因，则可能是压缩机故障，就需要更换压缩机。

③ 冷风风量不足，蒸发器及低压管大量结霜。

首先检查风机调速开关，确保风速可调，如有故障则需修理或更换控制器；其次查看蒸发器风机，保证可以提供足够的出风量，如有故障，需要修理或者更换蒸发器风机；再检查蒸发器表面和送风道，检查是否有泄漏点，如有则需要更换。

④ 出风温度不够低，视液镜有很多气泡。

用歧管压力表检测系统工作压力，如果高低压两侧压力都比较高，并且压力表指针抖动，则可判断系统中有空气残留。需要更换储液器，对系统抽真空，重新加注制冷剂。

⑤ 出风温度不够低，并且储液器或者膨胀阀前后管路上可以看到结霜或者露水，或者储液器出口管道温度接近气温。

观察视液镜内是否有气泡，如果气泡很多，或者泡沫较浑浊，有杂物，并且测高低压两侧压力都低，有时低压侧呈真空，则说明系统中有杂物，需要清洁系统，更换膨胀阀和储液器。

⑥ 出风温度不够低，低压侧管路结霜或者有大量露水。用歧管压力表测系统高低压侧压力，如果高低压两侧压力都过高，说明膨胀阀开度都大，需要调节膨胀阀开度。如调节后仍无改善，则有可能膨胀阀感温包泄漏，需要更换膨胀阀。

⑦ 出风温度不低，同时高低压管路几乎没有温差，或者高压侧是热的，低压侧相当冷。观察视液镜内是否不断有气泡流过，或有油雾、油纹。若有则用歧管压力表测系统压力，如果高压侧压力异常低，说明系统内制冷剂过少，需关机，进行系统检漏，如果泄漏，可重新添加制冷剂。

14.2 暖风系统

14.2.1 系统组成与原理

汽车空调暖风系统的作用主要是为车内提供暖气及风窗除霜并调节空气。它是将车内空气或进入车内的外部空气送入热交换器，吸收某种热量，从而提高空气的温度，并利用鼓风机将热空气送入车内，提高车内的温度的一种装置。冬季取暖，汽车空调可以向车室内提供暖风，提高车室内的温度，使乘员不再感觉到寒冷。

目前在汽车上使用最为广泛的是水暖式和燃烧式。轿车上一般采用发动机的冷却液进行供暖，称为水暖式供暖系统。该系统利用冷却液作为热源，将冷却液引入热交换器（加热器），然后利用鼓风机将车厢内的空气吹过热交换器，从而使车厢温度升高。

以大众乘用车辉腾为例，加热回路由两个热交换器组成，泵阀单元与发动机冷却液回路，如图 14-5 所示。它的功能是，将从制冷回路蒸发器中出来的冷却和干燥的空气加热到所需温度。泵阀单元组成一个总成，由两个顺序阀和一个冷却液泵组成。冷却液泵有两个泵轮，用同一个电机驱动。

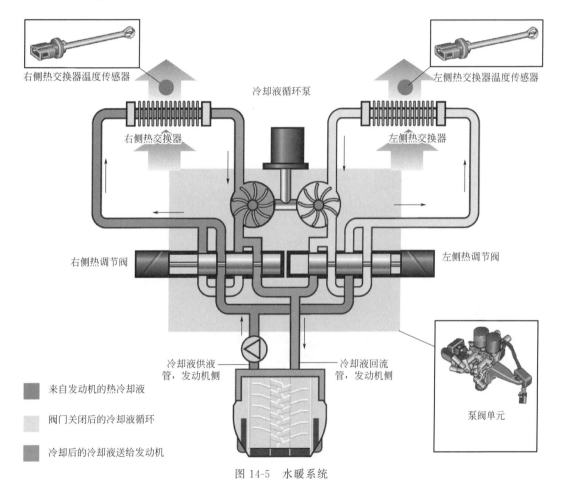

图 14-5　水暖系统

14.2.2　常见故障排除

采暖系统常见故障主要是不供暖或供暖不足，其故障原因和排除有以下几个方面：

（1）暖风风机方面的故障诊断和排除

① 风机损坏。用万用表测量其电阻值，如为零则更换。

② 风机继电器损坏。用万用表测量其电阻值，如为零则更换。

③ 风机管道堵塞。检查后清除堵塞。

④ 混合风门驱动机构损坏。检查后更换驱动机构。

（2）加热器方面的故障诊断和排除

① 加热器翅片变形引起的通风不畅。校正翅片，若效果不明显则更换。

② 加热器外壳及管道不密封引起热量散失。更换加热器外壳。

③ 加热器芯管积垢堵塞。采用化学方法对芯管进行除垢。

（3）水路方面的故障

① 冷却水流动不畅，可能水管折叠，应梳理或更换。

② 热水开关或驱动机构失效。对比热水器进出管路的温度，如差异很大，则是热水开关故障，驱动机构失效，应检修或更换。

③ 连接接头渗水。检修接头，拧紧管路接头。

④ 冷却液不足。首先补充冷却液，然后检查系统或散热器盖是否渗水或漏气。

⑤ 软管老化。更换软管。

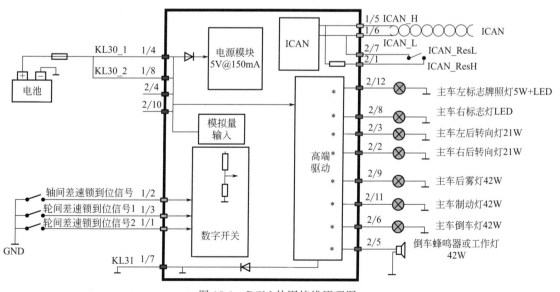

第 15 章

车 身 控 制 系 统

15.1 重汽汕德卡车身控制模块

15.1.1 RCM（车身后部控制模块）

RCM（Rear Control Module）即车身后部控制模块，用于执行车辆尾部的灯光控制以及开关量信号的采集等功能。

RCM 通过 CAN 总线接收中控模块（NanoBCU）发出的控制命令报文，执行车辆尾部灯光控制；同时 RCM 检测车辆尾部灯光故障状态并采集开关信号状态，将其反馈给中控模块。RCM 采集的开关信号包括两路轮差信号、一路轴差信号。RCM 驱动输出包括左后转向灯、右后转向灯、左后位置灯、右后位置灯、制动灯、倒车灯、后雾灯等。针对白炽灯泡和发光二极管两种发光类型的后尾灯，RCM 能够实现两种类型尾灯的开路、短路等故障诊断，实现两种尾灯驱动兼容。

RCM 外围接线原理图如图 15-1 所示。

控制器插接器端子分布如图 15-2 所示，端子定义见表 15-1。

图 15-1 RCM 外围接线原理图

* （绿色）端子具备 LED 灯驱动能力

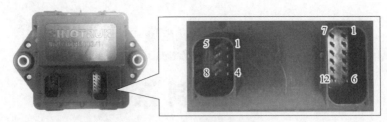

图 15-2　RCM 端子分布

表 15-1　RCM 端子定义

插接器端子	端子定义	输出电源分配
X1.1	轮差到位开关 2	低有效
X1.2	轴差到位开关	低有效
X1.3	轮差到位开关 1	低有效
X1.4	KL30_1	电源 1
X1.5	CAN_H	—
X1.6	CAN_L	—
X1.7	GND	电源地
X1.8	KL30_2	电源 2
X2.1	CAN_ResH 电阻选择端	—
X2.2	主车右后转向灯	24V 21W
X2.3	主车左后转向灯	24V 21W
X2.4	预留	—
X2.5	倒车蜂鸣器（工作灯）	小于 1W
X2.6	主车倒车灯	24V 42W
X2.7	CAN_ResL 电阻选择端	—
X2.8	主车右标志灯	24V 30W
X2.9	主车后雾灯	24V 42W
X2.10	预留	—
X2.11	主车制动灯	24V 42W
X2.12	主车左标志牌照灯	24V 35W

15.1.2　TCM（挂车控制模块）

TCM（Trailer Control Module）即挂车控制模块，用于执行挂车尾部的灯光控制。

TCM 通过 CAN 总线接收中控模块（NanoBCU）发出的控制命令报文，执行挂车尾部灯光控制；同时 TCM 检测挂车尾部灯光故障状态并反馈给中控模块。TCM 驱动输出包括挂车左后转向灯、挂车右后转向灯、挂车位置灯、挂车制动灯、挂车倒车灯、挂车后雾灯、工作灯。针对白炽灯泡和发光二极管两种发光类型的挂车后尾灯，TCM 智能检测挂车后尾灯类型，能够实现两种类型尾灯的开路、短路等故障诊断，实现两种尾灯驱动兼容。

TCM 外围接线原理如图 15-3 所示。

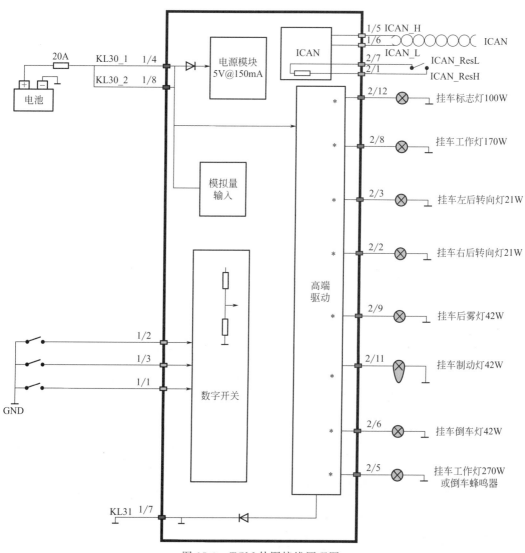

图 15-3　TCM 外围接线原理图

* （绿色）端子具备 LED 灯驱动能力

TCM 连接器端子分布如图 15-4 所示，端子定义见表 15-2。

图 15-4　TCM 端子分布

表 15-2　TCM 端子定义

插接器端子	端子定义	输出电源分配
X1.1	预留	—
X1.2	预留	—
X1.3	预留	—
X1.4	KL30_1	电源 1
X1.5	CAN_H	—
X1.6	CAN_L	—
X1.7	GND	电源地
X1.8	KL30_2	电源 2
X2.1	CAN_ResH 电阻选择端	—
X2.2	挂车右后转向灯	24V 21W
X2.3	挂车左后转向灯	24V 21W
X2.4	预留	—
X2.5	挂车工作灯 2 或蜂鸣器输出	24V 70W/蜂鸣器
X2.6	挂车倒车灯	24V 42W
X2.7	CAN_ResL 电阻选择端	—
X2.8	挂车工作灯 1	24V 70W
X2.9	挂车后雾灯	24V 42W
X2.10	预留	—
X2.11	挂车制动灯	24V 42W
X2.12	挂车标志灯	24V 100W

15.1.3　NanoBCU 车身控制模块

配置后模块及挂车模块时，NanoBCU 主要负责灯光、雨刮、车速及发动机转速等信号采集，逻辑运算，主车左前及左侧转向灯驱动、主车右前及右侧转向灯驱动、辅助远光灯继电器驱动、前雾灯继电器驱动、昼间行车灯驱动、雨刮低速间歇继电器驱动、启动信号发送（MC 系列发动机且无 VCU 时）和发动机工作输出驱动，以及工作灯、后尾灯及挂车灯的控制命令发送。控制器电气连接如图 15-5 所示。

控制器连接端子分布如图 15-6 所示，端子定义见表 15-3。

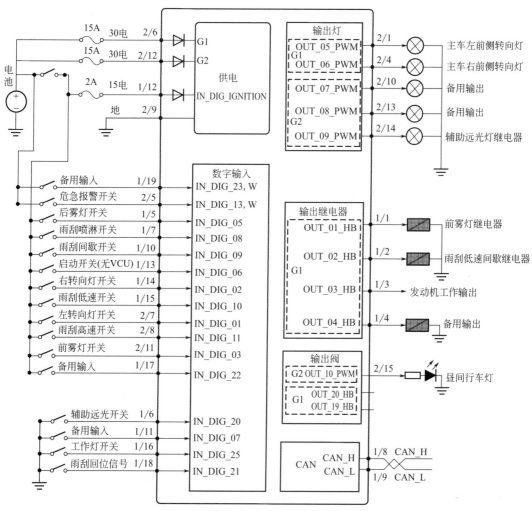

图 15-5　电路原理简图

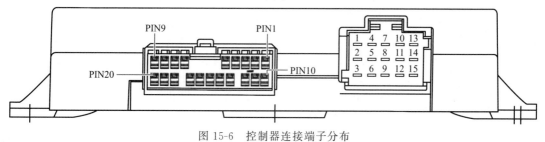

图 15-6　控制器连接端子分布

表 15-3　控制器端子定义

连接器端子	端子定义	有效形式或额定功率
X1.1	前雾灯继电器	5W
X1.2	雨刮低速间歇继电器	5W
X1.3	发动机工作输出	5W
X1.4	备用输出	—

续表

连接器端子	端子定义	有效形式或额定功率
X1.5	后雾灯开关	H
X1.6	辅助远光灯开关	L
X1.7	雨刮喷淋开关	H
X1.8	CAN_H	—
X1.9	CAN_L	—
X1.10	雨刮间歇开关	H
X1.11	备用	L
X1.12	钥匙开关	H,W
X1.13	启动信号,曼发动机	H
X1.14	右转向开关	H
X1.15	雨刮低速开关	H
X1.16	工作灯开关	L
X1.17	备用	悬空
X1.18	雨刮回位信号	L
X1.19	备用	H
X1.20	—	—
X2.1	主车左前及左侧转向灯输出	42W
X2.2		
X2.3		
X2.4	主车右前及右侧转向灯输出	42W
X2.5	危急报警开关	H,W
X2.6	30电源	15A 熔断器
X2.7	左转向开关	H
X2.8	雨刮高速开关	H
X2.9	地	
X2.10	备用输出	
X2.11	前雾灯开关	H
X2.12	30电源	15A 熔断器
X2.13	备用输出	
X2.14	辅助远光灯继电器	5W
X2.15	昼间行车灯	10W

15.2　解放卡车车身控制器

15.2.1　J7 整车控制器（VCU）原理与维修

VCU（Vehicle Control Unit）即整车控制器，采用硬件供应商开发、软件一汽自主开发方式，用于车辆的综合控制，是车辆控制系统的核心。它具有车速采集、载荷识别、开关信号处理、风扇控制、APU 控制、坡起辅助控制、缓速器联合制动控制、驾驶评价、网关等功能。VCU 协调各控制器高效工作，优化了整车架构，提高了系统扩展性；VCU 集中采集驾驶室内开关信号，并发送至 CAN 总线与其他控制器共享，减少线束长度，提高系统可靠性；驾驶评价、坡起辅助、智能载荷识别等功能，提高了整车智能性；电控风扇、电控APU、智能载荷识别等功能将会有效降低车辆油耗，提高经济性。VCU 的应用将大大提高整车性能。

　　VCU 安装于驾驶室副驾仪表板内，如图 15-7 所示。BCM、ABS、VCU 三个控制器共用一个支架总成，如果需要拆卸 VCU，需先拆卸固定点 1、2 紧固螺栓，将带三个控制器的控制器支架总成与车体分离，再对 VCU 进行单独拆卸。固定 VCU 的四个螺栓为内十字结构，在拆卸及装配过程中一定要注意装配方法，避免内十字花被损坏导致无法拆卸的情况。

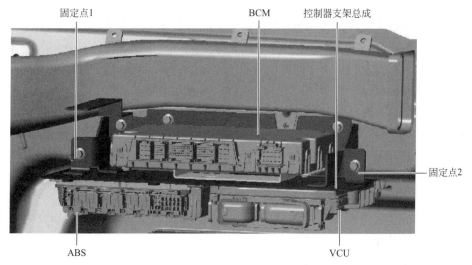

图 15-7　VCU 安装位置

　　如图 15-8 所示的透气阀作用为保持控制器内外压力平衡，透气防水，检修或更换 VCU过程中不许磕碰透气阀。

　　VCU 控制器接插件采用 81＋40 形式，共有 121 个端子，端子分布如图 15-9 所示。

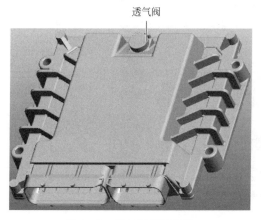

图 15-8　透气阀安装位置

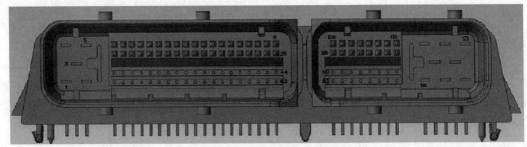

图 15-9　VCU 端子分布图

线束端接插件型号如下：

81Pin：1473244-1；0Pin：1473252-1。

VCU 具有起动机控制、车速采集、载荷识别、开关信号处理、风扇控制、APU 控制、坡起辅助控制、缓速器联合制动控制、驾驶评价、信号路由等功能。

（1）电控风扇

电控硅油风扇根据发动机冷却液温度、进气温度、空调、缓速器使用情况等条件自动调整风扇转速，使发动机工作在最佳温度下，在保证车辆散热需求前提下有效降低风扇消耗功率，最终达到降噪声、降油耗的目的。

VCU 通过控制风扇比例电磁阀开度调节进入风扇离合器的硅油量，从而控制风扇离合器的啮合度，达到控制风扇转速的目的。转速控制范围：300r/min～1.2 倍发动机当前转速。电控风扇有以下功能。

① 随冷却液温度变化调节风扇转速。

② 配合空调工作，空调请求开关闭合后风扇提升到一个转速，空调中压开关闭合后风扇转速提升到另一转速。

③ 配合缓速器工作：由于缓速器工作时大大增加冷却系统散热需求，缓速器开关闭合后几秒内，风扇转速提升到最大值。

④ 保护功能：当风扇接插件未连接或无法从 CAN 获取冷却液温度信号时，风扇将处于最大转速。

电控风扇电气部件包含风扇比例电磁阀、风扇转速传感器，电控风扇接插件安装位置与端子分布如图 15-10 所示，具体参数如表 15-4 所示。

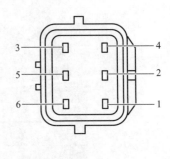

图 15-10　电控风扇接插件安装位置与端子分布

表 15-4　电控风扇接插件定义

部件	定义	风扇接插件端子	对应 VCU 端子	ON 挡时理论电压/V	理论电阻/Ω
风扇比例电磁阀	供电	4	主继电器后电源	24	29±3
	PWM 驱动	3	62	—	
风扇转速传感器	供电	1	67	5	
	信号	5	41	—	
	地	6	42	—	

电控风扇有以下几种失效模式，并列举可能原因，如表 15-5 所示，具体需要对照诊断仪故障码进行排查。

表 15-5　电控风扇故障形式与检修

故障现象	可能原因	检修方法
风扇处于最大转速	接插件未连接或线束磨损	①连接诊断仪读取相关故障码；②根据故障指示检查线束通断、部件电阻特性是否正常，如果偏差较大需要更换总成；③若无指向故障码需在数据流中读取相关开关状态是否能够变化
	缓速器开关短路	
	动力 CAN 通信中断或冷却液温度传感器损坏	
风扇不能配合空调工作	空调工作信号断路(Pin71)	
	空调中压开关断路(Pin7)	
风扇一直处于低转速且转速不能调节	风扇比例电磁阀低端驱动对地断路	

（2）电控 APU

空气处理单元（APU）是卡车制动系统中一个重要部件，它过滤压缩空气中的水分，防止气动元件锈蚀和寒冷天气气动元件结冰失效，为安全行驶和制动部件寿命提供保障。中国商用车市场常见的为机械式 APU，解放 J7 重型商用车全系标配电控 APU，由 VCU 控制。电控 APU 可在安全范围内柔性控制制动系统压力，相比机械式 APU 具有节油、延长干燥罐寿命、车辆急加速动力性好等优点。

VCU 通过动力 CAN 获取储气筒压力，根据整车工况控制 APU 控制阀、再生阀，在保证车辆储气筒压力前提下节约油耗。电控 APU 具有以下功能：

① 基本充气功能；

② 储气筒压力高于一定值，急加速时切断空压机保证动力性；

③ 智能再生，利用下坡工况充气和再生；

④ 保护功能：当无法获取动力 CAN 储气筒压力或控制阀接插件未连接时，APU 将一直充气。

注意：储气筒有机械泄压阀，储气筒压力高于一定值时泄压阀打开，保护储气筒和管路。

电控 APU 系统连接电气部件包含控制阀、再生阀，储气筒压力信号通过动力 CAN 获取（仪表连接储气筒压力传感器，并将信号发送至动力 CAN）。APU 接插件位置与端子分布如图 15-11、图 15-12 所示。端子定义见表 15-6。

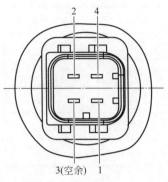

图 15-11　WABCO APU 接插件位置与端子分布

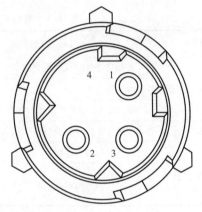

图 15-12　Knorr APU 接插件位置与端子分布

表 15-6　APU 接插件端子定义

部件	定义	WABCO APU 端子	Knorr APU 端子	对应 VCU 端子	理论电阻/kΩ
控制阀	PWM 驱动	2	1	44	W：77
	地	4	2	搭铁	
再生阀	PWM 驱动	1	3	66	W：77
	地	4	2	搭铁	

　　电控 APU 有以下几种失效模式，并列举可能原因，如表 15-7 所示，具体需要对照诊断仪故障码进行排查。

表 15-7　电控 APU 故障形式与检修

故障现象	可能原因	检修方法
一直充气	接插件未连接或线束磨损	①连接诊断仪读取相关故障码；②根据故障指示检查线束通断、部件电阻特性是否正常，如果偏差较大需要更换总成
	动力 CAN 通信中断或储气筒传感器损坏	
不能充气	控制阀高端对电源短路	
不能再生	再生阀故障或线束断路	
一直再生	再生阀高端对电源短路	

（3）起动机控制功能

满足启动条件后，VCU 通过起动机继电器控制发动机启动。起动机控制功能能有效防止在挡启动带来的危险和对部件的冲击，使车辆更安全、可靠。

起动机控制有以下功能：

① 正常启动。VCU 检测到空挡信号或离合器踩下信号（AMT 车型需要从动力 CAN 上获取 TCU 发出的空挡信号）、钥匙门 Start 信号。

② 紧急启动：当空挡开关和离合器开关同时失效时，可以长拧钥匙门至 Start 挡 5s，实现紧急启动功能。

③ 启动保护。起动机连续运转超过 30s，会强制断开起动机继电器，保护起动机。

匹配 PS 系统时，PS 通过频率信号、CAN 信号两种方式给 VCU 启动指令，VCU 判断空挡开关、离合器开关状态，符合启动条件后驱动起动机继电器完成启动。

起动机控制功能相关部件有起动机继电器、空挡开关、离合器开关、启动开关。如果是 AMT 车型，取消空挡开关、离合器开关。相关部件端子定义如表 15-8 所示。

表 15-8 启动控制相关部件端子定义

部件	定义	对应 VCU 端子
起动机继电器	供电	63
	低端驱动	61
空挡开关	高有效;空挡闭合	84
离合器开关	高有效;未踩闭合	76
启动开关	高有效	78
PS(选装)	PS 启动信号	22

离合器开关位置与端子分布如图 15-13 所示，空挡开关位置如图 15-14 所示。

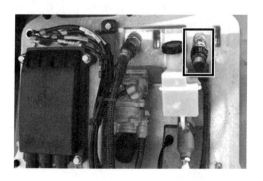
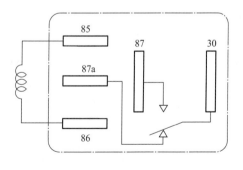

图 15-13 离合器开关（驾驶室前围）位置与端子分布

离合器开关状态为：未踩下时接通、踩下时断开。

空挡开关状态为：空挡时接通、在挡时断开。

启动控制有以下几种失效模式，并列举可能原因，如表 15-9 所示，具体需要对照诊断仪故障码进行排查。

图 15-14　空挡开关位置（变速器上）

表 15-9　启动控制故障形式与检修

故障现象	可能原因	检修方法
不能启动	VCU 熔断器熔断	①检查 VCU 故障灯是否上电自检,不自检需要检查 VCU 供电是否正常; ②检查蓄电池电压是否过低; ③利用诊断仪读取数据流,看拧钥匙启动过程中起动机继电器是否闭合,如果不闭合进行第④步;如果闭合但起动机不转,需要检查起动机继电器、连接线束是否损坏,继电器检查方法为利用万用表测量线圈端是否有 24V 压差、触点端是否能够导通; ④连接诊断仪读取空挡开关、离合器开关数据流状态,如不变化需要检查部件好坏和线束通断,开关检查方法为:断开接插件,用万用表测开关通断
	空挡开关损坏	
	离合器开关损坏	
	蓄电池电压过低	
	起动机继电器损坏或线束损坏	

（4）车速信号处理功能

J6 阶段，车速信号通过车速传感器采集，经过车速信号控制器计算处理后硬线连接仪表进行显示，仪表转化成 CAN 信号发送至 CAN 总线。与 J6 不同，J7 车速信号由 VCU 进行采集和处理。与 J6 相比具有精准、可靠等优点。

VCU 有两种方式获取车速信号，优先选用方式 1，方式 2 作为冗余车速，方式 1 故障时使用方式 2。方式 1：VCU 硬线连接车速传感器，采集车速脉冲信号，根据车辆后桥速比、轮胎半径计算车速信号后发送至动力 CAN，仪表进行显示。方式 2：ABS 发送轮速信号给 VCU，VCU 根据车辆后桥速比、轮胎半径计算车速信号后发送至动力 CAN，仪表进行显示。

当 VCU 检测到以下三种故障时，0.05s 内 VCU 会切换到 ABS 车速：

～P215800：车速传感器频率信号间隔时间过短；

～P215A00：车速传感器频率信号采集故障；

～P182600：车速信号不可信故障。

J7 无车速信号控制器，轮胎滚动半径、后桥速比写入 VCU 中，如果车辆更换了 VCU，需要使用启明二代诊断仪进行参数更新，否则车速不准。FAW AMT 车型车速传感器接变速器控制器（TCU），TCU 将计算的车速信号通过动力 CAN 发送给 VCU；ZF AMT 车速传感器接 VCU，车速方案与 FAW AMT 一致，只是传感器型号有区别，使用 ZF 自带车速传感器。

车速信号处理功能电气部件包含车速传感器，车速传感器位置与端子分布如图 15-15 所示，参数如表 15-10 所示。

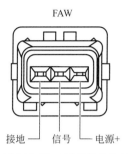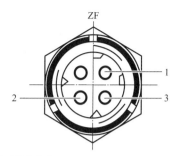

接地　　信号　　电源+

图 15-15　车速传感器位置（变速箱输出轴）与端子分布

表 15-10　车速传感器端子定义

部件	定义	对应 VCU 端子
车速传感器（FAW，3611215-A4P）	供电	88
	信号	87
	地	86
车速传感器（ZF，2159.2010）	供电（1）	主继电器后
	信号（3）	87
	地（2）	86

车速信号处理功能有以下几种失效模式，并列举可能原因，如表 15-11 所示，具体需要对照诊断仪故障码进行排查。

表 15-11　车速信号处理功能故障形式与检修

故障现象	可能原因	检修方法
仪表不显示车速	动力 CAN 通信故障	①连接诊断仪读取相关故障码；②根据故障指示检查 CAN 线通断、传感器供电等；③排除线束故障需更换传感器
	底盘 CAN 通信和车速传感器同时故障	
	车速传感器探头有铁屑	
车速不准	后桥速比、轮胎半径参数不对	利用诊断仪读取车辆轮胎滚动半径、后桥速比参数，与后台数据进行比对，如不一致，需更新

（5）油门信号处理功能

J7 车辆 VCU 是车辆控制系统的核心，VCU 采集油门信号，转化为扭矩需求分配给 EMS，这种架构形式有利于对车辆的综合管理。

VCU 硬线连接油门踏板位置传感器，有以下两种方式将油门信号发送给 EMS，优先选用第一种。

方式 1：动力 CAN。

方式 2：油门踏板 PWM 冗余信号（Pin6）。

油门信号处理功能相关部件有油门踏板位置传感器，传感器特性与 J6 一致。油门踏板端子分布如图 15-16 所示，具体参数如表 15-12 所示。

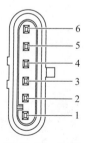

图 15-16　油门踏板端子分布

表 15-12 油门踏板接插件端子定义

部件	定义	油门踏板接插件端子	对应 VCU 端子	ON 挡时理论电压/V
油门位置传感器	供电	1	49	5
	信号	2	37	0.75～3.84
	地	3	36	0
	供电	6	50	5
	信号	5	18	0.375～1.92
	地	4	17	0

油门踏板 PWM 冗余信号把油门开度通过频率信号方式发送至 EMS，作为油门信号的冗余设计，连接关系如下：VCU（Pin6）-EMS（X1-41）。

油门信号处理功能有以下几种失效模式，并列举可能原因，如表 15-13 所示，具体需要对照诊断仪故障码进行排查。

表 15-13 油门信号处理功能故障形式与检修

故障现象	可能原因	检修方法
怠速 1000r/min，踩踏板发动机有响应	其中一路踏板信号失效	①连接诊断仪读取相关故障码；②读取数据流中电压值；③检查线束通断；④排除线束问题后问题仍然存在，需要更换总成
	动力 CAN 通信中断	
	两路踏板信号同时失效	
	动力 CAN 和油门 PWM 冗余信号同时中断	

（6）巡航功能

巡航控制用于自动控制车速，使车辆按照驾驶员期望的速度恒速行驶。在巡航过程中，驾驶员无需控制油门踏板，可减轻驾驶员长途驾驶的疲劳，提高驾驶舒适性。

J7 巡航开关集成于多功能方向盘，通过 LIN 线与 VCU 通信，VCU 根据当前车速和设定车速计算扭矩需求，并发送给 EMS 执行。

J7 豪华型还配置了预见巡航功能，在 CC 或者 ACC 基础上增加预见巡航车速控制模式，VCU 根据实际道路情况进行预判，即识别到即将上坡时，能够提前加速，提高冲坡能力；在识别到即将下坡时，能够提前减速，充分利用车辆的惯性，进而实现以最经济车速行驶的目的。相比普通的定速巡航设定车速，预见巡航的设定车速可以有一定的容差范围。

预见巡航功能的进入退出条件与普通巡航是相同的，预见巡航退出后（例如无 GPS 信号）不影响普通巡航的正常使用。

该功能可通过车载终端中的软件开关进行开启和关闭，软件开关如图 15-17 所示。

预见巡航功能开启后，可以从仪表的图标中区分普通巡航和预见巡航。预见巡航图标如图 15-18 所示。

巡航开关如图 15-19 所示。

图 15-17 巡航软件开关

图 15-18　预见巡航图标

巡航ON/ACC距离设定开关

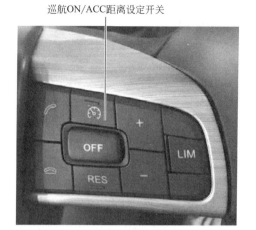

图 15-19　巡航开关

① 巡航 ON/ACC 距离设定开关：自复位开关。ON 挡后点按一次巡航 ON 开关进入准备状态，如车辆有 ACC 功能，再次点按此键，ACC 跟车距离条闪烁 5s，其间可以按 Set＋/－调整跟车距离。

② OFF 开关：自复位开关。点按后 CC/ACC/LIM 功能退出。

③ SET＋/－：自复位开关。激活巡航，调节 CC/ACC/LIM 目标车速，调节 ACC 跟车距离。

④ Resume：自复位开关。激活巡航，恢复巡航。

进入：使用巡航需要满足以下条件。

① 车速达到 20km/h 以上。

② 松开制动踏板。

③ 松开离合器踏板。

④ 车辆如有 PTO 功能，开关须处于 OFF 位置。

⑤ 辅助制动开关置于 OFF 位置。

满足以上条件后，点按巡航 ON 开关，进入巡航准备状态（也可以在车辆上电之初就点按此键，进入巡航准备状态）。有以下方式激活巡航：点按 SET＋或 SET－。巡航激活并以当前车速作为巡航车速。

调节：

① 点按 Set＋/－，巡航车速变化 1km/h。

② 长按 Set＋/－，巡航车速变化 5km/h。

中断与恢复：

① 中断：巡航过程中，如果巡航条件其中一条不满足，巡航将进入准备状态。

② 恢复：中断后，如果巡航条件重新满足，点按 Resume 键，重新恢复巡航。

退出：点按 OFF 巡航退出。

巡航功能电气接口涉及多功能方向盘 LIN 通信，通过方向盘 A3 端子连接至 VCU 的 14 端子。

巡航功能有以下几种失效模式，并列举可能原因，如表 15-14 所示，具体需要对照诊断仪故障码进行排查。

表 15-14　巡航故障形式与检修

故障现象	可能原因	检修方法
不能进入巡航	巡航按键失效	①连接诊断仪读取相关故障码；②根据故障指示检查线束通断；③若无指向故障码需在数据流中读取相关开关状态是否能够随部件操作变化，若无变化且线束连接正确,需要更换总成
	制动信号不可信	
	空挡开关故障	
	离合器信号不可信	
	辅助制动开关短路	
	动力 CAN 中断	
	LIN 通信中断	
巡航不稳定	制动开关不稳定	
	离合器开关不稳定	
	空挡开关不稳定	
	车速信号不稳定	

（7）可变车速限制

可变车速限制（Speed Limiter，LIM）功能允许驾驶员根据道路信息设置车速上限，功能激活后车辆将在设定限值之内运行，适用于国道限速路段，防止车辆超速违章运行。

可变车速限制开关集成于多功能方向盘，如图 15-20 所示。

① LIM：自复位开关。点按后可变车速限制功能进入准备状态，仪表闪烁显示图标＋目标车速。

② SET＋/－：自复位开关。激活 LIM 功能，调节 LIM 目标车速。

③ OFF 开关：自复位开关。点按后 LIM 功能退出。

图 15-20　可变车速限制开关

进入：车辆上电后，点按 LIM 按键，LIM 功能进入准备状态，仪表闪烁显示图标＋限速值，默认 15km/h，当车速大于 15km/h 后，有以下两种方式激活 LIM 功能：

① 点按 SET＋，LIM 激活并以当前车速作为限值；

② 点按 SET－，LIM 激活并以记忆车速作为限值。

功能激活后，图标长显。

调节：

① 点按 Set＋/－，LIM 车速变化 1km/h；

② 长按 Set＋/－，LIM 车速变化 5km/h。

退出：

① 点按 OFF LIM 退出；

② 点按巡航 ON，LIM 退出，进入巡航准备状态。

LIM 功能有以下几种失效模式，并列举可能原因，如表 15-15 所示，具体需要对照诊断仪故障码进行排查。

表 15-15 LIM 功能故障形式与检修

故障现象	可能原因	检修方法
不能激活功能	操作开关故障	①连接诊断仪读取相关故障码,根据故障指示排查故障;
	车速信号失效	②若无指向故障码,需在数据流中读取相关开关状态是否能够变化,如不变化,LIN 又通信正常,需要更换多功能方向盘总成
	LIN 通信故障	

（8）辅助制动

辅助制动是指除常规的双回路制动系统之外的制动装置。J6 车型辅助制动主要包含排气制动、发动机制动。J7 车辆辅助制动主要指发动机制动、缓速器制动。

J7 全系标配发动机制动，选配缓速器。发动机制动和缓速器制动 VCU 只连接手柄信号，发动机制动电磁阀由 ECU 控制，缓速器电磁阀由 RCU 控制，VCU 根据手柄信号、车辆运行状态分配制动扭矩。

J7 发动机制动原理与 J6 不同，制动功率更大，所以取消排气制动。J6 阶段发动机制动为活塞压缩上止点打开排气门，发动机相当于空压机，四冲程做一次负功；J7 阶段发动机制动激活时，发动机变为进气→压缩→上止点打开排气门→进气……，反复循环，两冲程做一次负功。

操作开关形式为两挡三个位置，如图 15-21 所示。第一挡 3 个缸制动，第二挡 6 缸同时制动。

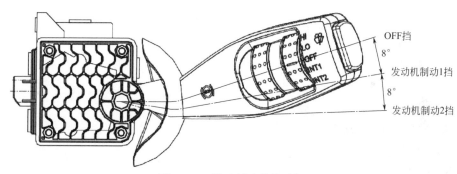

图 15-21 辅助制动操作手柄

需同时满足以下条件，发动机制动激活：

① 操作开关闭合；

② 发动机转速大于 1000r/min；

③ 松开油门踏板。

以下条件满足一条，发动机制动退出：

① 操作开关断开；

② 发动机转速小于 1000r/min；

③ 踩下油门踏板。

如果车辆选装缓速器，则辅助制动开关取消，其位置被缓速器手柄代替；发动机产生的制动力需要通过传动系传递到整车，所以其间需要变速器在挡、离合器接合，否则制动力消失；发动机制动使用时，发动机转速越高，制动功率越大，所以使用时需选择合适挡位。

　　液力缓速器包含有两个叶轮，转子安装于缓速器的输入轴，定子固定于缓速器的壳体。当缓速器启动时，液体被挤压到转子和定子之间的工作腔内，转子的旋转运动，将封闭在工作腔内的液体加速，这当中液体被推向外径进入定子，液体在定子里改变方向后在工作腔内的内环又返回转子，液体被加速所消耗（吸收）的能量就来自车辆行驶的动能，因此有很强的缓速作用。

　　操作开关形式为五挡六个位置，分别为 OFF 挡、恒速挡、缓速器 1 挡、缓速器 2 挡、缓速器 3 挡、MAX 挡，如图 15-22 所示。

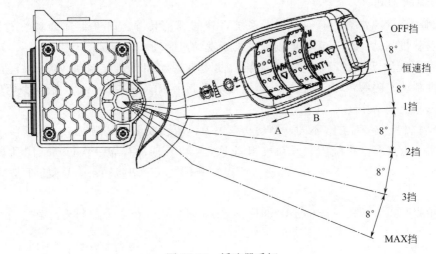

图 15-22　缓速器手柄

　　各挡位制动力说明：

　　恒速挡：保持缓速器激活时车速，自动调节缓速器制动力，必要时调用发动机制动进行联合制动。

　　缓速器 1 挡：25％制动力。

　　缓速器 2 挡：50％制动力。

　　缓速器 3 挡：75％制动力。

　　MAX 挡：100％制动力＋发动机制动。

　　需同时满足以下条件，缓速器制动激活：

　　① 操作开关闭合（非 OFF 挡）；

　　② 发动机转速大于 1000r/min；

　　③ 车速大于 10km/h；

　　④ 松开油门踏板。

　　以下条件满足一条，缓速器制动退出：

　　① 操作开关置于 OFF 挡；

　　② 发动机转速小于 1000r/min；

　　③ 踩下油门踏板；

　　④ ABS 起作用时；

　　⑤ 缓速器油温或水温过高；

　　⑥ 车速低于 10km/h。

辅助制动 VCU 连接部件包含辅助制动手柄、缓速器手柄，手柄端子分布如图 15-23 所示，具体定义如表 15-16 所示。

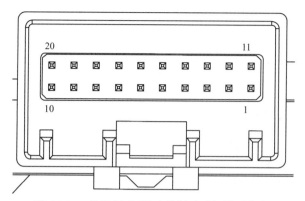

图 15-23　辅助制动/缓速器制动手柄端子分布

表 15-16　辅助制动/缓速器制动手柄接插件定义

部件	定义	开关端子	对应 VCU 端子
辅助制动手柄	辅助制动 1 挡	19	70
	辅助制动 2 挡	20	59
	地	18	38
缓速器手柄	恒速挡	19	98
	1 挡	20	91
	2 挡	17	83
	3 挡	16	90
	MAX 挡	15	82
	供电	18	主继电器后

辅助制动有以下几种失效模式，并列举可能原因，如表 15-17 所示，具体需要对照诊断仪故障码进行排查。

表 15-17　辅助制动故障形式与检修

故障现象	可能原因	检修方法
发动机制动或缓速器制动不能激活	无有效手柄信号	①连接诊断仪读取相关故障码，根据故障指示排查故障；②若无指向故障码，需在数据流中读取相关开关状态是否能够变化，如不变化，需检查手柄
	动力 CAN 通信中断	

（9）　AMT 挡位开关采集

AMT 车型 VCU 采集手柄挡位信息，处理后发送给 TCU。AMT 挡位操作开关分为两部分：RND 开关；A/M 切换，挡位＋/－，C、L 开关。

RND 开关为 LIN 开关，外观如图 15-24 所示，旋钮形式，开关状态发送给 VCU。

A/M 切换，挡位＋/－，C、L 开关为硬线开关，如图 15-25 所示，接 VCU，其中 A/M 切换、挡位＋/－开关位于组合开关，有手柄；C、L 开关位于仪表开关面板。

开关说明如表 15-18 所示。

图 15-24　AMT RND 旋钮开关

表 15-18　开关说明

开关标识	开关作用
R	倒车挡
Rl	预留倒挡
N	空挡
D_E	前进挡经济模式,自动识别载荷,选择相应外特性曲线,保证经济性
D_P	前进挡动力模式,选择最大外特性曲线,保证动力性
C	爬坡模式
L	低速模式
A/M	手动、自动模式切换开关
+/−	手动模式下可以加减挡位

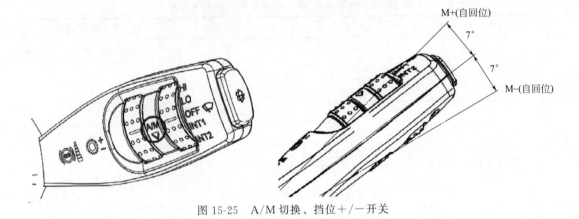

图 15-25　A/M 切换、挡位＋/−开关

RND 开关有 PWM 冗余信号直接连接 TCU,当 VCU 失效或 LIN 通信失效时,TCU 仍然能够识别挡位信号。

AMT 手柄信号采集 VCU 连接部件包含 RND 开关,A/M 切换,挡位＋/−,C、L 开关,具体参数如表 15-19 所示。

表 15-19　AMT 挡位操作开关定义

部件	定义	部件端子	对应 VCU 端子
RND 开关	LIN		14
组合开关	A/M 切换	5	73
	挡位＋	11	56
	挡位−	1	75
面板开关	C 模式开关		55
	L 模式开关		74

AMT 挡位信号采集功能有以下几种失效模式,并列举可能原因,如表 15-20 所示,具体需要对照诊断仪故障码进行排查。

表 15-20　AMT 开关故障形式与检修

故障现象	可能原因	检修方法
不能实现 RND 挡位功能	RND 旋钮开关失效	①连接诊断仪读取相关故障码,根据故障指示排查故障; ②若无指向故障码,需在数据流中读取相关开关状态是否能够变化,如不变化,排除线束连接问题后可更换开关总成进行排查
变速器不能实现	开关失效或动力 CAN 通信中断	
A/M 切换和挡位＋/－功能		
不能实现 C、L 功能		

（10）智能节油功能

智能节油功能可根据车辆载荷，自动选择油量外特性曲线，使车辆运行在节油区域内。功能开启与关闭受 E/P 开关控制，E 为经济模式，即智能节油模式开启；P 为动力模式，即智能节油功能关闭。E/P 开关如图 15-26 所示。

注意 E/P 开关与 AMT RND 旋钮开关使用仪表板同一位置，即二者不能同时存在；AMT RND 旋钮开关中的 D 挡分为 D_E、D_P，其中 D_E 挡位即是开启智能节油功能。智能节油功能与 J6 的节油开关类似，但比其更智能，得益于加速度传感器的匹配，加速度传感器可以计算车辆载荷，此传感器 J7 全系标配。加速度传感器测量值的准确性与传感器的安装有密切的关系，要求其安装位置尽量达到水平；更换加速度传感器或

图 15-26　E/P 开关

者更换 VCU 后，需要将车辆停置于水平地面，然后通过诊断仪对加速度传感器的安装偏差进行修正，操作界面如图 15-27 所示。

智能节油功能 VCU 连接部件包含加速度传感器、E/P 开关，加速度传感器安装位置与端子分布如图 15-28 所示，具体参数如表 15-21 所示。

基本信息	动态数据	故障信息	参数修改	输入输出控制	刷写

条件

1013_IO

项目
- 拍页功能诊断仪激活
- 加速度传感器安装偏移量修正激活开关
- 驾驶评价信息清除接口（预留）
- 后桥速比设定功能

　● 功能激活
　○ 功能关闭

控制　　释放控制

图 15-27　对加速度传感器安装偏差进行修正

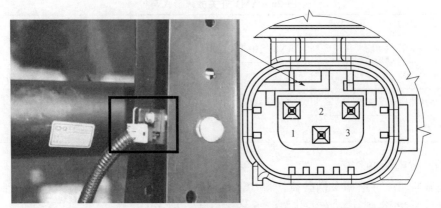

图 15-28　加速度传感器安装位置（中横梁）与端子分布

表 15-21　加速度传感器接插件端子定义

部件	定义	部件接插件端子	对应 VCU 端子
E/P 开关	信号	—	34
	地	—	33
加速度传感器	供电	3	89
	信号	1	102
	地	2	103

智能节油功能有以下几种失效模式，并列举可能原因，如表 15-22 所示，具体需要对照诊断仪故障码进行排查。

表 15-22　智能节油功能故障形式与检修

故障现象	可能原因	检修方法
不能实现智能节油功能	加速度传感器失效	①连接诊断仪读取相关故障码；②根据故障指示检查线束通断、部件电阻特性是否正常，如果偏差较大需要更换总成
	加速度传感器连接线束损坏	
	E/P 开关损坏或连接线束损坏	

（11）通信功能

VCU 作为车辆控制的核心，有大量的信息在这里交互，所以 VCU 本身具有强大的通信功能，有 3 路 CAN 和两路 LIN 通信。

动力 CAN：连接 EMS、TCU、IC 等动力总成，支持 J1939 通信协议。

底盘 CAN：连接 ABS、RCU 等底盘控制器，支持 J1939 通信协议。

诊断 CAN：具有诊断、标定、数据下载功能，支持 UDS on CAN 协议。

LIN1：连接多功能方向盘、AMT RND 挡位开关。

LIN2：预留。

动力 CAN、底盘 CAN、诊断 CAN 网络拓扑如图 15-29 所示，已注明控制器 CAN 端子和终端电阻位置。

ABS 供应商为 WABCO，RCU 供应商为福伊特，如果车辆匹配的控制器厂商不一致，端子号以电气接线图为准；出于网络安全考虑，诊断口无通信 CAN。

LIN 网络有 VCU、多功能方向盘、AMT RND 手柄，如图 15-30 所示。

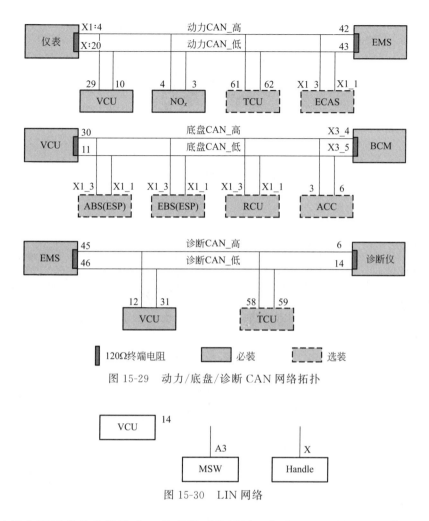

图 15-29 动力/底盘/诊断 CAN 网络拓扑

图 15-30 LIN 网络

通信功能有以下几种失效模式，并列举可能原因，如表 15-23 所示，具体需要对照诊断仪故障码进行排查。

表 15-23 通信功能故障形式与检修

故障现象	可能原因	检修方法
仪表无发动机转速、水温、机油压力等信号；发动机怠速 1000r/min；风扇处于最大转速	动力 CAN 线断路或短路	①连接诊断仪读取相关故障码；②根据故障指示检查线束通断，具体方法为：断电，断开带终端电阻的控制器接插件，测量线束端 CAN_高与 CAN_低之间电阻，如果是 120Ω 说明线束与另一端控制器连接正常，否则线束短路，或另一端控制器异常，需具体测量
缓速器失效	底盘 CAN 线断路或短路	
诊断仪无法连接控制器	诊断 CAN 线断路或短路	
	OBD 插头端子退缩	

15.2.2 J6P 车身控制器端子定义

安装于副驾驶员脚部饰板后，如图 15-31 所示箭头处。

车身控制器端子分布如图 15-32 所示，端子定义见表 15-24。

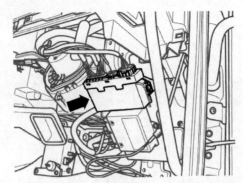

图 15-31　车身控制器安装位置

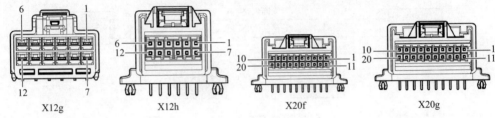

X12g   X12h   X20f   X20g

图 15-32　各连接器端子分布

表 15-24　端子定义

端口	端子	功能定义	端口	端子	功能定义
X12g	1	空	X20f	8	空
	2	主车右转向灯；电源<3A		9	前雾灯开关；低有效
	3	主车制动灯；电源<2A		10	雨刷低速继电器；200mA
	4	空		11	危险警报开关指示灯；电源<1A
	5	挂车右转向灯；电源<3A		12	空
	6	电源2；电源24～28V		13	空
	7	空		14	右转向开关；低有效
	8	主车左转向灯；电源<3A		15	左转向开关；低有效
	9	挂车制动灯；电源<2A		16	远光灯开关；低有效
	10	挂车左转向灯；电源<3A		17	刮水开关间歇挡；低有效
	11	地		18	挂车手阀开关；低有效
	12	电源1；电源24～28V		19	雨刷电机回位信号；低有效
X12h	11	电源总开关；高有效		20	后雾灯继电器；200mA
X20f	1	空	X20g	1	空
	2	CAN 1_L（诊断）		2	空
	3	CAN 1_H（诊断）		3	右侧门开关警报灯；低有效
	4	CAN 0_L（动力）		4	门开警报灯本体开关；低有效
	5	CAN 0_H（动力）		5	左侧门开警报灯；电源<1A
	6	近光灯开关；低有效		6	右侧门开警报灯；电源<1A
	7	后雾灯开关；低有效		7	危险警报开关；低有效

续表

端口	端子	功能定义	端口	端子	功能定义
	8	右侧室内照明；电源<1A		15	遥控解锁信号；低有效
	9	左侧室内照明；电源<1A		16	室内照明灯开关；低有效
	10	洗涤开关；低有效		17	位置灯开关；低有效
X20g	11	制动灯开关；高有效	X20g	18	点火开关 ACC 挡；高有效
	12	右侧室内照明灯本体开关；低有效		19	点火开关 ON 挡；高有效
	13	左侧室内照明灯本体开关；低有效		20	遥控闭锁信号；低有效
	14	左侧门开警报开关；低有效			

15.3 陕汽重卡车身控制模块

15.3.1 CBCU 模块接口功能

CBCU 为大陆公司的 CAN 总线控制单元，其整套系统组成包括 CBCU 控制单元及组合仪表（CMIC）。

如图 15-33 所示，CBCU 控制单元为整套系统的核心部件，负责接收来自翘板开关等的数字信号输入，来自气压传感器、油压传感器等的模拟信号输入，并对前照灯、电磁阀的部件输出控制信号。另外 CBCU 通过动力 CAN 总线（缩写为 PCAN）与电控发动机、ABS、自动变速箱等控制器连接起来，通过仪表总线（缩写为 ICAN）与组合仪表连接起来，组成车辆控制、信息系统。

控制器接口共有六个接插件，分别命名为 1、2、3、4、5、6，接插时需按 1、2、3、4、5、6 顺序插入，拔出插头时，按 6、5、4、3、2、1 顺序拔出，否则易损坏接插件。在接插件端子定义中，插口 1 命名为 A，插口 2 命名为 B，插口 3 命名为 C，插口 4 命名为 D，插口 5 命名为 E，插口 6 命名为 F；A01 是指 1 插口上的第 1 个端子，依次类推。控制器连接

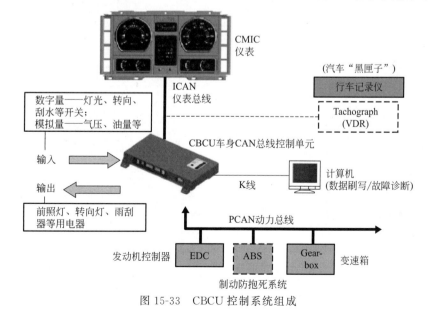

图 15-33 CBCU 控制系统组成

器与端子分布如图 15-34 所示。端子定义见表 15-25～表 15-30。

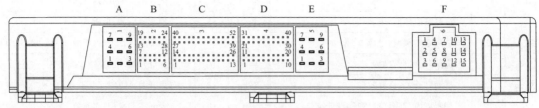

图 15-34　控制器连接器与端子分布

表 15-25　连接器 A-9 针端子定义

端子	定义
1	挂车制动灯
2	电源 PWR_G6(KL30),20A
3	地线
4	示高灯
5	后雾灯
6	左位置灯,开关照明
7	工作灯
8	电源 PWR_G5(KL30),20A
9	右位置灯

表 15-26　连接器 B-24 针端子定义

端子	定义
4	OBD 报警灯
5	发动机维修信号
7	地线
8	地线
9	空挡开关
10	轴差信号开关
11	挂车负载开关
13	举升反馈信号
14	举升控制开关
15	取力器选择(空挡气缸工作)开关
16	前雾灯开关
17	后雾灯开关
19	喷淋电机
20	辅助远光灯开关
21	轮差电磁阀
23	左远光灯继电器
24	右远光灯继电器

表 15-27　连接器 C-52 针端子定义

端子	定义
1	PCAN_H(动力总线高)
2	PCAN_L(动力总线低)
4	K 线
5	取力器开关
6	轮间差速锁开关
7	轴间差速锁开关
8	工作灯/后照灯开关
9	远光灯开关
10	左转向灯开关
11	右转向灯开关
12	雨刮喷淋开关
13	雨刮电机低速开关
17	发动机诊断信号
18	雨刮器间歇挡开关
19	雨刮电机复位信号开关
20	菜单下翻页
22	车速信号脉冲输入
30	驻车制动信号开关
31	制动灯开关
32	排气制动开关
33	驾驶室锁止信号开关
34	驾驶室门灯开关(左)
35	驾驶室门灯开关(右)
36	轮间差速锁信号开关
37	8V 传感器电源
38	8V 传感器电源
42	地线
43	地线
44	地线
46	排气制动电磁阀
48	辅助远光灯
50	挂车倒车灯
52	挂车后雾灯

表 15-28　连接器 D-40 针端子定义

端子	定义
1	灯光开关位置
2	传感器地线
3	传感器地线
4	传感器地线
5	取力器信号开关
6	自卸车翻斗回位信号开关
7	制动气压 1、2 报警信号
8	高、低挡开关
9	倒挡开关
11	气压传感器 1
12	气压传感器 2
13	油量传感器
17	ICAN_H(至 CMIC)
18	ICAN_H(至 VDR)
19	ICAN_L(至 CMIC)
20	ICAN_L(至 VDR)
21	传感器地线
22	钥匙开关 50 挡
23	灯光开关位置 1(小灯)
25	空滤器堵塞信号开关
26	进气加热工作信号
27	ECAS 错误信号
28	挂车 ABS 信号
29	ECAS 故障报警
31	5V 传感器电源
32	EDC 故障
33	发动机停机信号
34	菜单确认开关
35	菜单上翻页开关
36	危急报警开关
37	发动机冷却液液面报警开关

表 15-29　连接器 E-9 针端子定义

端子	定义
1	KL31 地线
2	电源 PWR_G 3(KL30),15A
3	挂车右转向灯
4	取力器电磁阀
5	举升电磁阀
6	挂车位置灯继电器
7	亮度可调背光照明
8	电源 PWR_G4(KL30),20A
9	近光灯

表 15-30　连接器 F-15 针端子定义

端子	定义
1	前雾灯
2	主车倒车灯
3	主车左后转向灯
4	主车右后转向灯
5	点火钥匙开关 15 输入
6	电源 PWR_G2(KL30),15A
7	左前/侧转向灯
8	雨刮低速继电器
9	KL31 地线
10	主车制动灯
11	右前/侧转向灯
12	PWR_G1(KL30),15A
13	取力器空挡气缸电磁阀
14	轴差电磁阀
15	挂车左转向灯

　　控制器插接器接口：6 路工作电源端口，8 路工作接地口；50 路开关量输入端口；6 路模拟量输入端口，可编程适应各种参数；2 路脉冲输入量（用于转速和车速）端口；32 路高端功率输出端口，其中 27 路用于通用电器，4 路用于继电器，1 路脉宽调制输出；2 路CAN 接口（ICAN，PCAN）；1 路 K 线接口；1 路菜单控制接口（MCU）。

　　CBCU 是一种车身控制单元，主要功能如下：

　　① 通过两路 CAN 接口接收、处理和分发数据；实现和动力总线部件如发动机、ABS、自动变速箱及缓速器的信息交换。

　　② CAN 系统的专用数据网关。

③ 唤醒系统和使系统休眠。

④ 各种车身电气的控制（灯光、雨刮、风扇、电机、电磁阀等控制）。

⑤ 指示灯及仪表的控制。

⑥ 各种信号的采集（模拟信号、频率信号、开关量等）。

⑦ 故障检测、实时图形文字显示、实时诊断、数据的记录保存等。

⑧ 自我保护如超温保护，温度过高时自动关断输出。

⑨ 输出有过电压、过电流保护，短路检测及保护和报警功能，同时有功率检测功能。

⑩ 在线诊断和离线诊断、故障诊断功能。

15.3.2　系统故障诊断

（1）诊断功能

CBCU 具有如下诊断功能：

① 功率诊断，断路短路诊断。可用于检测所接负载如灯泡的过载、线束的短路断路等。

② 状态检测。对传感器的信号进行检测，可分别监测如电压信号、电阻信号等。同时还可提醒驾驶员，保证当前的各个操作完全处于正常运行状态之下。

③ 通信状态监测。对通信的状态进行检测，这样可以监控连接到 CBCU 的各电控单元。看看与 CBCU 的通信是否工作正常。

④ DM1 诊断。如果连接到 CAN 网络上的系统能通过 CAN 总线发送当前故障信息，如发动机和 ABS，CBCU 能直接读取其中的故障信息并以汉字形式显示在液晶屏上。

系统出现故障时（如灯泡发生短路、断路，其他输出负载短路，所连接负载超出功率范围；传感器连接故障；水温过高，燃油位过低或发动机机油压力偏低；制动系统气压过低；电压过高或过低；空滤器堵塞），将以文字形式将故障信息显示在液晶屏中。

出现新的故障时，液晶屏将自动显示出错信息，静止时可以通过确认键显示下一个故障；如果车辆在行驶状态则在液晶屏上将所有的故障以间隔 5s 的时间轮流显示。

点火钥匙打开、发动机没有启动时且自检结束后，如果存在故障，将直接跳到错误信息页面。如果故障多于一个，故障将从头到尾显示两遍，再返回到里程信息页面。

所显示故障按照故障的严重程度，以优先权进行排序，如同时发生多个故障，首先显示优先权较高（如涉及制动、人身安全、发动机安全的故障信息）的故障。此时翻页提示符出现，若故障信息多于一个，且不处于最后一个页面上，翻页提示符将闪烁。

如发动机运转时，每隔 5s 显示下一个页面，也可通过手动向下按菜单确认开关，进入下一个错误页面。故障信息显示完成后，将切换到机油压力显示页面。

当所出现的故障性质很严重时，严重故障报警指示灯"STOP"灯亮，同时蜂鸣器持续报警。此时应立即停车检查，在排除故障后才允许继续前行！

同时向下按菜单确认开关和菜单上翻或下翻开关，可以在本次通电循环关闭蜂鸣器报警声。

当出现一般故障报警时，一般报警指示灯亮，同时蜂鸣器以 1s/次的形式报警，每三分钟报警 5 次，此时应及时排除故障。

在故障被全部清除后，蜂鸣器将不再报警，液晶屏上也不再显示出错信息提示符，报警页面将返回到正常行驶页面。

（2）故障处理

① 灯光控制故障判断。

对于车辆的灯光系统而言，CBCU能诊断输出的短路、断路和功率情况，这样如果灯泡功率不在许可范围内时，将在液晶屏上显示故障信息。

此时可能是灯泡线束断开或者短路，应按照原理图检查相关的线束，或者是灯泡的一致性不合格，应更换灯泡。

如果灯泡是通过继电器控制，则不能对负载的功率进行检测，只能进行短路检测。

表15-31是各灯泡的额定功率。

表 15-31　灯泡的额定功率

功能	额定功率	功率下限	功率上限
前雾灯	140W	50W	182W
后雾灯	42W	30W	54W
工作灯	49W	30W	91W
左后转向灯	21W	15W	27W
左前,侧转向灯	42W	30W	54W
挂车左转向灯	63W	44W	88W
右后转向灯	21W	15W	27W
右前,侧转向灯	42W	30W	54W
挂车右转向灯	63W	44W	88W
主车制动灯	42W	30W	54W
挂车制动灯	42W	30W	54W
主车倒车灯	42W	30W	54W
挂车倒车灯	42W	30W	54W
示高灯	20W	10W	25W
左侧示宽灯	31W	25W	46W
右侧示宽灯	36W	18W	40W

通过继电器进行控制的负载有左右远光灯继电器、挂车位置灯继电器和辅助远光灯继电器。

② 其他故障。

a. 传感器故障。

CBCU上所直接连接并能被检测的传感器有：燃油高度传感器、气压传感器。对传感器而言，如果所检测的阻值超过所规定的范围，将认为是传感器故障，应检查相关传感器的线束连接和传感器是否损坏。

b. 开门行车报警信息。

当汽车行驶速度大于5km/h时，如果车门（左、右）打开，即车门门灯打开，显示屏上将显示故障。

c. CAN通信故障。

当连接动力CAN时，没有接收到相关发动机ECU传出的诊断故障代码信息，系统显示发动机通信故障。

CAN通信故障应检查各个ECU的CAN总线的CAN_H（黄）、CAN_L（绿）与CBCU的CAN_H（黄C01）、CAN_L（绿C02）之间的线束连接问题，同时在钥匙开关处于关闭的状态下，CAN_H、CAN_L间的电阻值应是60Ω。

d. CMIC仪表故障。

由于CMIC仪表只接受CBCU的控制，当CMIC仪表与CBCU之间的CAN总线连接出现问题时，CMIC 仪表将无法工作。因此，当钥匙开关打开后 CMIC 仪表不工作，应首先检查 CMIC 仪表与 CBCU 之间的 CAN 总线连接，再检查 T15 信号与 CMIC 的连接线束。

15.4 福田欧曼卡车车身控制模块

15.4.1 CBCU 模块定义

福田欧曼卡车 CBCU 模块硬件接口与陕汽相同，但端子定义不同，具体信息见表 15-32～表 15-37。

表 15-32 连接器 A-9 针端子定义

端子	定义
1	右后转向灯
2	电源 PWR_G6
3	地线
4	挂车左转向灯
5	左后转向灯
6	倒车灯,倒车蜂鸣器,倒车雷达
7	前雾灯
8	电源 PWR_G5
9	挂车右转向灯

表 15-33 连接器 B-24 针端子定义

端子	定义
5	ABS 故障指示灯信号
7	地线
8	地线
9	ASR 工作信号
10	挂车 ABS 故障指示灯信号
11	手制动气压回路报警开关
13	驻车制动开关
15	挂车手制动开关
17	制动片报警开关
18	电喇叭继电器
19	左角灯
21	左阅读灯
23	洗涤电机继电器
24	低速雨刮电机继电器

表 15-34 连接器 C-52 针端子定义

端子	定义
1	PCAN_H(动力总线高)
2	PCAN_L(动力总线低)
4	K 线
5	倒挡开关
6	变速器低挡开关
7	取力器工作信号
8	转向液位低报警开关
9	中后桥轴间差速锁开关
10	中桥轮间差速锁开关
11	后桥轮间差速锁开关
13	右门门开开关
17	左阅读灯开关
18	右阅读灯开关
19	驾驶室顶灯开关 ON 挡
20	驾驶室顶灯开关 DOOR 挡
22	车速信号输入
30	驾驶室照明全关闭开关
31	夜灯开关
32	安全带未系报警开关
33	驾驶室锁止开关
34	自卸车工作信号
36	挂车功能启动开关
37	8V 传感器电源
38	8V 传感器电源
42	地线
43	地线
44	地线
46	右阅读灯
48	气喇叭继电器
50	车速灯 1
52	挂车制动灯

表 15-35 连接器 D-40 针端子定义

端子	定义
1	左门门开开关
2	传感器地线
3	传感器地线
4	传感器地线
5	分动器高挡工作信号
6	分动器低挡工作信号
7	分动器差速锁工作信号
8	高滤堵塞报警开关
9	冷却液位低报警开关
11	制动回路 1 气压传感器
12	制动回路 2 气压传感器
15	燃油液位传感器
17	ICAN_H
19	ICAN_L
21	传感器地线
22	危险报警开关
23	小灯信号
24	排气制动信号
25	油水分离报警开关
26	进气预热工作信号
27	发动机 OBD 故障信号
28	发动机故障信号
29	发动机关闭信号
31	5V 传感器电源
32	电池充电指示信号
33	后视镜加热开关
36	门开唤醒信号
37	钥匙开关(Start)

表 15-36 连接器 E-9 针端子定义

端子	定义
1	KL31 地线
2	电源 PWR_G3
3	挂车倒车灯
4	制动灯
5	右角灯
6	车速灯 2
7	驾驶室顶灯
8	电源 PWR_G4
9	位置灯、示廓灯、牌照灯、标志灯

表 15-37 连接器 F-15 针端子定义

端子	定义
1	远光灯
2	左前及左侧转向灯
3	日间行车灯
4	挂车雾灯
5	点火钥匙开关
6	电源 PWR_G2
7	后雾灯
8	夜灯
9	地线
10	车速灯 3
11	右前及右侧转向灯
12	电源 PWR_G1
13	左踏步灯
14	右踏步灯
15	近光灯

15.4.2 CMIC 端子定义

与 CBCU 配套的总线仪表端子分布如图 15-35 所示，定义如表 15-38、表 15-39 所示。

连接器A(绿色)　　　　　　连接器B(蓝色)

图 15-35 组合仪表连接器端子分布

表 15-38 绿色连接器 32 针端子定义

端子	定义	端子	定义
1	喇叭	18	雨刮器低速
2	雨刮器复位	19	雨刮器间隙
3	前雾灯	20	喇叭切换
4	后雾灯	21	远光灯
7	菜单控制	22	近光灯
8	雨刮间隙调整	23	左转向
9	AGND	24	右转向
13	小灯开关	25	雨刮器高速
14	CBCU 唤醒输出	26	前挡洗涤
17	超车灯		

表 15-39 蓝色连接器 32 针端子定义

端子	定义	端子	定义
17	KL30	26	CAN 复位
18	KL31	27	CAN_H
21	KL15	28	CAN_L
25	K 线		

卡车常见英文缩略语释义

A

ABS 防抱死制动系统

ACC 自适应巡航控制

A/D 模拟/数字

AEBS 紧急制动辅助系统

AL 自适应

AM1M 单通道模块

AMT 电控机械自动变速器

APU 空气处理单元

ASC 氨逃逸催化器

ASR 驱动防滑功能

B

BBM 车身制造商模块

BCU 车身控制单元

BMEP 平均有效压力

BMS 电池管理系统

BST 制动信号传输器

C

CAN 控制器区域网络

CAM 凸轮轴位置传感器

CBCU 中央车身控制单元

CBG 压缩沼气

CFV 燃料连续流量阀

CGW 中央网关

CL 闭环

CLCS 水平高度控制系统（奔驰）

CMIC 仪表

CNG 压缩天然气

CNP 曲轴位置传感器

CPD 中央装置板

CPU 中央处理单元

CRS 共轨系统

D

DACU 驾驶员辅助控制单元（沃尔沃）

DAS 驾驶员警报支持系统

DC/DC 直流-直流转换器

DCU 尿素喷射单元

DEF 尿素水溶液

DMV 降级阀

DOC 柴油机氧化催化转化器

DPF 柴油机微粒捕集器

E

EBI 缓速器控制

EBS 电控制动系统

ECAS 电控空气悬架系统

ECM 电子控制管理单元

ECT 发动机水温

ECU 电子控制单元

EDC 电子柴油机控制

EECU 发动机 ECU

EGR 废气再循环

ESC 车身稳定控制系统

ESCM 车身稳定控制模块

ESP 车身电子稳定系统（博世）

EST 电液曳引轴转向系统

ESTA 附加电液曳引轴转向系统

F

FAST 法士特（商用车变速器品牌）

FCU 燃料控制单元

FEUP 一汽电控单体泵

FPP 油门踏板位置

FT 燃料温度

G

GPS 全球定位系统（导航通信）

GPRS 通用无线分组业务（移动通信）

GSECU 换挡杆 ECU

H

HC 碳氢化合物

HCU 混动控制单元

HEGO 加热型氧传感器

HSA 坡路起步功能

I

IC 集成电路

ICAN 仪表总线

I/O 输入/输出

IMMO 防启动装置控制单元

ISG 集成启动/发电一体化电机

L

LBG 液化沼气

LCM 车灯控制模块

LCS 变道支持系统

LED 发光二极管

LIN 本地互联网

LKS 车道保持支持系统

LNG 液化天然气

M

MAN 曼，德国商用车品牌

MAP 进气歧管压力

MBT 最佳点火提前角

MCU 电机控制单元

MID 信息识别描述

MIL 故障指示灯

N

NO_x 氮氧化物

O

OBD 随车在线诊断

OMV 工作模式电磁阀（斯堪尼亚）

P

PCAN 动力总线

PIN 个人身份识别码

PLD 泵-管路-喷嘴系统

PM 微粒

PTO 取力器

PWM 脉冲宽度调制

R

RAM 随机存取存储器

RCM 车辆后控制模块

ROM 只读存储器

RPM 转速

S

SAS 半主动悬架

SAS 方向盘转角传感器

SCR 选择性催化还原

SVS 发动机故障指示灯

T

TACH 转速表

TCM 挂车控制模块

TCU 变速器控制单元

TCV 挂车阀

TDC 上止点

TECU 变速箱 ECU

TIP 节气门前压力

TMAP 进气压力和温度传感器

TPS 电子节气门位置

TVA 节流阀

TWC 三元催化转换器

U

UDS 统一诊断服务协议

UEGO 宽域氧传感器

V

VCU 车辆控制单元

VECU 车辆控制单元（沃尔沃）

VIN 车辆识别号

V_{sw} 点火开关电压

W

WGP 废气控制阀

WSP 车辆防启动装置（奔驰）

参考文献

[1] 李光耀. 重型载货汽车构造与维修. 北京：机械工业出版社，2019.

[2] 董宏国，张国彬. 图解货车结构与维修. 北京：化学工业出版社，2014.

[3] 杨智勇，翟静. 图解货车维修大全. 北京：化学工业出版社，2022.

[4] 杨智勇，李厚林. 货车维修从入门到精通全图解. 北京：化学工业出版社，2019.

[5] 董宏国，张国彬. 图解货车结构与维修. 北京：化学工业出版社，2014.

[6] 李春晖. 载货汽车电气原理与整车电路图集. 北京：化学工业出版社，2015.

[7] 赵阳，柏松. 重型货车新技术与故障诊断. 3 版. 北京：机械工业出版社，2017.

[8] 杨维俊. 电控柴油发动机结构原理与维修. 北京：化学工业出版社，2020.

[9] 赵捷. 电控柴油发动机维修技术. 北京：中国人民大学出版社，2013.

[10] 李显贵. 电控柴油发动机原理与维修. 北京：北京理工大学出版社，2019.

[11] 顾惠烽. 潍柴发动机结构原理拆装诊断维修. 北京：化学工业出版社，2021.